술의 배신

Kick The Drink... Easily!

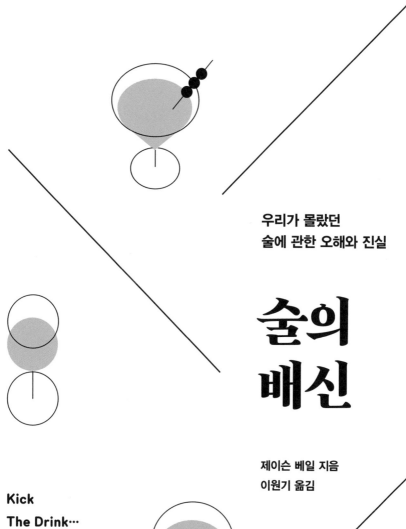

우리가 몰랐던
술에 관한 오해와 진실

술의
배신

제이슨 베일 지음
이원기 옮김

Kick
The Drink…
Easily!

에디터
editor

진짜 술을 끊게 해주는 강력한 책!

한국이 마약 청정국이라는 말도 이젠 옛 말이 되었지만, 엄밀하게 따져보면 한국은 마약 청정국이었던 적이 단 한 번도 없었다. 술이 곧 마약이기 때문이고, 한국은 술 중독국이기 때문이다. 술은 세상에서 가장 널리 통용되는 합법적 마약이다.

적어도 한국인들에게 만큼은 술이 마약의 역할을 충분히 대신해주고 있다. 술의 중독성은 그 어떤 마약에도 밀리지 않는다. 술을 마실 때 도파민 보상이 심해져 더 많은 술을 찾게 된다. 담배는 끊어도 술은 못 끊겠다는 사람들이 훨씬 더 많다. 그만큼 중독성이 강하다. 한술 더 떠 담배는 끊고 싶은 마음이 들기도 하는데, 술은 아예 그런 생각조차 없는 경우가 대부분이다.

또한 술에는 경각심이 덜하고 관대하다. 그런데 환자를 보는 입장에서 보면, 술을 끊어야 할 사람들이 훨씬 더 많다는 사실을 부정할 수 없다. 패가망신하는 음주운전은 말할 것도 없고, 술에 취하면 성격도 과격해져 싸움도 잘 일어난다. 겉으로 볼 때는 자신감도 심어주고 만족감과 쾌락도 선사하지만 그 대가는 혹독하다. 사회적 문제들을 떠나 개인적인 건강 측면에서만 보더라도 술을 마시면 뇌는 쪼그라들고, 근육은 감소되며, 심장 박동은 빨라지고, 간에 무리가 가서 지방이 쌓이고, 불면증과 우울증도 심해진다. 시간이 갈수록 술의 폐해는 감당이 안 될 만큼 증가하는데, 지방간을 넘어 간경화, 위장병, 우울증, 암으로까지 이어진다.

30~40대의 젊은이들에게서 너무 이른 나이에 안타깝게도 위암이 발생하는 사례들을 보면, 대부분이 평소 술을 자주 마시면서 식사는 부실한 경우가 많다. 술이 영양소 흡수를 방해해서 영양실조는 더 심해지는데, 우울감도 증가시키기 때문에 자율신경의 불균형으로 이어져 소화불량까지 생긴다. 소화 기능이 떨어지니 열심히 챙겨 먹는다 한들 영양 결핍은 더 심해지고, 알코올 자체가 위 벽의 조직을 망가뜨려 어느 날 소화가 안 되고 속이 쓰려 병원에서 검사했더니 위암이란다! 젊은이들의 위암 중에는 이러한 케이스가 상당히 많다. 안타까운 일이 아닐 수 없다.

술을 끊어야겠다는 동기조차 없는 것도 안타깝지만, 더 안타까운 것은 술을 끊고자 하는 의지가 있어도 번번이 실패하고 다시 술을 마신다는 점이다. 그만큼 술의 중독성에서 헤어나는 것은 어렵다. 중독성을 자랑하는 마약이기 때문이다. 하지만 너무나도 다행스럽게도 이 책이 번역되어 나왔다. 뜻이 있는 곳에 길이 되어 주는 책이다. 그 어떠한 알코올 중독 상담보다도 효과적으로 술을 끊게 해 줄 강력한 책이다.

단순하게 술을 끊도록 도와주는 실용서만으로도 그 가치가 충분하지만, 이 책을 읽고 나면 술에 관한 생각 자체가 바뀔 것이다.

똑같은 마약임에도 술에 대해서만큼은 관대한 문화와 세태에 대해 다시 생각해보게 될 것이다.

술을 끊으라는 뻔한 말 대신, 효과를 장담하며 소개해 줄 책이 생겼다는 것은 내 입장에서는 너무나도 다행인 일이다. 금주를 생각하는 분들께 자신 있고 당당하게 이 책을 권한다.

조한경《환자 혁명》저자)

시작하기 전에

요즘 나는 주스와 영양 전문 저자로 알려져 있지만 사실은 지금 여러분이 읽고 있는 이 책이 나의 첫 저술이다.

이 책을 출간한 시점은 내가 금연 '구루'로 알려진 앨런 카(Allen Carr)의 재활 클리닉에서 치료사로 일하던 1999년이었다. 그때는 출판사를 통하지 않고 자가출판으로 책을 냈다. 나 자신이 여러 약물과 심지어 특정 '음식'에도 중독된 적이 있어서 기회가 되면 중독에 시달리는 사람들에게 도움을 주고 싶다는 생각을 늘 하고 있었다. 특히 술을 끊은 뒤로는 그 경험을 바탕으로 금주란 제대로만 접근하면 전혀 어렵지 않다는 사실을 모든 사람들에게 반드시 알려야 하겠다고 마음먹었다.

여기서 한 가지 짚고 넘어가야 할 점이 있다. 내가 이 책을 쓴 시점은 앨런 카가 〈알코올을 제어하는 쉬운 방법〉(The Easy Way To Control Alcohol)이라는 책을 출간하기 2년 전이었다. 이 말을 하는 이유는 내 책이 앨런 카의 책과 비슷하다는 소리를 독자 몇 명에게서 들었기 때문이다. 그 말은 내가 그의 책에서 힌트를 얻어 비슷한 저작을 낸 듯하다는 뉘앙스를 풍겼다.

단언컨대 전혀 그렇지 않다. 여기서 앨런 카와 나 사이의 개인적 문제를 까밝힐 생각은 없다. 그건 부질없는 일이다. 안타깝게도 앨런 카는 수년 전 세상을 떠났다. 그의 생전에 우리는 화해하고 견해차를 과거사로 넘기기로 했다. 누가 먼저 책을 썼는지, 또는 어느 책이 더 나은지 등의 문제를 두고 다투기보다는 중독으로 고생하는 사람들을 돕는 것이 우리의 공동 목표라는 점에 공감했다. 실제로 나는 효과만 있다면 어떤 책이든, 어떤 앱이든, 어떤 재활 클리닉이든 상관없다고 생각한다. 사람은 각각 다르며 어떤 사람은 특정한 접근법이나 스타일을 좋아한다. 다다익선(多多益善)이다. 최대한 많은 사람을 돕기 위해서는 이 주제에 관한 책이나 접근법이 많으면 많을수록 좋다.

자가출판된 이 책이 출판사를 통해 공식 출간되기까지 오랜 세월이 걸렸다. 그러나 이 책은 그동안 서점에서 구할 수 없었음에도 입소문이 퍼지면서 이미 몇 쇄나 찍는 인기를 누렸다. 그러면서 많은 사람에게 '세계에서 가장 널리 사용되는 합법적 마약'인 술에서 벗어나도록 도움을 주었다. 실제로 나는 이 책을 읽고도 술에 관한 생각을 조금도 바꿀 수 없었다고 말하는 사람을 지금까지 한 명도 만나지 못했다. 내 아이디어가 통했다는 증거라고 본다. 따라서 새로 업데이트한 이 책의 메시지도 근본적으로 똑같다. 인용한 사례 중 일부는 오래되었지만 첫 판본에 대한 반응이 워낙 좋았기 때문에 크게 바꿀 필요성을 느끼지 않았다.

하지만 그동안 술과 관련해 많은 변화가 있었다. 영국에서 일어난 가장 큰 변화 중 하나는 2005년 술집의 24시간 영업을 허용하는, 정부의 정신 나간 결정이었다. 그들은 아무것도 모르면서 그렇게 하면 음주 관련 범죄가 줄어들 것으로 믿었다. 그러나 현실을 보라. 그 정반대의 결과가 나타나고 있지 않은가?

또 다른 중요한 변화는 술에 대한 인식이다. 물론 아직도 술은 마시지 않으려면 희한하게도 변명이나 핑계를 대야 하는 지구상의 유일한 마약이지만 이 액상 마약의 실질적인 현실에 눈을 뜨는 사람이 갈수록 많아지고 있다. 지난 몇 십 년 동안 흡연 문제에서 놀라운 패러다임 전환이 있었듯 지금 우리는 술을 대하는 태도에서도 그 비슷한 변화를 맞을 분위기가 무르익어가는 느낌이다. 술과 관련된 사회 문제와 과음에 대한 우려가 끊임없이 언론에서 제기되면서 이제 그 임계점에 거의 도달하고 있다.

한때는 영국 성인 인구의 90% 이상이 담배나 그 유사 물질을 흡연했지만 이제 그 수치가 30% 아래로 떨어졌다. 2010년 즈음 이 책을 업데이트하면서 통계를 살폈을 때 영국 성인 인구의 약 80%가 여전히 음주를 하고 있었다. 그러나 내가 이 책을 처음 썼을 때 그 수치는 90%가 넘었다. 이 책을 포함해 금주 관련 자기계발서의 도움으로 이제는 과음과 알코올 중독도 흡연의 경우처럼 하락세에 접어들고 있지 않나 싶다. 시간이 좀 더 걸리겠지만 나는 반드시 그렇게 되리라 확신한다.

내가 제시하는 접근법이 모든 사람에게 적합하다고 주장할 생각은 없다. 나의 견해나 방법론에 동의하지 않는 사람도 분명 있을 것이다. 마찬가지로 내가 이 책에서 글을 쓰는 방식이나 사용하는 어휘, 또는 중언부언과 메시지의 반복(의도적이다)을 모두가 좋아하는 것은 아니라는 사실 역시 잘 안다. 그러나 마음을 열고 나의 견해와 어조에 대한 편견을 일단 접어두면 이 책은 놀라울 정도로 유용하고 더 중요하게는 실질적인 효과가 있다는 사실을 알게 되리라 믿는다.

여기까지 이 책을 읽고 있다면 여러분은 자신과 술의 관계를 적어도 어느 정도는 바꾸고 싶다는 생각을 갖고 있는 게 분명하다. 그렇다면 이 책을 읽으면서 좀 더 마음을 열고 긴장을 풀기 바란다. 내가 쓴 모든 책에서 말하듯이 나는 글을 쓰지만 전문 작가는 아니다. 수려한 문체로 문학상을 받을 생각도, 그럴 능력도 없다. 명문대학 교육도 받지 않았다. 그럼에도 나는 이 책을 통해 여러분이 갇힌 덫의 본질을 이해하는 아주 간단한 방법만이 아니라 진심으로 원할 경우 그 덫에서 빠져나오는 아주 쉬운 길도 알려줄 수 있다고 믿는다.

본문을 읽기 전에 먼저 이 책에서 제시되는 방법을 사용해본 몇몇 독자들의 증언을 들어보면 여러분은 더 힘이 날 것이다.

제이슨 베일

차례

독자들은 이렇게 말한다

놀라운 책이다. 반드시 술을 끊어야겠다는 생각으로 이 책을 펼친 건 아니었다. 다만 그간 제이슨 베일의 책을 여러 권 읽었던 차에 이번엔 술에 관해 그가 무슨 말을 어떻게 하는지 알고 싶었다.

이 책을 읽기 전까지는 내가 사람들과 어울리기 위해 술을 마신다고 생각했다. 거의 매일 밤 와인 한두 잔, 특별한 날 밤에는 좀 더 마셨다. 그러나 그것은 지난 4년 동안 아들과 딸 둘을 임신하고 수유해야 했기 때문이었다. 사실 그 전에는 훨씬 더 마셨다. 아무튼 나는 무엇보다 절주(節酒)를 통해 체중을 줄여볼 생각으로 이 책을 읽기 시작했다.

하지만 곧바로 깨달음이 왔다. 나는 '알코올릭'(alcoholic: 알코올 중독자를 일반 마약 중독자와 달리 취급하는 명칭)이라는 건 없으며, 술을 마시는 사람은 전부 다 알코올이라는 마약의 중독자라는 저자의 주장이 매우 참신하다고 생각했다. 저자는 술을 대하는 우리의 기존 사고방식과 관점에 이의를 제기하며 스스로 음주를 제어하고 있다고 생각하는 사람들 대다수가 실제는 그렇지 않다는 사실을 명확히 밝힌다. 저자가 지적하듯이 어떤 사람이 "나는 바나나를 오후에만 먹고, 일주일에 몇 개 정도만 먹으며, 주말은 예외적으로 많이 먹는다"고 말한다면 그 사람은 바나나와 관련해 문제가 있다고 보는 게 맞다. 술도 마찬가지다. 성인 인구의 80% 이상이 술을 마시기 때문에 음주가 정상으로 여겨지는 것이다. 그에 따라 어떤 사람이 술을 입에 대지도 않는다면 그가 비정상적이며 과거에 문제가 있었던 게 틀림없다고 생각하는 것이 사회적 관념으로 굳어졌다.

저자는 술에 관한 우리 사회의 고정관념이나 믿음이 옳지 않다는 점을 설득력 있게 지적한다. 앞서 말했듯 나는 이 책을 읽기 시작했을 때 술을 완전히 끊을 생각은 없었다. 그러나 책을 다 읽고 난 뒤로는 술에 입을 댈 생각조차 나지 않았다. 그동안 회식과 저녁 모임에 몇 차례 참석했지만 술은 마시지 않았다. 예전 같았으면 상상도 못할 일이었다. 남편과 친구들 대다수도 도저히 믿을 수 없다고 입을 모은다.

특히 나는 이 점을 강조하고 싶다. 이제 술을 마시지 않는다고 뭔가를 놓치고 있다거나 허전하다고 느끼지 않는다는 것이다. 그냥 마시고 싶지 않다. 또한 주말이 되기 전에는 한 잔도 마시지 않겠다느니 와인 한 병의 4분의 1 이상은 마시지 않겠다느니 하며 술을 절제하려고 몸부림쳐야 하는 상황에서도 완전히 자유로워졌다. 술과 관련된 모든 속박이 사라졌다. 정말 놀라운 책이다. 여러분도 마음을 활짝 열고 이 책을 읽기 바란다.

―레이철

이 책을 아직 다 읽지도 않았는데 벌써 술을 끊었다. 이제 더는 마시고 싶지 않다. 저자는 왜 술이 좋지 않은지, 술이 우리의 몸과 마음에 어떤 해를 끼치는지, 술을 즐기는 사람 대다수가 자신은 중독되지 않았다고 생각하는 이유가 무엇인지 피부에 와닿게 설명한다. 저자 특유의 재치 넘치는 문체로 쓰인 이 책은 읽는 재미도 쏠쏠하지만 무엇보다 술에 관한 나의 생각을 완전히 바꿔 놓았다. 사실 이 책을 구입했을 때는 술을 완전히 끊을 생각이 없었다. 다만 음주량을 좀 줄이고 싶을 뿐이었다. 하지만 절주가 보통 어려운 일이 아니라는 것을 이제 나는 안다. 그냥 딱 끊고 술이라는 마약의 유혹에 넘어가지 않는 게 최선이다. 새로운 삶을 보여준 저자에게 감사한다.

—줄리 M

이 책은 몸에 알코올을 자주 넣어줄 필요가 있다는 강박관념에서 여러분을 완전히 해방시켜줄 것이다. … 모든 사람이 이 책을 읽는다면 우리 사회가 훨씬 더 밝아지리라 생각한다. 이 책은 그만한 가치가 있기 때문에 어떤 책보다 더 많이 팔려야 한다고 믿는다. 술을 줄이거나 끊을 필요가 있다면 다른 곳에서 조언을 구할 필요가 없다. 이 책 한 권이면 족하다.

—제임스 M

가끔 마신다고 하지만 그 이따금씩의 한 잔이 일상이 되어버린 사람이 많다. 나도 그중 한 명이었다. 다른 사람과 함께 있든 혼자 있든 하루 와인 한두 병에 의존하지 않고는 못 배겼다. 최근 어쩌다 이 책을 읽기 시작했는데 벌써 일주일 이상 한 잔도 마시지 않았다. 더 중요하게는 아예 마시고 싶지도 않다. 일주일이 뭐가 대단하냐고 하겠지만 나의 세계에선 믿기 어려운 변화다. 간밤의 꿈속에서 한 잔 하면서 내가 술의 유혹에 굴복했다는 생각에 엄청 속이 상했다. 하지만 깨어보니 꿈이어서 '그러면 그렇지'라는 생각에 기분이 다시 좋아졌다. 거의 매일 몽롱한 상태에서 헤매던 예전보다 훨씬 머리가 맑고, 건강하고, 생생하게 느낀다. 가능하면 많은 사람이 이 책을 읽고 술이 백해무익하다는 사실을 깨닫기 바란다.

—K. D. 울드리지

어떻게 시작해야 할지 몰라 그냥 한마디로 말하고 싶다. 감사한다.

내가 술에서 완전히 자유로워지는데 큰 도움을 준 것에 대한 보답으로는 턱도 없이 부족하겠지만 가장 간단한 표현이 내 마음을 전하는데 최선이라 생각한다. 솔직히 말해 이 책을 읽기 몇 년 전부터 나 역시 흔히 말하는 '알코홀릭'이 아닌지 의심하기 시작했다. 그러면서 그에 따르는 모든 끔찍한 '팩트'에 몸서리가 쳐졌다.

알코홀리즘이 불치병이라는 '팩트',

술을 끊어도 하루하루 오늘은 마시지 않겠다고 다짐하고 또 다짐해야 한다는 '팩트',

술을 끊은 지 오래 되었더라도 자칫하면 과거로 돌아갈 수 있다는 불안 속에서 여생을 살아야 한다는 '팩트' 말이다.

그러나 이 책 덕분에 이제 나는 소위 '전문가'들의 조언이 엉터리이며, 금주 단체의 도움으로 중독에서 벗어났다는 사람이 많긴 하지만 그들이 여전히 매일 중독 재발의 두려움 속에서 살아가야 한다는 사실을 확실히 깨달았다. 나는 이제 더는 '알코올에 절은 나'로서 환상 속에서 사는 게 아니라 '진정한 나, 본연의 나'로서 현실 세계를 두려움 없이 즐기며 살아가게 된 것을 자랑스럽게 생각한다.

이 책에는 불편한 진실이 들어 있다. 마치 저자가 나의 사적인 비밀을 속속들이 알고 폭로하는 듯이 느껴졌다. 하지만 그런 나를 경멸하거나 망신시키지 않고 부드럽고 설득력 있는 이야기로 자유의 품으로 안내해주었다. 술을 마시는 사람이면 누구라도 이 책에서 도움을 얻을 수 있다고 확신한다.

다시 한번 저자에게 감사한다.

—앤절라

'알코홀릭'이라는 것은 없다

나는 '알코홀릭이라는 것은 없다'는 선언을 이 책의 화두로 삼기로 했다. 뚱딴지처럼 난데없이 무슨 소리냐고? 물론 이러한 나의 주장을 믿거나 받아들이기 어려울지 모른다. 더구나 주변에서 '알코홀릭'이라는 말을 듣고 자신도 그렇게 생각하는 사람이라면 더 강한 거부감을 가질 수도 있다. 그러나 아무리 많은 비난과 논란이 따른다 해도 나는 우리 사회가 이해하는 그런 '알코홀릭'은 존재하지 않으며, 또 '알코홀리즘'이라는 질병도 없다는 입장에서 한발도 물러설 생각이 없다.

흔히 알코올 중독자를 알코홀릭이라 부른다고 이해하지만 자세히 뜯어보면 그것은 심각한 오해다. '알코홀릭'은 알코올 중독자가 니코틴이나 헤로인 같은 일반 마약 중독자와 다르며, '알코홀리즘'은 알코올 중독이라는 질병이 일반적인 약물 중독과 다르다는 뜻을 담고 있다. 그러나 실제는 똑같은 마약 중독자이며, 똑같은 마약 중독이라는 질병이다. 이 책을 통해 그 사실을 한 점의 의심 없이 입증하겠다.

술은 세계에서 가장 많이 사용되고 가장 널리 용인되는 마약이다. 이제부터 술의 이면에 숨어 있는 이러한 진실을 밝히는 여정으로 여러분을 안내하겠다. 우리 사회는 애써 술의 본색을 외면하지만 지금은 그 불편한 진실을 직면해야 할 시점이다. 여태껏 알코올 중독은 음주 문제의 주제로서 있는 그대로 솔직히 다루어진 적이 없다. 또 주변의 누군가가 알코올에 중독될 가능성이 있다는 게 분명해 보여도 대개 쉬쉬하며 덮어둔다. 우리는 그런 사람들을 보면 '정상적인 음주자'이거나 술에 대한 제어력을 잃은 '알코홀릭'이거나 둘 중 하나라고 믿도록 사회적으로 길들여졌다. 그에 따라 자신이 음주 제어력을 잃었다는 사실에 마침내 눈을 뜬 사람들은 사회적 따돌림을 당하지 않으려면 입을 다물어야 하는 상황이 되어버렸다.

술을 끊고 싶다고 용감히 목소리를 내면 곧바로 '알코홀릭'으로 불리며 별종 취급을 받는다. "당신은 불치병 환자요"라는 사회적 선고를 담은 꼬리표다. 더구나 거기에는 '없으면 못 살 정도로 끔찍이 좋아했던' 술을 영구히 포기해야 하는 큰 '희생'을 치러야 한다는 메시지도 들어 있다. 따라서 술을 마시는 사람이라면 누구나 섬뜩하다고 생각할 수밖에 없다.

그렇다면 진실은 무엇일까? 대다수 사람들은 자신의 음주를 스스로 제어할 수 없다는 것이다. 내가 이 책에서 명확히 입증하려 하는 점이 바로 그 사실이다. 다른 약물의 중독자는 스스로 그 약물의 사용을 제어한 적이 없다는 사실을 깨닫고 솔직히 인정하면 격려를 받는다. 그와 달리 만약 알코올 중독자가 그렇게 인정하면 '알코홀릭'이라는 꼬리표가 붙어 오히려 열등의식을 강요받는다.

그러나 자신이 음주를 제어하지 못한다는 사실을 깨닫는 사람은 전혀 열등하지 않다. 오히려 그는 중독에서 벗어나려는 이 게임에서 한참 앞서가고 있다. 자신이 덫에 갇혔다는 사실을 알아야 그 덫에서 탈출할 수 있지 않는가? 술의 덫은 너무나 교묘해 그토록 오랜 세월 수많은 사람이 스스로 그 속으로 걸어 들어갔다. 하지만 음주자 대다수는 자신이 술의 덫에 빠져들었다는 사실을 모르거나 알려고 하지도 않는다.

> 자신이 덫에 갇혔다는 사실을 알아야 그 덫에서 탈출할 수 있다.

술은 언제나 일반 마약과 완전히 다른 것으로 여겨졌다. 그러다 보니 사람들은 술을 마시는 것이 마약을 하는 것은 아니라고 고집한다. 실제로 사회도 그렇게 여긴다. 그러나 음주자 대다수의 경우 음주는 마약을 흡입하는 것이며, 그 상태는 마약 중독이 분명하다. 그럼에도 술을 끊으면 희한하게도 사회는 끊는 사람에게 문제가 있다고 여긴다. 이 세상에서 그런 마약은 술이 유일하다.

> 술을 끊으면 희한하게도 사회는 끊는 사람에게
> 문제가 있다고 여긴다. 이 세상에서 그런 마약은 술이 유일하다.

이 책을 읽으면 곧바로 알코올 중독이 다른 마약 중독과 똑같다는 사실을 깨달을 수 있을 것이다. 음주량은 유전자나 성격, 또는 개성과 거의 관계가 없다는 사실도 분명해질 것이다. 또 술이 일반적인 마약과 다른 점이 있다면 우리가 아주 어려서부터 음주는 '좋은 것'이며 '정상적'이라고 사회적으로 길들여지고 세뇌 당했다는 것뿐이라는 사실도 이해하게 될 것이다.

이 책은 단순히 진실에 눈을 뜨게 해주는 것 이상으로 술에 대한 인식을 영원히 바꿔놓을 것이다. 술을 끊기로 결심한다면 어떻게 쉽게 금주할 수 있는지 알려줄 뿐 아니라 그 과정을 어떻게 즐길 수 있으며, 또 술 없이 인생을 훨씬 더 재미있게 살 수 있다는 사실도 보여줄 것이다. 또한 우리에게 술이 반드시 필요한 경우는 전혀 없으며, 술을 마셔야 하는 이유라는 것도 전부 다 사람들을 속이려고 고안된 가장 교활한 집단 사기극의 일부분이라는 사실도 명백히 밝힐 것이다.

"몇몇 사람을 얼마 동안은 속일 수 있어도 모든 사람을 항상 속일 수는 없다"는 말이 있다. 그러나 술의 경우는 예외라고 나는 생각한다. 우리는 음주에 진정한 혜택이 따른다고 믿도록 사회적으로 기만당해 왔다. 독자 여러분 중 다수도 술에 좋은 점이 있다고 생각할 것이다. 그러나 나는 음주에 좋은 점이나 혜택이 전혀 없다는 사실을 입증해 보일 것이다.

지금으로서는 여러분이 내가 하는 말을 전적으로 받아들이거나 믿기를 기대하지는 않는다. 사람들은 저마다 술에는 좋은 점도 있고 나쁜 점도 있다는 '믿음'을 뒷받침하는 많은 '정보'를 갖고 있다. 그럼에도 나는 여러분이 그 '정보'를 일단 접어두고 새로운 마음의 장을 최대한 넓게 열어주기를 바란다. 그래야 우리가 오랜 기간 받아온 사회적 길들이기와 세뇌에서 벗어나는 과정의 첫걸음을 뗄 수 있다. 이제 우리 모두 진실에 눈을 뜨고 자기기만을 그만둘 시간이 왔다. 진실은 이렇다. 음주는 알코올 중독이고, 알코올 중독은 마약 중독이며, 마약 중독은 치료하지 않으면 계속 악화되는 진행성 질병이다.

이제 일단 여러분의 주목을 끌었으니 나를 소개하겠다. 이름은 제이슨 베일, 나는 비음주자다. 그렇다고 볼링 게임을 구경하면서 따끈한 코코아 한 잔 마시는 것을 근사한 저녁 외출이라고 생각하는 그런 고결한 체하는 이미지를 떠올린다면 큰 오해다. 나는 음주자를 싫어하는 사람도 아니고, 음주자들과 어울리지 못하는 사람도 아니며, 음주자들을 어떤 식으로든 비판하고 싶어하는 사람도 아니다.

그렇다. 나는 비음주자다. 동시에 나는 헤로인 중독자도, 코카인 중독자도 아니다. 헤로인이나 코카인을 하지 않는다고 나에게 문제가 있다고 보거나 편견을 갖는 사람은 없을 것이다. 그러나 술은 다르다. 음주를 하지 않으면 사람들은 왜 술을 마시지 않느냐, 무슨 문제가 있느냐고 계속 캐묻는다. 그처럼 술은 마시지 않으면 사람들이 의아해 하는 유일한 마약이다.

> 술은 다르다.
> 술은 마시지 않으면 사람들이 의아해 하는 유일한 마약이다.

나는 헤로인이나 코카인에 중독된 적은 없지만 술은 마셨다. 그 것도 보통 마시는 정도가 아니라 술고래였다. 알코올의 덫에 완전 히 걸려든 상태였다(적어도 내 생각으로는 그랬다). 어느 순간은 내가 세계에서 가장 문제가 심각한 알코올 중독자 중 한 명이었을지 모 른다. 하지만 그때도 나는 내가 술을 마시지 않아야 하는 이유를 잘 알고 있었고, 때로는 내심 술을 마실 필요가 없기를 바라기도 했다. 하지만 대안이 없었다. 비음주자가 되라고? 그 당시에는 '비 음주자'라는 말 자체가 질병처럼 들렸다. 음주자로서 내 인생이 이미 엉망인지라 그에 더해 비음주자라는 '질병'에까지 시달리고 싶지는 않았다.

지금도 나는 '비음주자' 또는 '술을 입에 대지도 않는 사람'이라 는 표현을 싫어한다. 그런 말은 부정적 의미가 너무 강하다. 대다 수 사람들이 술을 마시지 않는 누군가를 보면 예단하는 이유가 바 로 그 부정적 의미 때문이다. 여러분은 어떤지 모르지만 내가 음 주자였을 때 나는 누군가가 비음주자라거나 금주했다는 말을 들 으면 곧바로 '아유, 이 따분한 녀석'이라 생각했다. 표현이 과했다 면 용서하기 바란다. 동시에 만약 나도 금주를 하게 된다면 나 역 시 '따분한 녀석'이 된다는 것이 너무나 끔찍했다.

또 술을 끊으면 인생의 좋은 무언가를 다 놓친다고 믿었다. 술 이 주는 황홀함과 즐거움, 느긋해지며 긴장이 스르르 풀리는 느 낌, 친구들과 맥주 몇 잔을 마시거나 저녁식사 때 반주로 와인 한 병을 들며 느낄 수 있는 훈훈한 우정과 재미를 완전히 잃게 된다고 생각했다. 따스한 붉은 빛이 감도는 브랜디, 얼음처럼 차가워 입속을 상쾌하게 식혀주는 화이트와인, 말 그대로 뜨거운 토디(Toddy: 독주에 설탕과 뜨거운 물을 넣어 만든 술), 잔을 부딪치며 정감 어리게 주고받는 농담과 수다 그리고 웃음… 이 모든 것이 내가 생각하는 즐거움의 세계였다. 만약 술을 끊는다면 인생이 없어질 것 같았다. 나중에야 깨달은 사실이지만 그건 전부 난센스였다.

지금 나는 자랑스럽게 말할 수 있다. 나는 이제 술을 마시지 않는다. 술을 마시지 않아서 '따분한 녀석'이라든가 사회적 '왕따'가 되지도 않았다. 오히려 금주 덕분에 대인관계는 더 나아졌고, 그때까지 내게 있었다는 사실조차 까마득히 잊어버렸던 용기와 자신감, 삶의 질을 되찾을 수 있었다. 지금 나는 성인이 된 이래 처음으로 술을 완벽하게 제어할 수 있다. 예를 들어 지금 나는 내가 원하는 양대로 언제든 원할 때 마실 수 있다. 더는 과음을 피하려고 의지력이나 자제력, 제어력을 발휘할 필요가 없다. 매일 나는 업무에 지장을 줄지, 사람들이 나를 어떻게 생각할지, 내가 어떻게 느낄지 걱정하지 않고 마실 양을 선택할 수 있다. 이것이 진정한 제어력이다.

술을 끊었다는 사람이 무슨 소리냐고? 그렇다. 내가 지금 그러한 제어력을 갖게 된 것은 더는 술을 마시지 않기 때문이다. 마실 수 없어서가 아니라 마시고 싶지 않다. 물론 내가 원할 때는 언제든 마실 수 있다. 어느 누구도, 그 무엇도 나의 음주를 막지 않는다. 다만 내가 마시고 싶은 생각이 없을 뿐이다.

수년 전만 해도 그런 일은 불가능하다고 생각했다. 내가 비음주자가 된다고? 절대 그럴 수는 없었다. 술 없는 인생이 어떨지 상상도 가지 않았다. 술을 마시지 않는 나를 생각조차 하기 싫을 정도로 너무 두려웠다. 누가 술 없이 여생을 보내고 싶어한단 말인가? 나는 절대 아니야! 나는 스스로 과하게 마신다는 사실을 깨달을 때마다 완전히 끊지는 않으면서도 음주에 대한 제어력을 발휘할 수 있는 방법을 찾았다. 술을 적게 마시려고 간헐적으로 한동안 술을 끊거나 한 잔 걸러서 한 잔씩은 무알코올 술을 선택하는 등 여러 방법을 시도했다. 탈수 현상을 줄이려고 술과 함께 물을 마시거나 어떤 날 저녁에는 아예 외출하지 않으려 애도 써봤다. 하지만 남은 일생 동안 술을 완전히 끊는다고? 그럴 수는 없었다.

한번은 3개월 동안 술을 끊었었다. 내 인생 최악의 시기였다. 우울증과 박탈감으로 외출도 거의 하지 않았다. 술을 마시지 않으면 친구들과 저녁 약속을 잡을 필요도, 모임에 나갈 이유도 없다고 생각했다. 사람들을 만나 술 없이 어떻게 즐겁게 시간을 보낼 수 있단 말인가?

내가 술을 완전히 끊은 지 이제 10년 남짓 지났다. 그동안이 단연코 내 생애 최고의 10년이었다. 그 이후 술을 마시고 싶다는 생각을 해본 적이 한번도 없다. 그런데도 이전보다 사람들과 더 잘 어울린다. 더는 술을 마시지 않는다고 내 신세가 처량하고 비참하다고 느끼거나 우울하지도 않다. 슬플 이유가 없다. 제어력을 발휘해야 한다는 끊임없는 부담에서 해방되니 즐겁고 행복하기만

하다. 정신적으로나 신체적으로 완전히 술에서 자유로워져 세상 편하게 사는 느낌이다.

그렇다면 나는 그 전에 얼마나 심하게 알코올에 중독되었을까? 10대 후반 나는 매일 맥주 16파인트(pint: 약 9000cc)를 마셨다. 주말에는 더 마셨다. 때로는 아침식사로 일반 맥주보다 더 강한 스페셜 브루 또는 선더버드를 마시기도 했다. 2년 정도 그런 식으로 지내다가 결국 주변에서 '알코홀릭'이라는 의심을 받았다. 개인적으로는 내가 '알코홀릭'이라 생각하지 않았다. 나는 단지 다른 사람들처럼 음주를 즐기는 '정상인'이며, 대다수의 사람들보다 약간 더 마실 뿐이라고 생각했다. 그러나 과하다고 말하는 사람이 많을수록 음주량을 더 의식하게 되었다. 그 정도라면 누구나 나를 '알코홀릭'이라 생각할 것이다. 그것이 사회적 길들이기와 세뇌의 힘이다. 아무튼 아침에도 마신다면 '알코홀릭'이 틀림없다고 생각하게 마련이다.

어느 날 나는 이대로는 도저히 안 되겠다 판단하고 술을 줄이기로 마음먹었다. 내가 '알코홀릭'이었다면 불가능한 일이었다. 사회적 인식에 따르면 그것이 일반 음주자와 '알코홀릭'의 차이다. 일반 음주자는 음주량을 제어할 수 있지만 중독자는 제어되지 않는다는 게 일반 상식 아닌가? 나는 절주를 통해 사회가 말하는 '알코홀릭'에서 '정상적인 음주자'로 지위를 옮겼다. 그렇다면 나는 '알코홀릭'이 아니었으며, 이제는 제어가 가능한 상태로 돌아갔기 때문에 전혀 문제가 없다고 생각했다. 아무튼 제어할 수 있다면 문제가 없다고 일반적으로 생각하지 않는가?

나는 주말에만 마시기로 결심했다. 아, 그리고 생일 파티나 결혼식 또는 고급 식당에 갔을 때도 예외라고 생각했다. 부활절, 성탄절, 새해, 바비큐 행사, 파티 등등의 사교 모임도 그랬다. 축구 경기를 관람하면서도 마셨고, 스트레스를 풀기 위해 마셨고, 고된 하루를 보낸 후 긴장을 풀려고도 마셨다. 식사 때 반주도 했고, 가끔씩 더운 물을 받은 욕조 안에서도 와인을 한 잔씩 했다. 약간의 '객기'를 위한 음주도 잊지 않았다. 다시 말해 나는 자신의 음주를 제어한다고 스스로 생각하는 다른 '정상적인 음주자'들과 마찬가지로 '약간만' 마셨을 뿐이다.

그렇다면 나는 실제로 그런 경우에만 마시기로 자의로 선택한 것이었을까 아니면 그 시간을 즐기기 위해서는 어쩔 수 없이 마셔야만 했을까? 내가 이미 선택의 자유를 잃어버렸을까? 그러한 생각이 꼬리를 물면서 '내가 음주를 제어하고 싶기는 한 걸까?'라는 의문이 들었다. 나는 과음을 피하기 위해 하루 단위는 아니라 해도 주 단위로는 어느 정도 의지력과 자제력을 발휘하고 있다고 생각했다. 하지만 가끔씩 내가 자제할 수 있는 것처럼 보인다 해서 나에게 음주에 대한 제어력이 있다는 뜻일까? 아니면 단순히 제어력을 확보하려고 끊임없이 전투를 치르고 있다는 의미일까?

나는 이렇게 자문하기 시작했다.

'과음하지 않으려고 의식적으로 자신을 제어해야 한다면 사실은 제어력이 없는 게 아닐까?'

이제 나는 확실히 안다. 나 스스로 음주를 완전히 제어한 적이 없었으며, 사실 술을 마시는 사람 중에서 그럴 수 있는 사람은 거의 없다.

거부할 자유가 없다면 선택할 자유도 없다

지금 나는 다시 한번 완벽한 제어력을 확보하고 있다. 술을 마시기 시작한 이래 처음이다. 더는 의지력을 발휘할 필요가 없다. 의지력을 동원해야 한다면 제어력이 없다는 뜻이다. 이 사실이 너무나 중요하기 때문에 다시 한번 반복하겠다. 거부할 자유가 없으면 선택할 자유도 없다.

혼란스럽다고? 사과한다. 내가 좀 앞서 나가고 있다. 내가 하는 말을 수긍하는 것은 말할 것도 없고 이해라도 하려면 먼저 세뇌와 사회적 길들이기로 인해 갖게 된 잘못된 믿음부터 제거해야 하는데 지금은 여러분이 아직 그 단계까지 나가지는 못했다. 따라서 나의 선언 중 일부는 상당히 당혹스럽게 느껴질 수밖에 없을 것이다. 하지만 여러분께 부탁한다. 이 책을 읽는 동안은 모든 선입견을 제쳐두고 마음을 최대한 활짝 열기 바란다. 세계에서 가장 많이 그리고 널리 사용되고 용인되는 마약에 대한 잘못된 믿음을 하나씩 바로잡는 여정에 이제부터 나와 동행하기를 권한다.

알코올 중독

이쯤 되면 제이슨 베일이란 사람이 과연 이러한 책을 쓸 자격이 있는지 궁금할 것이다. 그의 조언을 실행에 옮기거나, 그의 지시를 따르거나, 그가 하는 말을 들어야 하는 이유가 무엇인가? 그는 어떤 자격을 갖고 있고, 그의 의학적 배경은 무엇인가? 금주한 사람들이 술 끊는 방법에 관해 쓴 책은 숱하다. 제이슨 베일은 그들과 어떻게 다른가? 그는 의학적으로나 학문적으로 그들 중 다수와 같은 자격을 갖추었다고 볼 수 없다. 그런 그의 권고를 사람들이 따를 이유가 있을까?

나는 자신 있게 말할 수 있다. 그들과 다른 점은 내가 진정코 술에서 완전히 자유롭다는 사실이다. 그렇다. 자유 말이다. 이 점을 명확히 할 필요가 있다. 나는 끝없는 '회복' 과정에 있지 않다. 술을 마시지 않으면 사람들과 어울리며 즐길 기회를 잃을지 모른다고 안달할 필요도 느끼지 못하고, 술이 당기지도 않으며, 박탈감도 없다. 술을 못 마셔서 우울하거나 비참하거나 처량하게 느끼지도 않고, 매주 금주단체의 모임에 참석하지도 않으며, 종교에 귀의하지도 않았다. 그처럼 진정한 자유를 누린다.

모든 알코올 중독자들을 도울 수 있는 나의 자격증은 지금 내가 누리는 자유와 그 자유를 얻는 과정에서 나에게 큰 도움이 된 정신적인 도구다. 나도 음주자였을 때 술 끊는 방법에 관한 책을 여러 권 읽었다. 하지만 그 책들은 음주자에 대한 신랄한 비난과 암울한 메시지로 가득했다. 심하게 말하면 비음주자가 그런 책을 읽으면 오히려 술을 마시고 싶어진다. 그런 책들은 하나같이 '전(前) 알코홀릭'(내 표현이 아니라 그들의 표현이다)이거나 여전히 음주를 즐기는 의사들이 썼다.

그들은 처음부터 불평을 늘어놓는다. 첫 쪽부터 독자들을 불치병 환자라 단언하며 여생을 소위 '회복' 과정인 상태로 살아야 할 것이라고 경고한다. 전혀 고무적이지 않다. 또 의사든 누구든 자신도 하지 못한 일을 두고 이렇게 저렇게 하라고 조언하면 신빙성이 떨어져 받아들이기 어렵다. 자신은 여전히 술을 마시면서 어떻게 술 끊는 방법을 조언할 수 있단 말인가? 물론 최고의 축구선수가 아니면 좋은 코치가 될 수 없다는 말은 아니다. 하지만 최소한 공을 찰 줄 안다면 코치가 되는데 큰 도움이 될 수 있다고 생각한다.

흔히 의사들은 이렇게 겁을 준다.

"술을 너무 많이 드시네요. 술을 줄이든지 완전히 끊어야 할 것 같아요. 알코올이 당신을 죽이고 있어요. 당신의 인생을 망치고 당신과 가족들에게 온갖 두통거리를 가져다주고 있어요."

아무리 의도가 좋더라도 이렇게 말하는 의사들은 '빤한 말을 하는' 부류에 속한다.

누구나 빤히 알고 있는 이야기를 마치 새로운 정보인 듯 알려주는 것은 음주자들의 지능에 대한 모욕이다. 모래늪에 빠져 들어가고 있는데 누군가 지나가면서 "당신은 지금 모래늪에 빨려 들어가고 있으니 빨리 탈출하세요. 그렇지 않으면 죽어요"라고 말한다고 생각해보라. 물론 터무니없는 소리지만 자신이 술이 과하다는 사실을 이미 아는 음주자에게 술을 많이 마신다고 지적하는 의사의 말도 그와 다름없다. 음주자는 대개 심적 압박을 느끼거나 스트레스를 많이 받을 때 술을 마신다. 따라서 술을 마시지 말라고 압박하면 역효과가 나기 쉽다.

그렇다고 환자 치료를 천직으로 삼는 의사들을 비난할 생각은 추호도 없다. 또 술을 끊어야 하는 이유를 적시하면 금주나 절주에 도움이 된다고 확고히 믿는 사람들도 있다. 이러한 접근법이 논리적으로 여겨질지 모른다. 그러나 앞으로 이 책을 통해 알게 되듯이 술과 관련해서는 논리적으로 보이는 모든 것이 사실은 완전히 비논리적이다. 예를 들어 이 책의 초판이 발행되었을 때쯤 영국에서는 드링크라인(Drinkline)이 금주를 원하는 사람들을 돕는 단체로 가장 잘 알려졌다.

드링크라인이 제시하는 권고 사항 중 하나를 보자.

'술을 끊고 싶은 이유를 전부 다 적어보라.'

표면적으로는 아주 논리적인 조언으로 들린다. 하지만 실제로는 전혀 그렇지 않다. 잠시만 생각해봐도 알 수 있듯 중독은 논리적으로 따질 문제가 아니다. 따라서 이러한 조언은 결코 바람직하지 않다. 술을 마시지 않아야 하는 모든 이유를 적어본다 해서 술을 끊기가 더 쉬워지지는 않는다. 모래늪에 빠져들지 말아야 하는 이유를 전부 다 적어본다 해서 그곳에서 좀 더 쉽게 탈출할 수 있는 것이 아니듯 말이다.

알코올 중독자는 자신이 술을 마시지 않아야 하는 이유를 이미 잘 알고 있다. 그 모든 이유에 초점을 맞춘다고 금주가 더 쉬워지지는 않으며 자칫하면 오히려 정반대의 효과를 부를 수 있다. 왜 그런지 설명해보겠다.

중독은 논리적으로 따질 수 있는 문제가 아니다

첫째, 알코올 중독이 심한 사람은 가족이나 의사, 사회 전반으로 부터 술을 끊거나 적어도 줄이라는 압박을 끊임없이 받는다. 이러한 압박은 분노와 원망을 낳는다. 이래라 저래라 하는 잔소리를 듣기 좋아하는 사람은 없다. 음주자는 술을 단념해야 한다고 생각하면 곧바로 심한 박탈감에 시달린다. 자신의 소중한 것을 누군가에게 빼앗긴다는 느낌 말이다. 박탈감이 심해질수록 음주 갈망은 더 커진다. 술 마시고 싶은 생각이 강해질수록 박탈감은 더 심해진다. 악순환이 거듭된다는 뜻이다.

둘째, 사람들이 금주를 시도할 때 흔히 하는 실수는 술을 마시지 않아야 하는 이유에 초점을 맞추는 것이다. 그 이유를 생각하자면 끝이 없다. 건강, 돈, 자녀, 가정, 숙취, 폭력 등. 그 정도만 해도 많지만 그게 다가 아니다. 언쟁, 무기력증, 체중, 일자리 문제 등등 얼마든지 추가될 수 있다. 음주자는 술을 마시지 말아야 할 모든 이유를 이미 잘 안다. 술을 끊게 해주는 것은 금주해야 할 그러한 이유들이 아니라 금주에 따르는 긍정적 혜택이다. 진정으로 마음을 가라앉혀주고, 긴장을 풀게 해주며, 자신감과 용기를 얻게 해주고, 행복하고 즐겁게 해주는 효과가 그 혜택이다.

다시 한번 말하지만 여러분은 이미 술을 마시지 말아야 할 이유를 알기 때문에 이 책은 그 이유에 관해 장황하게 설명하지 않을 것이다. 이 책은 금주의 '암울한' 접근법을 담은 수많은 다른 책들과는 상당히 다르다. 흔히 금주에 관한 자기계발서는 중독자가 두려움에서 술을 끊기 바라면서 음주의 끔찍함을 세세히 설명한다. 또한 술을 끊어도 중독에서 완치된 게 아니라 남은 생애 내내 '회복' 중인 상태로 지내야 한다고 겁을 준다. 따라서 술을 끊으면 인생이 암울하다고 느낄 수밖에 없다. 평생 괴로울 수밖에 없고 술의 덫에서 완전히 벗어나기가 불가능하다고 생각한다면 누가 그렇게 느끼지 않겠는가?

그러나 나는 확신한다. 술에서 완전한 자유를 얻기가 가능할 뿐 아니라 그 자유를 얻는 과정도 쉬우며, 아주 즐겁다. 음주를 둘러싼 집단 사기극이 어떻게 작동하는지 확실히 알고 나면 술을 마시는 사람들을 부러워하지 않게 되고, 또 그들을 헤로인 중독자를 보듯 매우 안타깝게 느낄 것이다. 이 책을 읽는 사람 중 다수는 술로 인해 많은 것을 잃고 극심한 고통을 당하며 금주가 절실한 상태에 있다는 사실을 나는 충분히 이해한다. 그러나 만약 여러분이 그렇다면 본인만 그런 게 아니라는 사실을 명심하기 바란다.

나에게도 술로 인해 사망한 친한 친구들이 있다. 우리 집안에서도 술에서 비롯된 정신적, 신체적 학대를 목격했다. 우리 가족 중 두 명이 말 그대로 술에 절어 살다가 생을 마감했다. 그중 한 명은 49세의 한창 나이에 이 세상을 떠났다. 나 자신도 술 때문에 구치소에서 며칠을 지내야 했다. 술 때문에 사랑하는 사람과 헤어져야 했다. 또 술 때문에 직장을 잃기도 했다. 나는 친구들과 가족이 술로 인해 신체적으로나 정신적으로 고통당하는 것을 지켜보았다. 술 때문에 실명한 사람도 봤다. 술을 마시다가 몸싸움 끝에 깨진 술병에 다쳐 평생 흉한 흉터를 안고 살아가는 사람도 봤다.

이렇듯 우리 모두는 술에 얽힌 끔찍한 이야기를 알고 있다. 음주가 허용된 지역에 살면서 직접적으로나 간접적으로 알코올이라 불리는 마약의 영향을 받지 않은 사람은 찾아보기 힘들다. 그럼에도 지금 나는, 과거는 과거일 뿐이며 예전에 술이 어떤 문제를 일으켰든 새출발을 하면 된다고 굳게 믿는다.

술의 덫에서 빠져나오지 못하도록 방해하는 가장 큰 장애물은 두려움이다

또 이 책을 읽는 사람 중 다수는 자신의 상황이 그렇게 나쁘지 않으며 완전히 술을 끊는 것에 대해 생각해본 적이 없거나 스스로 음주를 잘 제어하고 있다고 믿을 것이다. 나의 경우 술을 완전히 끊을 생각을 오랫동안 하지 않은 이유는 딱 한 가지였다. 두려움이었다. 다시는 술을 마시지 못하게 된다는 생각이 공포 그 자체였다. 이제 나는 알코올 중독자 대다수가 과거의 나처럼 겁에 질려 있으며, 그들이 술의 덫에서 벗어나지 못하는 것은 바로 그 두려움 때문이라는 사실을 안다. 술을 필사적으로 끊으려는 사람이든 음주에 질려 그만 마시고 싶어하는 사람이든 두려움은 똑같다.

금주는 실제로 아주 간단하다. 하지만 두려움이 그처럼 쉬운 과제를 해내지 못하게 막는다. 금주의 유일한 장애물이 두려움이다. 내가 겁에 질린 것은 신체적 금단 증상이 아니라 앞으로 술을 마시지 않을 때의 상황에 대한 심리적 두려움 때문이었다. 술 없이는 예전처럼 삶을 즐기거나 스트레스에 대처할 수 없을 것이라는 두려움이었다. 내가 '이제 술을 단념해야 한다'고 생각하면 온갖 끔찍한 장면이 머리를 스쳐가며 스트레스와 불안을 가중시켰다.

파티에서 술을 마시지 않을 때 내가 어떻게 행동할지 마음속에 그려보았다. 결코 보기 좋은 그림이 아니었다. 음료 한 잔을 들고 무언가 빼앗긴 듯 처량하게 서 있는 나의 모습이 눈에 선했다. 사람들과 만나거나 회식에 참석했을 때 지금처럼 즐길 수 없다는 생각이 너무나 두려웠다. 따돌림을 당할까 겁이 났다. 술을 마실 수 없다는 생각에 약속을 잡고 싶지도 않았다. 그렇다면 내 생일에는 뭘 하지? 성탄절이나 연말연시, 또는 명절 때는 어떻게 하지?

무엇보다 술에 대한 갈망이 사라지지 않을 것이라는 두려움이 가장 컸다. 술을 마시지 않으려면 앞으로 평생 의지력과 자제력을 발휘해야 한다고 생각하니 섬뜩했다. 정확히 표현하자면 나는 술을 끊고 싶은 동시에 마시고 싶었다. 내가 진정으로 금주를 원하는지 확신이 서지도 않았다. 머리가 너무 혼란스러웠다.

금주한 뒤로 나는 사람들을 술의 덫에서 빠져나오지 못하도록 방해하는 가장 큰 장애물이 두려움이라는 사실을 아주 명확하게 알 수 있었다. 여러분도 이러한 두려움을 갖고 있지 않은가? 다시는 술을 입에 대지 않고 살아야 한다는 생각이 두려움, 아니 극심한 공포를 불러오지 않는가? 단지 '절주'에 도움을 얻기 위해 이 책을 집어들었다면 바로 이 문장 때문에 책을 덮어버리고 싶을지 모른다. 건강, 돈, 숙취, 가족과 친구들에게 미치는 영향 등 술이 일으키는 모든 문제에 눈을 감고 술을 계속 마시도록 강요하는 것이 바로 그런 두려움이다.

그러나 예전의 나처럼 알코올 중독자들이 깨닫지 못하는 것은 그 모든 두려움이 단 한 가지, 바로 술 그 자체 때문에 일어난다는 사실이다. 비음주자는 그런 두려움이 없다. 음주자가 되기 전에도 그런 두려움을 모른다. 나처럼 술을 완전히 끊은 사람도 더는 그런 두려움을 갖지 않는다. 지금 나는 옥상에 올라가 세계를 향해 우리 모두 술을 마셔야 할 이유가 조금도 없다고 외치고 싶다. 음주자는 그냥 술을 마셔야 할 이유가 있다고 '생각'할 뿐이다. 술의 필요성은 술 자체에 의해 생긴다. 음주가 백해무익하며 술을 마시지 않을 때 삶의 질이 훨씬 더 높아진다는 사실을 깨달으면 술을 끊기가 쉽다.

> 술의 덫을 둘러싼 환상과 세뇌를 통해 갖게 된
> 잘못된 믿음을 제거하라.

이제부터 술의 덫을 둘러싼 환상과 세뇌를 통해 갖게 된 잘못된 믿음을 하나씩 제거하는 흥미진진한 여정으로 안내하겠다. 이 모든 것을 완전히 이해하고 나면 술을 끊고 싶은 생각을 가로막고

짓누르는 터무니없는 두려움도 영원히 사라질 것이다.

지금 단계에서는 아마 여러분이 비음주자가 되고 싶진 않다고 생각할 가능성이 크다. 충분히 이해한다. 다만 열린 마음으로 이 책을 읽고 이전과는 달리 생각해보라. 그게 내가 바라는 전부다. 말로만이 아니라 실제로 마음을 최대한 활짝 열어달라는 부탁이다. 나 역시 술을 마시던 시절에는 이 책의 내용 대부분을 일고의 가치도 없다며 묵살했을 것이다. 그러나 지금 나는 여러분이 이 책을 읽는 동안 자신이 가진 모든 선입견을 제쳐둔다면 술이라고 불리는 마약에 대한 생각이 달라지리라 확신한다. 지금까지 술에 관해 보고 들은 정보와 지식은 전부 다 잊어버려라. 술에 관해 부모가 가르쳐준 것, 의사가 말해준 것, 자신이 스스로에게 알려준 모든 것을 잊어버리기 바란다.

과거 인류는 지구가 평평하다고 믿었다. 그러다가 열린 마음을 가진 한 사람이 등장하고 난 뒤에야 그것이 오해라는 사실을 깨닫고 진리를 받아들일 수 있었다. 그처럼 술 문제에서도 환상과 잘못된 믿음이 제거되고 나면 술 없이 삶을 훨씬 더 풍요롭게 즐길 수 있을 것이다. 여기서 내가 말하고자 하는 점은 술과 관련된 환상에서 벗어난다 해서 더 부유해지거나 건강해진다는 게 아니다. 다만 술을 갈망하지 않게 된다. 그 대신 용기와 자신감이 강해지며, 박탈감에서 공허함을 느끼기는커녕 이전보다 훨씬 더 가득 채워진 삶을 누린다는 게 요점이다. 지금으로서는 불가능하거나 벅차게 보이겠지만 술이라는 덫의 본질을 이해하고 나면 오히려 그와 달리 생각하기가 더 어려울 것이다.

그러나 그 단계에 도달하기 전에 제거해야 할 환상과 잘못된 믿음이 너무 많다는 사실을 명심하라. 따라서 술의 덫에서 빠져나오는 길을 찾기 위해서는 다음 몇 가지를 이행해야 한다.

1. 마음을 활짝 열고 이 책을 읽어라.
2. 이 책을 띄엄띄엄 읽지 말고 처음부터 끝까지 찬찬히 읽어라.
3. 내가 제시하는 '자유에 이르는 단계'를 그대로 따르라.

우선 이 책을 다 읽을 때까지 술을 끊지 말고 계속 마시기 바란다. 오해하지 마시라. 이 책을 읽을 때마다 술에 취하라는 뜻은 절대 아니다. 세뇌에 따른 잘못된 믿음이 완전히 제거될 때까지는 금주를 시도하지 말라는 뜻이다. 이 책을 읽기 전에 이미 술을 끊었지만 자유롭지 않고 여전히 술을 갈망하며 박탈감을 느낀다면 이 책이 진정한 자유를 얻게 해줄 것이다.

그러나 이미 한참 동안 술을 마시지 않았다면 이 책을 읽으면서 절대 다시 마시지 말 것을 강력히 권한다. 열린 마음으로 이 책을 읽는다면 책장이 넘어갈 때마다 술을 향한 갈망이 조금씩 서서히 사라질 것이다. 술을 여전히 즐기는 상태라면 이 책을 끝마칠 때까지 평소대로 마셔라.

이 책을 읽으면서 무릎을 치는 깨달음을 주는 여러 요점을 만날 것이다. 그렇게 얻을 것을 충분히 얻었다고 생각하며 책을 놓지 말기 바란다. 마지막 장에 이를 때까지 읽기를 중단하지 말 것을 당부한다. 자칫 빠지기 쉬운 함정이 수없이 많아 그 내용을 전부 다 이해해야 실질적인 효과를 얻을 수 있다. 따라서 무엇보다 중요한 점은 이 책을 끝까지 다 읽는 것이다. 두려움으로 책 읽기를 중도에서 포기하지 마라. 지금은 두려움을 뚫고 나가 자유를 찾아야 할 시점이다. 최소한 하루 한 장(章)은 읽는 게 좋다. 그래야 기세를 이어가 끝까지 읽을 수 있다. 책은, 읽기 시작하기는 아주 쉽지만 '자기계발서'를 구입하는 사람의 80% 이상은 끝까지 읽지 않는다.

내가 강조하는 요점은 모두 여러분의 확실한 성공을 보장하기 위한 것이다. 여기서 성공이란 완전한 자유를 의미하며, 자유는 술을 갈망하지 않고, 박탈감을 갖지 않으며, 삶을 포기하지 않고, 다시는 술을 못 마신다고 분노하거나 속상해 하지 않는 상태를 뜻한다. 우주처럼 넓게 마음을 열고 이 책을 읽으며, 마지막 부분에서 제시되는 '자유에 이르는 단계'를 따른다면 여러분도 내가 얻은 것을 가질 수 있으리라 믿는다.

술을 마셔야 한다는 강박에서 벗어나는 것이 진정한 자유다

이 책을 읽으면 몇 가지 요점과 메시지가 계속 반복된다는 게 눈에 거슬릴지 모른다. 하지만 그것은 나의 실수가 아니라 의도적 반복이다. 술의 덫을 이해하기는 전혀 어렵지 않지만 그 이해가 완전히 마음속에 새겨지도록 하기 위해 핵심 요점들을 이 책 전체를 통해 계속 반복하기로 했다. 일종의 최면 효과를 노렸다고 생각해도 좋다.

앞으로 살펴봐야 할 내용이 아주 많기 때문에 우리가 사회적 길들이기와 세뇌를 통해 갖게 된 환상의 큰 부분을 먼저 제거함으로써 당장 시작해보자. 무엇이 가장 큰 환상일까? 술을 마시지만 '알코홀릭'이라는 꼬리표가 붙지 않았다 해서 자신에게 음주에 대한 제어력이 있다는 잘못된 믿음이 그것이다. 따라서 사람들이 더는 음주를 제어하지 못하겠다고 생각할 때 자신에게 묻는 첫 질문이 바로 '나도 알코홀릭일까?'이다.

나도 혹시 '알코홀릭'?

한마디로 아니다. 여러분은 알코홀릭이 아니다. 지금까지도 아니었고, 앞으로도 아닐 것이다. 어떻게 아느냐고? 앞서 말했듯 우리 사회가 이해하는 그런 '알코홀릭'이라는 것은 존재하지 않기 때문이다. 마찬가지로 '알코홀리즘'이라는 질병도 없다.

이 선언이 아주 대담하고 논란을 일으킬 만하다는 사실을 나도 잘 안다. 하지만 나의 선언이 실제로 옳다. '알코홀리즘'이라는 질병이 있다는 것은 AA(Alcoholics Anonymous: 익명의 알코홀릭들) 같은 금주 자조 단체가 만들어낸 허구다. 나의 이러한 주장에 많은 사람이 격노할 게 뻔하다. 하지만 곡해하지 말기 바란다. 물론 AA는 많은 사람들에게 도움을 준다. 전 세계 알코올 중독자들을 위한 그들의 헌신과 도움, 지원은 칭찬 받아 마땅하다. 또 모든 사람에게 맞는 단일 해결책이 없고 모두가 이 책에서 설명하는 개념을 전적으로 받아들이지는 않을 것이기 때문에 AA 같은 단체가 언제나 필요하다고 나도 믿는다.

따라서 AA에 참석한 적이 있거나 지금 참석하고 있다면 제발 내 말을 오해하지 마시라. 그런 단체의 필요성은 늘 존재하며 그를 통해 사람들이 새로운 삶을 살아갈 것이다. 다만 내가 지적하고자 하는 바는 그런 단체는 의도가 아무리 좋더라도 '알코홀리즘'으로 알려진 질병을 완치할 방법이 없다고 믿는다는 사실이다. 그들이 직접 인정하듯이 AA는 지금까지 단 한 명의 '알코홀릭'도 완치시키지 못했다.

예를 들어 당신이 '알코홀릭'이라고 한번 생각해보라. 그렇다면 당신은 도움이 필요하다. 어디서부터 시작해야 할까? 가장 먼저 자신이 '알코홀리즘'이라는 질병에 걸렸는지 확실히 알 필요가 있다. 그래서 병원을 찾는다. 의사는 당신이 '알코홀릭'인지 잘 모르겠다며 AA나 드링크라인 등 근처에 있는 전문 단체에 문의해보라고 말한다. 그러면 당신은 그 단체에 전화를 걸어 자신이 그 질병에 걸렸는지 알아보려 할 것이다. 문제는 어느 누구도 당신이 '알코홀릭'인지 확실히 말해줄 수 없다는 사실이다. 예를 들어 AA는 공식 안내서에서 '알코홀릭'에 관해 이렇게 설명한다.

"자신이 의도하는 양 또는 원하는 양 이상의 술을 마시는 상황이 반복되거나 술을 마시면 문제를 일으켜 어려운 상황에 처한다면 당신은 '알코홀릭'일 가능성이 있다. 그 판단은 자신만이 할 수 있다. AA에서는 그 누구도 당신이 '알코홀릭'인지 아닌지 말해줄 수 없다."

다시 말해 세계적인 '알코홀리즘' 대응 전문 단체라는 AA조차 그들이 만들어낸 것으로 보이는 질병에 당신이 걸렸는지 말해줄 수 없다는 뜻이다. 그렇다면 누가 판단할 수 있을까? 오직 자신만이 할 수 있다고? 그 말을 어떻게 믿을 수 있는가? '알코올리즘'이라는 질병을 만들어낸 사람들인 '그들'이 왜 판단해줄 수 없다는 말인가? 우리 스스로 판단해야 한다면 어떤 기준으로 할 수 있을까?

AA는 만약 자신이 의도하는 양이나 원하는 양 이상의 술을 마시는 상황이 반복되거나 술을 마시면 문제를 일으켜 어려운 상황에 처한다면 당신은 '알코올릭'일 가능성이 있다고 말한다. 아니, 농담하는 건가? 내가 아는 음주자 중에 처음에 의도하는 양 이상을 마시지 않는 사람은 단 한 명도 없다. 마약이 원래 그렇지 않은가? 술을 마시고 문제를 일으키는 경우도 그렇다. 술을 마시는 사람치고 살면서 한번쯤 술로 인해 문제를 일으켜 어려움에 처하지 않는 사람이 어디 있는가?

따라서 AA의 공식 안내서에 제시된 지침을 그대로 받아들인다면 술을 마시는 사람은 전부 다 '알코올릭'일 가능성이 있다. 그렇다면 영국 성인 인구의 80%는 알려진 완치법이 없는 '알코올리즘'이라는 질병을 안고 태어난다는 뜻이다. 그에 대해 내가 할 수 있는 말은 다음 한마디뿐이다.

헛소리!

'알코올리즘'이 이제는 암이나 심장병과 같은 범주의 질병에 포함되었다는 사실을 아는가? 어떤 이는 '알코올리즘'이 유전되기 때문에 피할 도리가 없다고 주장한다. 심지어 '두 돌'만 지나면 '알코올릭'인지 아닌지 판별할 수 있다고 말하는 사람도 있다. 또 어떤 이는 평생 술 한 방울도 입에 대지 않은 '알코홀릭'도 있다고 말한다. 여러분이 잘못 읽은 게 아니다. 그들은 지금까지 술을 마신 적이 없는 사람도 이 '질병'의 환자가 될 수 있다고 실제로 믿는다.

내가 여러분에게 바라는 바는 이 책을 읽으면서 그런 터무니없는 주장에 의문을 갖는 것이다. 사람들이 흔히 그런 주장을 믿게 되는 것은 아무런 의문을 품지 않고 그냥 받아들이도록 사회적으로 길들여졌기 때문이다. 하지만 일단 의문을 갖기 시작하면 그런 주장이 말이 안 된다는 사실을 금방 알게 된다. 한번 생각해보라. 여러분은 헤로인 중독자를 '헤로이니즘(heroinism)'이라는 질병을 앓는 환자라고 생각하거나 그들이 '헤로이노홀릭(heroinoholics)'이라고 믿는가?

헤로인 사용 여부와는 상관없이 '헤로이니즘'이라는 질병을 타고 났기 때문에 어쩔 도리가 없다고 생각하는가? 헤로인을 단 한 번도 사용한 적이 없는 사람 중에 헤로인 중독자가 있다고 정말 믿는가? 담배를 피운 적이 없는 흡연자가 있다고 단 1초 동안이라도 믿을 수 있는가? 두 돌이 되면 앞으로 코카인을 사용할 사람인지 판별할 수 있다고 진정으로 생각하는가? 이러한 중독증이 유전자 안에 들어 있어 대물림된다고 정말 믿는가? 초콜릿에 중독된 사람은 그 질병을 타고났기 때문에 평생 초콜릿을 먹어야 하며, 그러지 않도록 할 방법이 없다는 것을 믿는가? 여러분이 두 살이 되었을 때 이렇게 말했는가?

"이제 말을 배웠으니 한 잔 달라고 확실히 의사를 표시하게 되어 참으로 다행이네요. 2년 동안 마시고 싶어 죽을 뻔했잖아요."

이 책을 읽는 여러분은 그런 허튼소리에 의문을 갖고 상식적으로 판단할 것으로 믿어 의심치 않는다. 사실 우리는 오랫동안 그런 소리를 듣고는 그냥 흘려보내기를 반복했다. 지금 그 소리가 '전문가'의 입을 통해 나온다 해서 그것이 진리가 되는 것은 아니다. 다시 말하지만 마음을 열고 스스로 상식적으로 판단해서 현명한 결론에 도달하기 바란다.

'알코홀릭'이라는 꼬리표가 붙여졌고 자신도 그렇게 믿는다면 모든 가능성을 열어두고 '알코홀릭'이라는 게 어떻게 있을 수 있는지 자문해보기를 촉구한다. 이제 진실을 바로 볼 때다. '알코홀릭'이라는 단어는 자신이 술에 중독되어 있다는 사실을 깨닫는 사람들에게 붙여진 꼬리표일 뿐이다. 이 말도 안 되는 꼬리표를 이제는 떼어 버려야 한다. 말 그대로 '꼬리표'에 불과하기 때문이다.

지금까지 여러분이 어떤 이야기를 들었든 상관없다. 여러분은 '알코홀릭'이 아니라는 것이 팩트다. '알코홀릭'은 이 세상에 없다. 술 없이 지내야 한다는 생각이 두려움을 일으킨다면 당신은 알코올 중독자다. 그렇다면 '알코홀릭'과 알코올 중독자의 차이가 무엇일까? 차이는 알코올 중독의 경우 쉽고 간편한 완치법이 있으며, 지금 여러분이 그에 관해 읽고 있다는 것이다. 반면 '알코홀리즘'은, 그 질병을 만들어낸 사람들에 따르면 평생 시달려야 하는 불치병이다.

현실적으로 볼 때 술을 자주 마시면서 술 없이 지내야 한다는 생각에 두려움을 갖는 사람은 전부 똑같은 상태에 있다. 알코올 중독이다. 주말에만 마시느냐 아니면 매일 하루 종일 마시느냐는 따질 필요 없다. 그들은 알코올이라 불리는 마약에 중독되어 있다. 다른 마약의 경우에는 중독을 이해하기 쉽다. 헤로인을 사용하는 사람은 헤로인 중독자, 코카인을 사용하는 사람은 코카인 중독자, 담배를 피우는 사람은 니코틴 중독자다. 예를 들어 헤로인을 사용하는 사람이 다음과 같이 말한다 해서 여러분은 그가 중독자가 아니라고 생각하겠는가?

"나는 헤로인에 중독되지 않았어요. 나는 나 자신을 완벽하게 제어할 수 있어요. 나는 늘 헤로인을 사용해야 하는 것도 아니죠. 헤로인 없이도 얼마든지 지낼 수 있거든요. 나에게 헤로인 문제가 없다는 것을 증명할 수 있어요. 나는 주말이나 특별한 때, 또는 스트레스를 많이 받았을 때만 헤로인을 내 팔에 주사하죠. 더구나 아침에는 사용하지 않아요. 그러니 난 중독자가 아니에요."

누군가 이렇게 말하는 것을 들었다면 여러분은 그가 헤로인 중독이 아니며 헤로인 사용량을 완전히 제어할 수 있다고 생각하겠는가? 그가 헤로인 없이는 못 견디는 게 아니라 상황에 따라 자신의 선택으로 헤로인을 사용할 수 있다고 믿을 수 있는가? 아니면 그가 이미 중독되어 있으면서 가끔씩 소량을 사용한다는 사실을 정당화하려는 게 분명하다고 생각하겠는가?

그렇다고 얼마를 마시든 술을 마시는 사람 전부가 알코올에 중독되었다고 말하려는 것은 아니다. 그건 분명히 사실이 아니다.

다만 내가 말하려 하고, 명확히 할 필요가 있다고 보는 것은 술이 없는 삶을 두려워하면서 술을 자주 마시는 사람은 중독자라는 사실이다. 무엇인가에 중독된 것을 알 수 있는 나의 기준은 이렇다.

> '그것'(무엇이든 자신에게 해당하는 것이 될 수 있지만
> 여기서는 술을 의미한다)을 다시는 못한다는 생각이
> 두렵게 느껴진다면 중독된 것이며,
> 그런 두려움이 없다면 중독이 아니다.

나는 딸기를 너무너무 좋아했다. 그런데 어떤 이유로 그만 먹어야 했을 때 딸기를 먹지 못한다는 생각이 두려움을 일으키지는 않았다. 물론 실망이 컸다. 하지만 딸기 없이는 못 산다는 생각은 들지 않았다. 그것이 '선택'과 '필수'의 차이다.

헤로인 같은 마약은 그토록 분명한데 알코올이라는 마약의 경우는 왜 그렇지 않은가? 왜 사람들은 자신이 알코올에 중독되었다는 사실을 명확히 알 수 없을까? 답은 이렇다. 인구의 대다수가 술을 마시기 때문이다. 영국 알코올연구소(IAS)에 따르면 영국 성인 인구의 80%가 음주자다. 그러나 마약 중독에 대해서는 솔직하게 밝히지 않는 사람이 많아 정확한 통계 수치를 얻기가 거의 불가능하다.

나의 자체적인 조사에 따르면 영국의 음주자는 성인 인구의 90%가 넘지 않나 싶다. 그러나 80%라 해도 마찬가지다. 만약 헤로인이 합법적 약물일 경우 인구의 80%가 헤로인을 사용하고, 그

것이 자연스러운 사교적 오락이라고 믿도록 지금까지 우리가 길들여졌다면, 헤로인 사용도 마약 중독이 아니라고 믿을 가능성이 크지 않을까? 그럴 경우 헤로인 사용이 일반적이며 심지어 정상이라고 실제로 믿게 될지도 모른다.

다른 한편으로 알코올 중독에 관한 조언을 제공하는 사람들 대다수도 음주자라는 사실을 기억할 필요가 있다. 그들 자신이 알코올 중독자로서 알게 모르게 술 홍보에 앞장서는 사람들이다. 그들이 말하자면 주류 산업의 '영업 인력' 중 가장 규모가 크다. 아무튼 우리가 애초에 술을 마시게 된 계기가 그 같은 음주자의 영향 때문 아닌가? 술이 만들어내는 환상은 우리가 다른 음주자들에 의해 믿도록 길들여진 내용을 확인해줄 뿐이다.

그에 따라 음주자가 자신이 너무 많이 마신다고 생각하며 자신에게 제어력이 없다는 사실을 인식하기 시작하고 술을 끊고 싶어 하면 곧바로 '알코홀릭' 꼬리표가 붙는다. '알코홀릭'이 아니라면 그만 마시고 싶다고 느낄 이유가 없다고 그들은 말한다. 그래서 음주자는 진퇴양난의 상황에 빠진다. 음주에 대한 제어력이 없다고 세상에 고백해야 할까 아니면 음주량을 속이고 모래에 머리를 파묻은 채 계속 술을 마셔야 할까?

문제는 흡연의 경우 사람들은 담배를 끊고 싶다는 이야기를 공개적으로 할 수 있지만 음주자는 속을 감추고 거짓말을 해야 한다는데 있다. 그렇지 않으면 스스로 '알코홀릭'임을 인정할 수밖에 없다. 어느 쪽을 선택해도 불행하기는 마찬가지다. 사용량에 따라

이러한 식으로 차별화되는 유일한 마약이 술이다.

'정상적인 음주'와 '알코홀리즘'의 차이는 무엇인가? 어느 수준에서 '알코홀릭'이 되는 걸까? 하루에 어느 정도를 마셔야 '알코홀릭'으로 불릴까? 다시 헤로인을 예로 들어보자. 헤로인에 중독되려면 얼마나 많은 양을 사용해야 할까? 헤로인 사용자에서 '헤로이노홀릭'으로 바뀌는 시점은 언제일까? 어느 정도의 코카인을 사용해야 '코카이니즘(cocaineism)'이라는 질병에 걸릴까? 하루 담배 몇 개비를 피워야 '정상적인 흡연자'에서 '스모커홀릭(smokeaholic)'으로 바뀔까?

사람들은 술을 끊고 싶다고 인정하기를 수치스러워 한다. 그렇게 인정하면 문제가 알코올이라는 약물이 아니라 그들 자신인 것으로 인식되기 때문이다. 다른 약물 중독의 경우는 그 반대다. 흔히 흡연자들은 담배를 끊고 싶다고 공개적으로 말해도 '니코티니아홀릭(nicotineaholic)'이라는 기이한 이름으로 불리지 않는다. 가장 큰 문제는 우리가 술로 인해 어려움을 겪는다고 느끼면 그것은 알코올이라는 약물이 가져다준 결과라기보다 우리 자신의 나약함으로 비친다는 것이다.

나는 자라면서 TV에서 헤로인 중독을 경고하는 공익광고를 자주 보았다. 광고 속의 중독자는 어두운 방의 바닥에 누워 "내가 감당할 수 있어. 내가 제어할 수 있다고"라고 말한다. 그가 아주 한심하고 불쌍하며 그 말이 얼마나 공허하게 들렸는지 지금도 기억이 생생하다. 하지만 나도 알코올에 중독되었을 때 그처럼 말도 안 되는 소리를 똑같이 반복했다. 그것이 나에겐 정상인 것처럼 느껴졌다.

우리 사회는 음주자를 두 부류로 분류한다. 음주를 스스로 제어하지 못하는 사람과 음주를 스스로 완전히 제어하는 사람으로 나눈다. 여러분은 어느 쪽을 선택하겠는가? 나는 내가 오랜 세월 어느 쪽을 선택했는지 잘 안다. 사실 누가 자신이 제어력을 잃었다고 인정하고 싶어하겠는가? 대다수 음주자는 이러한 난센스를 반복한다.

"나는 음주를 제어할 수 있어. 가끔씩 약간 지나치게 마시지만 제어력을 잃은 건 절대 아니야."

그렇다면 그것이 '알코올릭'과 '정상적 음주자'의 차이처럼 보인다. '알코올릭'은 제어력을 잃은 사람인 반면 '정상적 음주자'는 자신을 잘 제어한다는 것이다.

> 누가 자신이 제어력을 잃었다고 인정하고 싶어하겠는가?

헛소리!

술에 취한 사람이 자신의 행동을 완벽하게 제어하는 것을 본 적이 있는가? 그런 말 자체가 모순이다. 게다가 '정상적 음주자'란 무슨 뜻인가? 내가 바나나를 일주일에 몇 개만 먹으며, 먹을 수도 있고 안 먹을 수도 있지만 주말에는 좀 더 먹는다고 말하면서 바나나 섭취를 완벽하게 제어하고 있다고 생각한다면 다른 사람들도 다 그렇지 않은가? 만약 내가 바나나를 먹지 않고 이틀을 버틸 수 있다고 말한다면 여러분은 내가 바나나와 관련해 문제가 있다고 즉시 알아채지 않겠는가? '버틴다'거나 '많이 먹지 않는다'고 강조한다는 사실 자체가 바나나의 지배를 받고 있다는 뜻 아닌가? 바나나 섭취를 제어하려면 반드시 의지력을 발휘해야 한다는 뜻 아닌가? 요점은 내가 바나나 섭취에 관해 그렇게 말한다면 나에게 바나나 문제가 있다는 뜻이고 여러분은 그런 사실을 뻔히 안다는 것이다.

일부 전문가는 음주를 스스로 제어할 수 없는 현상을 '알코홀리즘' 대신 '알코올 의존 증후군(ADS)'이라 부른다. 하지만 술을 자주 마시는 사람은 모두 ADS를 갖고 있지 않은가? 헤로인 중독자는 전부 '헤로인 의존 증후군'을, 흡연자는 전부 '니코틴 의존 증후군'을 갖고 있지 않은가? 내 말은 술을 마시는 사람은 누구나 술에 의존하며, 스트레스에 대처하거나 스스로 즐기고 싶을 때 술이 필요하다고 느낀다는 것이다.

의존성은 분명히 존재한다. 그래서 완전히 끊는다는 사실이 그처럼 두려운 것이다. 의존할 필요성을 느끼지 않는다면 언제든 원하면 술을 끊기 아주 쉽다. 하지만 여러분이나 나 한동안이라도 술을 입에 대지 않고 지내는 것이 지옥 같으리라는 사실을 잘 안다. 그럼에도 전문가들은 스스로 제어하지 못하면 '의존 증후군'을 갖고 있다고 말한다. 하지만 술을 마시는 사람 거의 전부는 스스로 음주를 완벽하게 제어하지 못한다. 그렇다면 그들 모두 알코올 의존 증후군 환자로 분류되어야 마땅하다. 이는 음주자의 선택이 아니라 필수다.

"술과 작별하지 않으면 내가 떠나겠어요"

어떤 사람은 이성 파트너가 술을 끊도록 하려고 술과 자신 둘 중 하나를 선택하라며 그렇게 말한다. 하지만 이러한 전략은 먹혀들기 어렵다. 음주자라면 파트너보다는 술을 택할 가능성이 크다. 이는 음주자가 의지적으로 술을 선택하거나 또는 파트너를 사랑하지 않는 것이 아니라 그 결정을 자신이 아닌 술이 하기 때문이다. 그들의 판단과 사고는 언제나 알코올의 영향력 아래에 있다.

여러분이 가장 먼저 깨달아야 할 점은 술을 자주 마시는 사람 대다수는 스스로 음주를 제어하지 못한다는 사실이다. 그들은 술에 중독되어 있다. 그들이 스스로 음주를 완벽하게 제어할 수 있다고 믿는다 해서 실제로 그런 것은 아니다. 자신의 마약 사용을 의지력으로 제어하기는 불가능하다. 사용자가 알든 모르든 언제나 마약이 그를 지배하기 때문이다.

금주의 최대 이점은 음주의 제어력을 둘러싼 끊임없는 싸움에서 자유로워진다는 것이다. 사람들은 술을 끊으려고 외부의 도움을 구해야 한다는 사실을 그 싸움의 패배로 여기고 수치스럽게 느낀다. 실제로 여러분은 이 책을 읽는 동안 다른 사람들을 의식해 책 표지를 가리거나 술을 끊고 싶어 이 책을 읽는다고 말하지 않을지 모른다. 아이러니하지만 그 '다른 사람들'도 똑같은 술의 덫에 빠져 있을 가능성이 크다.

우리는 자신이 중독자라고 인정하면 오명을 피할 수 없는 이러한 사회적 현실을 반드시 뜯어 고쳐야 한다. 대체적으로 사람들은 자신이 중독자라는 사실을 깨닫지 못한다. 실제로 많은 음주자가 자신의 중독 사실을 까마득히 모른 채 이 세상을 살다가 떠났다. 흡연의 경우도 사람들은 오랫동안 자신이 담배에 중독되었다는 사실을 몰랐다. 그러다가 흡연이 반사회적 행위로 인식되고 공공장소에서 담배를 피우지 못하게 되면서 흡연자들은 중독 사실을 깨닫게 되었다. 흡연자들은 자신이 흡연을 선택하는 것이 아니라 니코틴에 의해 흡연을 강요당한다는 사실을 알게 되었다.

그러나 음주의 경우 대다수는 그런 사실을 모른다. 그들은 자신이 음주를 어떤 식으로든 조절할 수 있다고 생각하면서 제어력이 자신에게 있다고 믿는다. 그러나 과거 미국에서 술 판매를 불법화한 금주법이 시행되었을 때 어떤 일이 일어났는지 돌이켜보라. 오히려 그 법이 조직범죄를 낳지 않았는가? 사람들이 자의적으로 음주를 선택하는 게 아니라 술이 음주를 강요하기 때문에 마시지 않을 수 없다는 사실이 명백히 드러난 결과였다. 만약 바나나 판매를 금지한다면 그와 똑같은 일이 벌어지겠는가?

알코올을 둘러싼 세뇌와 사회적 길들이기에 의해 생겨난 잘못된 믿음과 환상으로 사람들은 술이 없으면 살 수 없다고 믿게 되었다. 나는 과거 내가 내 뜻대로 음주를 선택하며, 언제든 내가 원하면 술을 마시지 않을 수 있다고 확신했다. 내가 알코올에 중독되었다고는 전혀 생각하지 않았다. 하지만 내가 의식적으로 선택해서 마셨다면 일주일 이상 술을 멀리하기가 왜 그렇게 어려웠을까? 또 영원히 금주라는 생각이 왜 그토록 큰 두려움을 안겨다 주었을까?

술이 마약이며 그중에서도 중독성이 아주 강한 마약이라는 것이 오랜 세월에 걸쳐 세뇌 당한 우리로서는 받아들이기 힘든 불편한 진실이다. 다른 마약과 마찬가지로 술도 영혼을 파괴하는 그 덫 속으로 우리를 점점 더 깊이 끌어당긴다. 그러나 AA 같은 금주 자조 단체의 주장과 달리, 또 지구상에서 가장 널리 광고되고 선전되는 마약인 술을 마시지 않고는 인생을 살 가치가 없다는 음주자들의 집단적 믿음에도 불구하고, 술의 덫에 빠진 사람들에게 희망을 주는 좋은 소식이 있다. 술을 끊기가 아주 쉽다는 사실이다.

술 끊기, 어렵지 않다

술 끊기는 쉬울 뿐 아니라 그 과정도 즐겁다. 끊은 뒤 술을 영영 멀리하기도 전혀 어렵지 않다. 이 책이 전하려는 메시지가 바로 그 사실이다. 술을 끊고 알코올을 멀리하는 일은 아주 쉽다. 의지력과 자제력을 발휘할 필요도 없고, 비참하고 처량하게 느끼거나 박탈감에 시달릴 필요도 없다. 과거에도 그랬고 지금도 그렇다. 다만 문제는 우리가 그 반대로 믿도록 사회적으로 길들여졌다는 사실이다.

내가 술을 끊으려 했을 때 부닥쳤던 문제도 그것이었다. 나는 너무나 오랫동안 잘못된 방식으로 금주에 접근했기 때문에 술 끊기가 어렵다는 생각에서 벗어날 수 없었다. 게다가 사회도 우리에게 술에서 벗어나 진정한 자유를 얻는 것은 당연히 어려울 뿐 아니라 사실상 거의 불가능하다고 가르쳤다. 대개 사람들이 술을 완전히 끊기보다 음주량을 줄이는 쪽을 택하는 것도 그 때문이다. 자유를 얻을 가망이 없다고 믿도록 세뇌 당하면 감옥에서 탈출하려 애쓸 필요가 없다고 느낀다. 그렇다면 차선은 어떤 식으로든 감옥 생활을 좀 더 견딜 만하게 만드는 게 아닌가? 그래서 그들은 절주를 선택한다.

나는 수년에 걸쳐 여러 차례 술을 끊으려 애썼다. 아니, 금주가 아니라 절주가 목표였던 것 같다. 영영 안 마신다는 것은 생각만 해도 너무나 끔찍했다. 나는 내가 중독되지 않았으며, 음주를 스스로 제어하고 있다는 점을 증명하기 위해 일정 기간 술을 마시지 않는 간헐적 금주를 자주 했다. 하지만 사실 그것은 내가 중독자라는 사실을 확인해줄 뿐이었다. 언젠가는 〈한 달 동안 술 끊는 방법〉(How to Stop Drinking for a Month)이라는 책을 읽었다. 그 책의 저자는 술이란 지구상에서 가장 놀라운 것이라며 늘 마시고 싶어서 완전히 끊기는 아주 어려울 것이라고 말했다. 그러면서 가끔씩 한 달 동안의 금주를 하면 자신에게 제어력이 있음을 증명하는데 도움이 된다고 주장했다.

제어력이라고? 도대체 무슨 소린가? 〈한 달 동안 술 끊는 방법〉에 관한 책을 구입했다면 그 사실 자체가 제어력이 없다는 증거 아닌가? 스스로 완벽하게 제어할 수 있다면 그냥 끊으면 되지 굳이 그 책의 도움이 왜 필요하겠는가?

몇 년 전만 해도 나는 술을 끊기가 쉽다고 믿지 않았다. 내가 술을 영구히 끊을 결심을 하고, 그 과정을 즐기며, 다시는 술 생각을 하지 않게 되리라고는 상상도 하지 못했다. 그러나 바로 그런 일이 실제로 나에게 일어났다. 이제 나는 지금까지 우리가 술에 관해 어떻게 세뇌 당해왔는지 세상에 보여주고 싶다. 우리 모두 자유를 찾고, 진정한 제어력을 가지며, 불가능해 보이는 것을 성취할 수 있도록 하기 위해서다.

자신이 술의 덫에 빠졌다는 사실을 깨닫고 거기서 탈출하고자 하는 사람들은 자신이 '정상적 음주자'들과 달리 제어력을 잃었다고 믿도록 강요받는다. 그들은 즉시 '알코홀릭'이라는 꼬리표를 달게 되며, '알코홀리즘'이라는 병을 갖고 태어났기 때문에 사실상 술에서 자유로워질 수 없다는 무시무시한 이야기를 듣는다. 그렇다면 술을 끊어 행복할 것이라고 생각할 이유가 없다. 불쌍한 음주자의 마음으로서는 좋을 게 전혀 없다. 평생 박탈감에 시달려야 한다는 비참한 생각만 들 것이다. 따라서 우리는 자신의 금주 시도에 의해서만이 아니라 사회에 의해서도 술을 끊고 완전히 자유를 얻기는 불가능하다고 생각하도록 길들여진다.

몇 달 동안 알코올 중독자 재활 클리닉에서 치료 받았지만 여전히 자유롭지 못한 사람들의 이야기를 우리는 자주 듣는다. 그러나 '아름다운 진실'은 술을 끊고, 술을 그리워하지 않게 되기가 결코 어렵지 않다는 것이다. 술을 그리워할 이유가 없기 때문이다. 술에서 자유로워지기는 불가능하다는 주장은 거짓이다. 음주로부터의 자유가 불가능하다는 것은 우리가 믿도록 길들여지고 강요받은 잘못된 믿음이다. 사회적인 길들이기와 술이라는 마약 자체가 만들어낸 교묘한 환상이 그 거짓을 믿도록 우리를 세뇌한다.

술 끊기가 왜 어려운가? 나로서는 이해하기 어렵다. 술을 끊으려고 무엇을 할 필요가 없지 않은가? 그냥 안 마시면 그만 아닌가? 그와 달리 예를 들어 열기구 세계일주는 정말 어려운 일이다. 또 100m를 10초 안에 달리기도 마찬가지로 지극히 어렵다. 최상의 신체적 조건을 만드는 데 수년이 걸릴 뿐 아니라 그런 체력을 갖춘다 해도 실제로 10초 안에 100m를 주파하기는 거의 불가능하다.

그렇다면 사람들은 술이 자신을 신체적으로나 정신적으로 서서히 파괴하고 있다는 사실을 알고 술을 끊고 싶어하는 단계에 도달했을 때 왜 실제로 그렇게 하기를 그토록 힘들어 하는가? 그 이유는 매우 단순하다. 술이 나쁜 줄 빤히 알지만 그래도 술이 자신에게 어느 정도의 진정한 즐거움과 기댈 수 있는 지지대를 준다고 생각하기 때문이다. 그들은 술의 단점이 장점을 크게 능가하지만 그래도 여전히 음주에 따른 혜택이 어느 정도는 있다고 믿는다. 그렇게 믿는 한 술 끊기는 매우 힘들다. 술을 마시지 않으면 자신의 신세가 처량하다고 느낀다. 내가 석 달 동안 술을 끊으면서 가장 힘들었던 점이 그것이었다.

그러나 환상이 걷히고 자신이 아주 교묘한 덫에 빠져 있음을 깨달으면 술에는 어떤 장점도 없다는 사실을 마침내 알게 된다. 그 단계에 이르러야만 진정한 자유를 얻을 수 있다. 환상과 잘못된 믿음이 완전히 제거되지 않아 금주가 자신의 큰 희생이라고 계속 믿으면 술을 끊는다 해도 진정한 자유를 누릴 수 없다. 앞서 강조했듯 덫에서 빠져나오려면 먼저 자신이 덫에 빠진 사실을 알아야 한다. 하지만 덫에서 빠져나오면 자유로워진다는 사실을 올바로 인식하는 것도 그 못지않게 중요하다. 그러나 불행하게도 사회는 음주자에게 술의 덫은 절대 빠져나올 수 없으며, 따라서 완전한 자유를 누릴 수 없다고 말한다. 그러면 음주자는 마음속으로 자신이 아직 술이 필요 없는 단계에 도달하지 못했다고 생각한다. 결국 '술 끊기가 진행 중'인 상태에 계속 머무는 것이다.

오래전 잉글랜드의 유명한 축구선수 폴 머슨(Paul Merson)이 TV의 대담 프로그램에 출연했다. 내용의 대부분은 그의 음주 문제에 관한 이야기였다. 정확히 말하면 금주에 관한 이야기였다. 그가 스스로를 '알코올릭'이라고 밝혔으나 경기에서 올린 성과는 찬사를 받을 만했다. 하지만 당시 그는 자신이 자유로운지 잘 모르는 것 같았다. 사람들은 그에게 술을 끊어봤자 평생 술을 마시고 싶은 욕구와 싸워야 하기 때문에 만족스러운 삶을 살기는 어려울 것이라고 말했다. 실제로 머슨도 TV 대담에서 술을 마시지 않으려 하루하루 의지력을 발휘하며 버텨나가고 있다고 밝혔다. 평생 그렇게 살아야 한다는 뜻이다.

술을 끊는 사람의 실상이 그렇다면 우리가 전면적인 금주를 원치 않는 것도 당연하지 않은가? 머슨은 4년 남짓 버티다가 그 싸움을 그만두고 결국 과거의 음주자 시절로 돌아갔다. 술을 마시지 않은 4년 동안 사람들을 만나 즐길 수 없다고 느꼈다. 그는 사람이 달라졌다는 이야기를 들었고 자신도 그렇게 느꼈다. 그는 4년 내내 처량함과 박탈감에 시달렸다. 그러니 결국 금주를 포기한 것도 놀랄 일이 아니었다. 나는 그가 지금도 술을 계속 마시는지 마시지 않는지 알 수 없지만 이 책을 읽거나 또는 다른 방법으로 이제 술에서 완전한 자유를 얻었기를 바랄 뿐이다.

술의 덫은 아주 교묘하지만 다른 한편으로 매우 단순하다. 그래서 나는 '이러한 사실을 깨닫는데 왜 그렇게 오래 걸렸니?'라고 자신을 질책했다. 술 끊기는 결코 어렵지 않으며, 여생을 술에서 자유로운 상태로 살아가는 것은 매우 즐거운 일이다. 술의 덫에서 빠져나오려면 세뇌와 사회적 길들이기에 의해 생긴 잘못된 믿음과 환상을 제거하기만 하면 된다. 그것이 중독의 근원이기 때문이다.

솔직히 말해 소위 '알코올 중독 전문가들'이 제공하는 조언 중 일부가 "술을 끊기는 어려우며, 심지어 불가능하다"는 환상을 지속시킨다. 그들은 "몇 달 동안 끔찍한 고문을 당해야 하는데 그게 결코 쉽지 않다"며 "갈 길이 아주 험하고 멀 것"이라고 겁을 준다. 물론 그럴 수 있다. 잘못된 길로 들어서면 당연히 그럴 것이다. 루빅큐브도 맞추는 법을 터득하기 전까지는 엄청 힘들지 않은가?

드링크라인의 옛 팸플릿 중 하나는 '금주 대처에 도움되는 효과적인 전략'이라는 제목으로 시작한다. '대처'라는 표현이 벌써 금주가 어렵다는 점을 암시한다. 음주자는 술에서 결코 자유로워질 수 없으며 금주에 잘 대처해야 한다는 뜻이다. 그런 다음 그들은 '효과적인 전략'의 목록을 제공한다. 그 목록은 음주자에게 도움을 주려는 의도에서 만들어졌겠지만 오히려 방해가 될 수도 있다는 게 내 판단이다. 그중 하나는 앞에서 소개한 전략으로 다음과 같다.

술을 끊고 싶은 이유를 전부 다 적어보라

다시 말하지만 이 전략은 금주에 도움이 되지 않을 뿐 아니라 사실상 술 끊기를 더 어렵게 만든다. 논리적으로는 도움이 되어야 마땅하지만 알코올 중독에 관해 논리적으로 보이는 모든 것은 실제로는 대부분 정반대다. 음주자가 스트레스나 압박을 심하게 받을 때는 술을 마실 수밖에 없다. 따라서 술을 마시지 말아야 할 이유를 전부 열거하면 이미 알고 있는 사실을 상기시켜줄 뿐이다. 그 이유를 떠올릴 때마다 스트레스를 더 많이 받는다.

그럴 때 알코올 중독자가 가장 먼저 할 가능성이 큰 일은 무엇이겠는가? 이미 알고 있는 그 이유들을 떠올리지 않기 위해 술을 마시는 일 아니겠는가? 사람들이 술을 마시는 것은 마시지 말아야 할 이유 때문이 아니라 마시고 싶어지는 이유 때문이다. 따라서 이 조언은 전문가들이 어떻게 말하든 금주에 전혀 도움이 되지 않는다. 이제 이 팸플릿에 들어 있는 다른 '효과적인' 전략들 중 몇 가지도 살펴보자.

습관적인 일상을 바꿔라. 사무실에서 퇴근하거나 마트에 갈 때 늘 다니던 길 대신 다른 길을 택하고, 술집이나 주류 판매점을 피하라

다시 말해 유혹의 근원을 제거하라는 말이다. 이 전략 역시 논리적으로 보이지만 실제는 난센스다. 그들은, 퇴근길에 그 수많은 술집과 주류 판매점을 피해 다니지 않으면 유혹에 넘어가기 쉽다고 말한다. 그렇다면 TV 시청이나 라디오 청취도 하지 말아야 할까? 방송에서는 술 광고나 술을 마시는 장면이나 묘사가 자주 나

온다. 특히 광고는 언제나 음주를 즐겁고 멋진 행위로 묘사한다. 게다가 모임이나 회식, 파티에도 참석하지 말아야 한다는 말인가? 음주자들과 함께 있으면 유혹을 물리치기 어렵지 않은가? 또 식사할 때 반주는 어떤가? 그 유혹의 근원을 제거해야 한다면 아예 식사도 하지 말라는 말인가? 여전히 술을 마시고 싶은 욕구가 있는데 어떻게 유혹을 피할 수 있겠는지 한번 생각해보라.

과거 나는 매일 식사 때마다 저녁 때마다 술의 유혹을 느꼈다. 그 유혹을 피하려면 아예 잠에서 깨어나지도 말아야 한다는 말인가? 심지어 잠을 잘 때도 꿈속에서 술을 마실지 모른다. 그처럼 술을 마시고 싶은 욕구가 남아 있다면 어디를 가든, 무엇을 하든 유혹을 피할 수 없다.

음주 대신 다른 방법으로 긴장을 풀어라

긴장을 푸는 다른 방법이라고? 차선의 방법? 그렇다면 술이 효과적으로 긴장을 완화해주는 최고의 방법이란 얘기 아닌가? 이 조언은 우리가 반드시 떨쳐버려야 할 세뇌의 또 다른 거대한 부분이다. 실제는 비음주자가 되면 훨씬 더 편안해질 수 있다. 따라서 긴장을 푸는 다른 방법을 찾을 필요가 없다. 그냥 안 마시면 된다. 앞으로 자세히 알아보겠지만 애초에 우리를 긴장하게 만드는 것이 바로 술이다.

과거 술을 마시지 않았을 때 즐기던 취미나 활동을 다시 시작하

거나 몰입할 수 있는 새로운 활동을 찾아라

무슨 옛 취미나 활동 말인가? 나처럼 학창 시절부터 술을 마시기 시작한 사람은 술 대신 스케이트보드를 다시 꺼내 타야 한단 말인가? 식사하면서 반주 대신 스케이트를 탈 순 없지 않은가? 이 조언은 음주자로서 비음주자 시절에 하던 똑같은 활동을 다시 할 수 없다는 두려움만 부추길 뿐이다. 여러분은 이 전략이 헛소리라는 사실을 곧 깨닫게 될 것이다.

술 대신 다른 음료를 마셔보라. 아마 좋아할 것이다

이건 또 무슨 소린가? 도움이 되는 이야기를 할 수 없다면 아예 말을 하지 않는 게 낫다. 우리를 어린아이로 보는가? 아이에게도 그처럼 빤한 소리는 하지 않는다. 나처럼 오래전부터 알코올에 중독된 사람이 술 대신 다른 음료를 마시면 문제가 해결된다는 건가? 왜 나는 그 생각을 못했을까?

모임에 참석해서 술을 마실 때 다트게임이나 빙고, 댄스 같은 활동을 하라

누구를 놀리는 건가? 다트게임을 하라고? 물론 다트게임을 하면 술을 마시지 않거나 줄이는데 도움이 된다는 증거가 '많다'고 말할 수 있다. 다트게임 선수들의 복부를 한번 보라. 그게 증거다.

누가 술을 권할 때 단호히 거절하는 연습을 평소에 하라

못 믿겠지만 실제로 팸플릿에 그렇게 나와 있다. 그들은 심지어 한술 더 떠 거울 앞에서 '안 마셔요!'라고 말하는 연습을 하라고 권한다. 거절하는 말도 여러 가지로 제시한다. '아, 다음에 하죠', '고맙지만 운전해야 하거든요', '지금은 사양할게요.' 그렇게 말하는 자신을 상상하면 정말 멍청해 보이지 않는가? 그들은 친구 앞에서 그런 연습을 하라고 권한다. 친구라고? 술을 권하는 친구들에게 그런 식으로 반응하면 곁에 남아 있을 친구가 없을 것이다.

미리 걱정하지 말고 그때그때 대처하라

이건 당연하다 못해 우스꽝스럽기까지 한 조언이다. 당면 문제에 그때그때 대처하지 않고 어떻게 살아갈 수 있는가? 음주자든 비음주자든 인간은 그렇게 하루하루 살아갈 수밖에 없다. 이 '전략'의 맹점은 음주자가 평생 매일 하루 온종일 모든 일에서 술을 두고 씨름을 해야 한다는 인상을 강하게 심어준다는 것이다.

20년 이상 AA 모임에 나가는 사람들이 있다. 그들은 지금도 모임에 나가면 일어서서 "전 누구누구입니다. 저는 알코올릭입니다"라고 말한다. 20년 이상 술을 마시지 않았는데 어떻게 '알코올릭'이 될 수 있다는 말인가?

나는 늘 '알코올릭'이라면 규칙적으로 과도하게 마시는 사람, 아침에 눈 뜨자마자 술부터 찾는 사람, 또는 술 없이는 아무것도 할 수 없는 사람이라고 생각했다. 폴 머슨은 앞서 소개한 인터뷰에서 "술을 마시지 않으려고 하루하루 의지력을 발휘하며 버텨나가고 있다"고 말했다. 평생 씨름하며 시달려야 한다는 뜻이다. 얼마나 암울한 전망인가? 씨름? 시달림? 도대체 왜 그렇다는 말인가? 나도 시달렸지만 그건 내가 술을 마실 때였다. 지금은 시달리지 않는다. 자유로움의 가장 큰 기쁨 중 하나는 더는 제어력을 발휘하려고 씨름할 필요도 없고, 술을 줄이려고 의지력이나 절제력을 동원할 필요도 없으며, 술로 인해 정신적으로나 신체적으로 시달릴 필요도 없다는 것이다.

금주한 사람들의 가장 흔한 실수 중 하나는 며칠이나 술을 마시지 않았는지 날짜를 세는 것이다. 언제 금주가 깨지는지 매일 지켜보며 기다리는 듯이 말이다. 그처럼 우리는 진실로 자유로워질 수 없다고 믿도록 끊임없이 세뇌 당하고 있기 때문에 어쩌면 술을 완전히 끊을 수 있기를 기대하지 않는 게 당연할지 모른다.

헛소리!

음주자도 술에서 완전히 자유로워질 수 있다. 그것도 쉽게 말이다. 실제로 술을 마시지 않는 것이 조금도 어렵지 않다는 사실을 음주자들은 이미 잘 안다. 한번 생각해보라. 한자리에서 마지막 잔을 비울 때마다 술을 그만 마시는 것 아닌가? 핵심은 그 다음에 다시 술을 마시지 않는 것이다. 그 다음에도, 또 그 다음에도…

드링크라인이나 AA 같은 단체와 관련해 내가 지적하고 싶은 문제점은 이것이다. 그들은 술을 끊으려는 사람에게 금주가 큰 희생이며, 금주하면 삶의 진정한 즐거움이나 의지할 수 있는 지지대를 잃게 되고, '알코홀릭'은 불치병 환자이기 때문에 다시는 '정상적으로' 술을 마실 수 없다고 경고하는 듯한 인상을 준다. 폴 머슨은 TV 대담에서 FA(잉글랜드 축구협회) 우승컵에 샴페인을 채워 선수들이 돌려가며 마실 때 어떻게 하겠느냐고 묻자 겸연쩍어 하며 "그냥 옆 동료에게 넘기고 난 레모네이드나 마시면 돼죠"라고 대답했다.

하지만 질문 자체가 이상했다. 첫째, 왜 그런 질문을 하는가? 술을 마시지 않는 사람에게 샴페인을 어떻게 하겠느냐고 묻는다는 것이 참으로 이상하다. 채식주의자에게 고기 요리가 나오면 어떻게 하겠느냐고 묻는 것과 같다. 질문자는 머슨이 어떻게 하기를 바랐던 걸까? 잉글랜드 축구에서 가장 중요한 트로피를 거머쥔다면 그 쾌거를 어떤 식으로든 축하하면 되지 않는가? 그 질문이 부적절한 다른 이유도 있다. 제대로 된 질문을 하려면 'FA컵 대회에서 우승하리라 생각하는가?' 또는 '우승하면 어떤 기분이겠는가?'라고 물어야 한다. 거기에 왜 술 이야기가 들어가는가?

당시 그의 삶에서 '알코홀릭'이었던 부분은 과거사일 뿐이었다

(사람들은 당연히 그렇게 생각했다). 하지만 그는 4년만에 다시 과거로 돌아갔다. 술에서 완전히 자유롭게 되지 못했기 때문이었다. 그는 다시는 하지 않으려 마음먹었던 행위를 마음속 깊은 곳에서는 계속 갈망하고 있었던 것이 분명하다. 4년 이상 술을 끊으면 몸에는 알코올의 흔적이 남아 있지 않다. 하지만 머슨은 여전히 고통을 당했다.

어떤 사람은 수년 동안 술을 마시지 않아도 여전히 술을 갈망하며 자신의 신세가 처량하고 비참하다고 느낀다. 그들은 마시고 싶은 욕구와 계속 씨름한다. 하지만 신체적인 중독은 어떻게 되었을까? 마음을 열고 그렇게 자문해보라. 우리는 신체적인 중독이 문제라고 들었다. 하지만 그 말이 옳을까?

음주자가 알코올 중독 재활 클리닉에서 6주 동안 금주한 뒤 퇴원하면 몸에는 알코올의 흔적이 남아 있지 않다. 그런데도 그들은 여전히 마시고 싶은 욕구를 느낀다. 그들 중 대다수는 퇴원 후 일주일도 못 가 다시 술을 마신다. 나의 경우에도 3개월 동안 술을 끊었을 때 음주 갈망이 더 심해졌다. 만약 신체적인 중독이 알코올이라는 마약에 대한 갈망을 초래한다면 금주한 지 며칠만 지나면 술에서 자유로워져야 한다.

알코올은 우리 몸에서 신속히 배출된다. 독성이 너무 강해 체내에 비축되면 생명을 앗아가기 때문이다. 정확히 말해 알코올의 체내 흔적은 금주한 지 7~10일 지나면 완전히 사라진다. 그렇지 않다고 믿도록 세뇌 당한 사람들을 위해 이 의학적 진실을 다시 한번 말하겠다. 술을 끊으면 일주일에서 열흘 사이에 체내의 모든 알코올은 깨끗이 사라진다. 따라서 재활 클리닉에서 6주 동안 금주할 필요가 있다는 주장은 이해가 가지 않는다. 다이설피람(disulfiram) 등 술을 혐오하게 만드는 약도 있다. 이 약을 복용하면 술을 약간만 마셔도 두통과 호흡곤란, 구토가 심하게 나타난다. 술에 대한 갈망이 사라질 때까지 계속 복용해야 하는 그런 약 역시 마약에 다름없다.

여기서 한 가지 질문을 하겠다. 하나의 마약을 끊기 위해 다른 마약을 사용하는 게 과연 옳다고 생각하는가? 헤로인 중독을 치료하는데 그런 약이 효과적이라고 생각했다면 다시 한번 생각해보라. 헤로인 중독 치료제로 사용되는 메타돈(methadone)은 일종의 아편 물질이다. 헤로인보다 메타돈으로 목숨을 잃는 사람이 더 많다. 그런 약으로는 중독을 치료할 수 없다. 문제를 제거하지 않고 다른 곳으로 옮길 뿐이다. 이러한 방법이 금주에 효과적이라는 생각은 터무니없다. 제약사 측의 주의사항에 따르면 다이설피람을 복용하고 술을 마시면 심하게 앓는다.

만약 여러분이 알코올 중독자인데 누군가 이렇게 말한다고 생각해보라.

"이 약을 복용하세요. 이 약을 복용하고 술을 마셔서는 안 됩니다. 마시면 심하게 앓게 됩니다."

여러분은 어떻게 하겠는가? 내 생각에는 술을 끊기보다 다이설피람 복용을 중단할 가능성이 크다. 또 술꾼들은 증상이 심하든 약하든 앓게 된다 해서 술을 거들떠보지 않을 가능성이 희박하다. 대다수 음주자는 적어도 한번쯤은 극심한 숙취로 괴로워한다. 하지만 그런 고통이 두려워 술을 끊는 사람은 거의 없다.

또 술에 대한 갈망이 사라질 때까지 그 약을 계속 복용하라는 권고는 어떤가? 얼마나 오랫동안 복용해야 한다는 말인가? 알코올 중독 치료 전문가들은 술에 대한 갈망이 완전히 사라지지는 않는다고 말한다. 그렇다면 평생 복용해야 한다는 뜻 아닌가? 다시 말하지만 갈망은 신체적 문제가 아니다. 음주를 못하게 하는 약을 복용하면 술에 대한 갈망이 더 커진다. 그것이 현실이다. 갈망은 신체적이 아니라 심리적 현상이다. 우리 마음이 술을 어떻게 인식하느냐가 관건이다.

나는 일시적으로 술을 끊었을 때 신체적으로는 고통스럽지 않았다. 다만 정신적으로, 심리적으로 아주 힘들었다. 마시고 싶은 술을 마시지 못한다는 데서 비롯되는 심리적이고 정신적인 박탈감이 문제였다. 몸이 아니라 마음이 괴로웠다. 원하는 장난감을 갖지 못해 성질 부리며 투정하는 아이와 같은 상태였다.

> 문제는 우리 마음이 술을 어떻게 인식하느냐에 있다.

물론 폭음하는 사람들이나 알코올 중독자들은 술을 마시지 않으면 신체적 금단 증상에 시달린다. 알코올 공급이 갑자기 중단되면 혈당이 떨어지고 영양분이 고갈되면서 신체적으로 고통받을 수 있다. 그러나 가장 심한 경우에도 신선한 생과일주스나 과일 스무디를 섭취하면 혈당과 영양분이 곧바로 채워진다. 그러나 이 책을 읽는 여러분 대다수에게 굳이 거론할 가치가 있는 금단 증상은 없다고 나는 단정한다. 생각해보라. 우리가 여기서 논하는 것이 어떤 신체적 금단 증상인가? 정확히 몸의 어느 부위가 아픈가? 숙취 정도인가? 그렇다면 숙취가 얼마나 오래 지속되는가? 이틀 정도 두통에 시달리는가? 우리는 모두 그 정도는 겪었고 극복했다. 심지어 술 때문에 집과 직장, 가족까지 잃은 단계에 도달한 음주자가 단지 숙취가 두렵다 해서 그처럼 가슴 아픈 일들을 피하려 했겠는가?

대다수 음주자는 술을 마시지 않는다면 지금처럼 삶을 즐기거나 스트레스에 대처할 수 없을 것이라고 두려워한다. 사람들을 중독에서 벗어나지 못하게 하는 것은 술이라는 마약 그 자체, 그리고 오랜 세월에 걸친 사회적 길들이기와 세뇌가 만들어낸 환상이다. 그외에 다른 이유는 없다. 술 끊기가 전혀 어렵지 않고 아주 쉬우며, 괴롭지 않고 즐거운 이유도 거기에 있다. 그래서 나는 반드시 이 정보를 여러분과 나누고 싶다. 음주자는 술의 유익한 효과라고 믿도록 세뇌 당한 것에 중독되었을 뿐이다. 알코올의 화학적 효과는 이 세뇌 당한 것을 재확인해주는 환상을 만들어낸다. 따라서 세뇌 당한 것을 제거하기만 하면 중독은 자동으로 사라진다.

여러분 중에 수년 동안 술을 끊으려 했지만 쉽지 않다고 느끼는 사람은 지금 단계에서 내가 하는 말을 수긍하기 어려울지 모른다. 나도 충분히 이해한다. 내가 하는 말 전부에 동의하라고 요구할 생각은 전혀 없다. 다만 술에 대한 자신의 생각과, 또 더 중요하게는 술과 관련해 사회가 믿도록 강요하는 것에 의문을 가져보기 바란다. 아울러 이 책을 읽는 여러분 중에는 실제 금주를 생각한 적이 없고 자신은 중독이 아니라고 믿는 사람도 상당수 있을 것이다. 어느 범주에 속하든 상관없다. 여러분이 마음만 연다면 이 책은 알코올이라 불리는 마약에 관해 생각하는 방식을 영원히 바꿔준다고 확신한다.

따라서 만약 중독이라는 것의 90% 이상이 심리적 문제이고 약 10%만이 신체적 문제라면 그 중독에서 해방되기 위해 해야 할 일은 먼저 세뇌를 당해 생긴 잘못된 믿음과 환상을 제거하고, 그 다음 중독에서 비롯되는 어떤 식의 숙취(흔히 말하는 금단 증상)든 해소하는 데 도움이 되도록 일주일에서 열흘 정도 생과일주스 등 몸에 활력을 주는 영양분을 충분히 섭취하는 것이다.

우리는 왜 술을 마시지 말아야 하는지는 잘 안다. 그렇다면 이제 금주를 해야 하는 이유보다는 진짜 중요한 문제를 이해할 필요가 있다. 그것은 사람들이 술을 마시는 이유이다.

우리가 술을 마시는 이유

술을 왜 마시느냐고? 한마디로 말하면 사람들은 술을 마시도록 아주 어렸을 때부터 사회적으로 길들여졌기 때문이다. 술이 만들어낸 환상으로 사람들은 음주에 실질적인 혜택이 있다고 믿는다. 슬픈 현실은 그것이 우리 대다수 정체성의 중요한 일부로 굳어졌다는 사실이다. 예를 들어 내가 술을 마시지 않으면 어떤 사람들은 '그 좋은 술을 마시지 않는 걸 보면 저 사람은 알코올리즘이라는 불치병에 단단히 걸려서 더는 못 마시는 게 분명해'라고 생각한다. 알코올리즘은 말도 안 되는 허구적인 질병인데도 말이다. 또 어떤 사람들은 내가 평소에는 잘 마시지만 이번에는 운전을 해야 해서 마시지 않는 거라고 짐작한다. 심지어 '저 사람 술도 안 마시는 괴짜 아냐?'라고 비웃는 사람도 있다. 다시 말해 우리는 술은 마시지 않으려면 늘 어떤 식으로든 변명을 하지 않으면 안 된다고 생각한다. 이 지구상에서 투여하지 않으려고 구실을 찾아야 하는 마약이 술 외에 또 있을까?

담배를 끊으면 영웅처럼 대접 받는다. 헤로인을 끊으면 대단한 업적을 이뤘다고 축하와 격려를 받는다. 그러나 술은 다르다. 술을 끊으면 평생 의학적인 도움을 받아야 한다고 다들 생각한다. 왜 그럴까?

그것은 인구의 대다수가 똑같은 환상에 의해 기만 당하고 있기 때문이다. 그들은 다시는 술을 마시지 못한다는 생각에 끔찍한 두려움을 느끼며 평생 금주가 영원한 고통을 의미한다고 확신한다. 그처럼 술은 모든 사람을 속였으며 지금도 속이고 있다. 세뇌 방식이 너무 교묘하고 철저해 술의 덫에 걸려들지 않기가 어렵다. 중독을 강요하다시피 하는 사회적 압력이 존재한다는 뜻이다.

사람들은 태어나면서부터 술에 관한 수많은 정보에 노출되면서 세뇌를 당한다. 그에 따라 어른이 되려면 술을 마셔야 한다고 생각하게 되고, 술을 마시는 사람이 영웅처럼 보인다. 술을 마시면 강한 사람은 더욱 강하게 되고, 약한 사람도 갑자기 용기 있고 자신만만한 사람으로 변한다고 생각한다. 어떤 청소년도 노숙자가 아침부터 술을 마시는 것을 보거나 술을 마신 사람이 소리를 지르거나 언쟁을 벌이거나 욕설을 퍼붓거나 폭력을 휘두르거나 구토를 하며 변기 위에 엎어져 있는 모습을 보고서 나도 술을 마셔볼까 생각하지는 않을 것이다.

그들이 술에 입을 대기 시작하는 것은 술의 그런 추악한 면보다는 미디어를 통해 음주의 화려한 이미지에 끊임없이 노출되기 때문이다. 인기 연예인부터 유명한 사업가까지 젊고 강하고 부유하고 성공하고 매력적인 사람들이 술을 마시며 즐기는 모습 말이다. 의사, 변호사, 친구, 가족, 배우자 등 사실상 모두가 우리에게 술은 즐거움을 준다고 끊임없이 말한다. 심지어 술이 건강에 이롭다고 주장하는 의사들도 있다. 의사들의 문제는 너무 중요해 나중에 따로 다루겠다.

또 우리는 어떤 축하든 기념이든 술이 반드시 있어야 한다고 믿도록 길들여졌다. 술이 없으면 축하나 기념이 되지 않는다고 생각하는 것이다. 성탄절, 새해, 생일, 결혼식, 휴가, 주말, 경기 우승, 취업, 승진, 약혼 등등. 이것을 위해 축배를 들고, 저것을 위해 건배를 한다. 우리는 술을 마시는 한 무엇이든 축하하고 기념한다고 생각한다.

2009년 기준으로 영국에서 매년 주류 광고에 지출된 금액은 2억 파운드(약 3450억 원)에 이르렀다. 영국 정부는 술에서 연간 87억 파운드(약 15조 원) 이상의 세수를 올렸다. 술집 영업시간을 연장하는 동시에 음주를 비난하는 모순적 정책으로 벌어들인 수입이다. 이 얼마나 이율배반적인가? 당시 영국인들이 술 마시느라 쓴 돈이 연간 약 250억 파운드(약 43조 900억 원)였다. 전체 공공 지출의 13%에 해당한 교육 예산 270억 파운드에 육박했다.

희한한 점은 우리 사회가 술에는 관대하면서 다른 형태의 마약에는 아주 단호히 반응한다는 사실이다. 자신이 운이 좋아 중독되지 않은 다른 마약들이다. 나도 마약 중독의 본질을 완전히 이해하지 못했을 때는 누구보다 먼저 마약 중독을 비난했다. 나는 마약에 중독된 적이 없고, 다만 담배를 피우고 술을 마셨을 뿐이라고 확신했다. 헤로인 같은 아주 강한 마약은 하지 않았다는 자부심을 가졌다.

일반적으로 우리 사회는 다른 형태의 마약 중독에 관해서는 언제나 오만한 태도를 보인다. 헤로인이나 엑스터시 밀매상에게는 종신형을 내려야 한다는 주장이 자주 들린다. 내가 말하고자 하는 바는 그것이 잘못됐거나 그런 마약을 용인해야 한다는 게 아니다. 하지만 술은 매년 헤로인, 크랙, 코카인, 스피드, 엑스터시 등 모든 다른 강력 마약을 합친 것보다 더 많은 목숨을 앗아간다. 영국의 통계를 보면 그런 마약들 때문에 목숨을 잃는 사람은 연간 약 1000명이지만 술에 의한 사망자는 9000명이 넘는다. 영국에서만 술 남용으로 사망하는 사람이 매일 24명 이상이다. 그것도 빙산의 일각일 뿐이다. 영국 왕립의사회는 술 남용 외 술과 관련된 사망이 연간 약 4만 건에 이른다고 추정한다. 그마저 계속 증가하는 추세다. 더구나 영국 국립보건서비스(NHS)는 알코올 중독 치료에 연간 27억 파운드(약 4조 6500억 원)를 지출한다.

한 손에는 담배를, 다른 손에는 술잔을 들고 앉아 "요즘 젊은이들은 온갖 마약에 빠져 있어"라고 말하는 사람들을 흔히 볼 수 있다. 하지만 리어 베츠(Leah Betts)라는 이름을 기억하는가? 베츠는 엑스터시 복용으로 18세에 사망한 불쌍한 소녀였다. 엑스터시의 위험을 경고할 목적으로 베츠의 사진이 영국 전역의 거대 광고판에 나붙었다. 언론은 그 이야기를 몇 달 동안, 심지어 어떤 경우는 몇 년 동안 세세히 다뤘다. 그에 따른 반응은 격렬했다. 당장 단호한 조치를 취해야 하며, 요즘 청소년들이 무엇에 빠져 있는지 살피고, 베츠에게 마약을 판 사람을 사형에 처해야 한다는 목소리가 터져 나왔다. 그렇다면 영국 정부와 주류업계는 알코올 남용과 술이 초래한 알코올 관련 사망에 대한 책임으로 사형을 구형받아야 하지 않을까? 아무튼 그들이 술이라는 합법적 마약에서 비롯되는 이익의 최대 몫을 가져가지 않는가? 술이 원인인 사망 건수를 정확히 집계하기는 어렵다. 사망 증명서에 술을 사인으로 적시하지 말아달라고 요청하는 유가족이 많기 때문이다.

술과 관련된 피해자는 아주 많다. 성범죄, 신체적·정신적 학대, 원치 않는 임신, 폭력, 가정 와해 등 피해의 형태가 다양하다. 흉기 난동의 75%가 술과 직접적 관련이 있다. 그 외에도 자살, 살인, 성폭행, 구타 등 이루 헤아리기 어려울 정도다. 영국은 국가 전체적으로 술에 의한 근로손실 일수가 연간 800만~1400만 일에 이른다. 빈곤과 노숙의 원인도 술 탓인 경우가 많다.

술에 따른 정신적·신체적 학대를 제외하고 술이 초래한 사망과 파괴 사례만 나열해도 책 한 권 전체를 다 채울 수 있다. 하지만 이는 이 책의 목적이 아니며, 금주에 도움이 되지도 않는다. 피해 사실을 생각하면 음주자는 눈을 약간 더 크게 뜰지는 몰라도 그것을 계기로 술을 끊으려 하면 여전히 정신적 박탈감이 심해 성공하기 어렵다. 음주자는 술의 그런 폐해를 이미 알고 있지만 모든 마약 중독자들이 그렇듯 그런 사실을 애써 외면하려 한다.

술의 폐해에 관한 통계 수치와 팩트를 여기서 거론한 것은 알코올 중독을 지속시키는 요인이 단 하나이며, 그것은 바로 두려움이라는 사실을 다시금 강조하기 위해서다. 술 없이는 삶을 즐길 수도 없고 스트레스에 대처할 수도 없다는 두려움, 중독에서 벗어나려면 끔찍한 트라우마를 겪어야 한다는 두려움, 무엇보다 어쩌면 결코 벗어날 수 없을지 모른다는 두려움 말이다. 그렇다면 이러한 두려움은 도대체 어디서 비롯될까? 누가 무엇이 그 두려움을 만들어냈을까? 유전자 구성이나 특성 또는 성격의 일부일까? 의지가 약해서 생길까? 그 전부 다 아니다. 이 책의 서두에서 선언했듯 두려움을 만들어내는 것은 술 그 자체이며, 사회적 길들이기와 세뇌가 그 두려움을 지속시키고 악화시킨다. 앞으로도 계속 강조하겠지만 사람들은 알코올 그 자체에 중독되기보다 술이 가져다준다고 믿도록 세뇌 받은 효과에 중독된다. 한번 생각해보라. 술을 처음 마시기 전에는 그런 두려움이 있었는가?

술을 배우기 전에는 술 없이도 모임을 즐기고 행복했을 것이다. 그렇다고 음주를 시작하기 전에는 스트레스가 전혀 없는 인생을 산다는 뜻은 아니다. 대개 사람들의 삶에서 가장 스트레스가 많은 시기는 어린 시절과 청소년기다. 하지만 여러분이 유아 시절 스트레스를 받았다 해서 어린이집에서 집으로 돌아간 뒤 한잔 하고 싶다는 생각은 들지 않았을 것이다. 과자와 아이스크림을 나눠 먹는 파티에 갔을 때도 어색함을 없애고 즐기기 위해 술을 필요로 하지 않았을 것이다. 다시 말해 여러분은 술을 마시지 않고도 삶을 즐기고 인생의 문제에 대처할 수 있었다는 뜻이다. 그렇다면 여러분은 왜 술을 마시기 시작했는가? 그 답은 간단하다. 사회적 압력 때문에 마시기 시작했다.

결국 여러분은 술에 관한 모든 난센스를 믿게 되었다. 수많은 술 광고와 세뇌의 영향으로 어른이 되려면 술을 마셔야 한다고 생각하게 되었다. 친구들이 마시고, 가족들이 마시며, 영화나 드라마의 주인공들이 마시는데 혼자만 안 마시고 버틸 수 없었다. 담배나 다른 마약에 비해 술은 희한하게도 위험하거나 중독성이 강하다고 크게 강조되지도 않는다. 술은 영국에서 1주에 160명 이상의 목숨을 앗아가는 유일한 마약인데도 심지어 자녀에게 술을 권장하는 부모도 있다. 흡연자에게 "자녀에게 담배를 권하겠는가?"라고 물으면 "말도 안 되는 소리!"라는 단호한 답이 돌아올 것이다. 그러나 술에 관한 세뇌는 너무 효과가 좋아 음주자에게 똑같은 질문을 하면 답은 그처럼 단호하지 않을 가능성이 크다.

실제로 자녀가 열 살을 넘기기도 전에 술맛을 보여주는 부모가 적지 않다. 주로 식사하면서 와인 한 모금이나 아빠의 맥주캔에서 한 모금을 맛보도록 한다. 우리 할머니는 나의 16세 생일날 내 이름의 약자가 새겨진 힙플라스크(납작한 휴대용 술병)를 선물로 주셨다. 그처럼 술은 우리 사회의 '표준'으로 확고히 자리잡았기 때문에 중독되지 않는 게 오히려 이상할 정도다. 그러니 영국인 중에서 성인 남성의 90% 이상, 여성의 56%가 술을 마시는 상황이 전혀 이상하게 느껴지지 않는다. 특히 여성의 음주 비율이 계속 늘어나는 추세다.

우리가 술에 중독되었으며, 신체적 중독은 벗어나기 쉽다는 사실을 아는 데도 왜 술을 끊기가 그토록 어려울까? 금주를 하면 가치 높고 좋은 무언가를 '포기해야' 하는 아주 값비싼 희생을 치르게 된다고 믿기 때문이다. 술을 끊으면 정신적 박탈감이 생긴다. 이 박탈감이 진짜 문제다. 수년 동안 술을 끊은 사람이라도 마음속으로 자신이 진정한 즐거움을 '포기'했다고 믿는다면 남은 생애 내내 박탈감과 비참함으로 고통당한다. 술을 끊은 뒤에도 수년 동안 AA 모임에 나가는 사람이 적지 않은 것도 그 때문이다. 금주한 사람이 술을 마시지 않아 스스로 처량하고 비참하게 느낀다면 여전히 술을 갈망하는 상태다. 그래서 그들은 매일매일 술을 마시지 않겠다고 이를 악물고 다짐해야 한다. 그들은 즐길 기회를 놓치고 있으며, 가치 있는 무언가를 포기해야 한다고 느낀다.

누가 남은 생애 내내 술을 마시고 싶은 욕구와 힘들게 싸우고 비참하게 느끼면서 지내고 싶어 하겠는가? 사실 그럴 필요가 없다. 왜 술을 마시는지 정확히 알고 술이 진정으로 우리를 위해 해주는 좋은 일이 전혀 없다는 사실을 깨달으면 술을 마시지 않아도 가치 있는 무언가를 포기하는 게 아니라는 사실에 눈을 뜨게 되면서 자연스럽게 박탈감에서 벗어날 수 있다. 그러면 마시고 싶은 욕구와 씨름할 필요가 없다. 오히려 다시는 마실 필요가 없다는 생각에서 큰 기쁨을 맛볼 수 있을 것이다.

술이 진정으로 우리를 위해 해주는 일이 무언가─사람들은 왜 술을 마실까?

사람들이 왜 술을 마시기 시작했는지, 왜 그 생애 첫 잔을 들었는지는 충분히 이해할 수 있다. 세뇌와 압력, 사회적 길들이기 때문이다. 하지만 그후 두 번째, 세 번째, 네 번째, 백 번째, 천

번째 잔을 들게 된 이유는 뭘까? 사람들이 술을 마시는 이유는 크게 세 가지다. 즐거움과 재미(실질적 즐거움과 재미가 아니라 중독자가 재미있고 즐겁다고 느끼는 그 무엇)를 위해서 마시거나, 스트레스와 긴장을 해소하는 수단으로 마시거나, 음주가 습관이 되었다고 믿기 때문에 마신다. 실제로 습관이 되었다는 것이 술을 마시는 유일한 이유라고 믿는 음주자도 있다. 먼저 그 잘못된 개념부터 살펴보자.

습관이라서 마신다고?

나도 이전엔 단지 습관적으로 술을 마실 때도 있다고 믿었다. 물론 전부는 아니다. 어떤 경우는 즐거움을 위해, 어떤 경우는 스트레스를 풀기 위해 마셨지만 일부는 진짜 습관 때문에 마신다고 생각했다. 하지만 그게 무슨 소린가? 습관이라고? 우리가 음주를 정당화하려고 대는 핑계는 참으로 기발하다. 내가 집에서 나와 편의점에 가서 술을 산 뒤 집으로 돌아와 병을 따고 마시는 것이 진짜 순전히 습관 때문이라고 생각했을까?

물론 우리는 어떤 일을 정해진 일상으로 만들어 그대로 따르기를 좋아한다. 하지만 일상을 깨뜨리기는 쉽다. 예를 들어 나는 영국에서는 자동차가 도로 좌측으로 주행하지만 해외에 가면 별 어려움 없이 우측 주행으로 바꾼다. 일부 헤로인 중독자도 자신을 속여 순전히 습관적으로 헤로인 주사를 맞는다고 믿는다. 그래서 '헤로인 습관'이라 일컫기도 한다. 하지만 외부에서 보면 그건 중독일 뿐 습관이 결코 아니다. 습관이라면 주사기에 물을 채워 맞아도 되지 않겠는가? 그러면 금전적으로 엄청난 절약이 될 것이다. 헤로인 주사를 맞는 것이 진짜 습관이라면 그냥 맞지 않으면 그만이다.

술로 인해 집과 가족, 자존감, 위엄, 긍지, 심지어 생명까지 잃는 사람들을 보라. 그들이 술 마시는 습관을 버리지 못해 그렇게 될까? 그렇지 않다. 그들이 그렇게 되는 것은 헤로인 등과 똑같은 마약 중독 때문이다.

습관으로 술을 마신다고 믿는다면 수년 동안 술을 끊은 사람이 여전히 술에 대한 갈망이 심해 매일매일 금주를 계속 다짐해야 하는 상황은 어떻게 설명할 수 있는가? 그들은 더는 술을 습관적으로 마시지도 않고 습관적으로 술을 구입하지도 않는데 말이다. 한 번도 가보지 못한 곳으로 휴가를 떠나 생소한 호텔과 해변에서 술을 마신다면 그 호텔과 그 해변에서 그 시간에 술을 마시는 것이 습관에서 나오는 행동일까? 아니다.

또 만에 하나 습관으로 인해 술을 마신다면 그 습관을 깨는데 얼마나 오래 걸릴까? 음주는 진정으로 벗어날 수 없는 유일한 습관일까? 아니면 몇 년 동안 금주한 사람이 여전히 술 없는 현실에 적응하는 게 그토록 힘든 것은 즐거운 무엇을 놓치고 있는 듯한 느낌으로 박탈감에 시달리기 때문이라는 게 더 맞는 설명인가? 다시 말해 그가 정상이 아니라 불치병을 앓는 것일까? 둘 다 아니다. 현실은 알코올 중독이라는 말 그대로다. 습관이 아니라 중독이라는 뜻이다.

알코올 중독의 문제는 대다수 음주자가 자신의 중독을 인식하지 못한다는 데 있다. 그들은 자신의 선택으로 술을 마시며, 음주를 즐기기 때문에 술을 마신다고 확고히 믿는다. 그들은 왜 마시는지 합리적 이유를 떠올리지 못할 때는 그냥 습관이라는 핑계를 댄다. 그런 거짓말을 너무나 오래 반복하다 보면 실제로 그렇게 믿게 된다. 나도 대다수 다른 음주자들처럼 술을 마시는 이유를 끊임없이 합리화했다. 우리는 그래서는 안 된다는 것을 직감적으로 안다. 또 스스로 독성 물질을 섭취하는 것이 정상이 아니라는 사실도 직감적으로 안다. 한편으로 우리는 술을 못 마시게 하면 때로 우울해진다는 사실도 안다. 심지어 가끔씩 자신이 알코올에 중독된 게 아닐까 하는 생각도 한다. 따라서 우리는 음주를 합리화하려고 술을 마시지 않고는 안 되는 그럴 듯한 이유들을 지어낸다. 거짓말을 설득력 있게 오래 반복하면 그 거짓말을 하는 사람도 그것이 사실이라 믿게 된다.

헤로인 중독자는 자신이 마약을 하면 황홀경을 맛본다고 생각하겠지만 외부에서 보면 그 마약이 일으킨 우울하고 비참한 느낌에서 벗어나려 발버둥을 치는 것일 뿐이다. 그처럼 술을 마시는 사람도 자신의 음주에 관한 합리적 이유를 만들어낸다. 그들이 집단적으로 똑같은 이유로 음주를 정당화한다면 우리는 아무리 터무니없다 해도 그들의 말을 믿을 수밖에 없다.

내가 술의 혜택이라 믿었던 모든 것은 환상이었다. 그 환상은 우리가 오랫동안 귀에 못이 박히게 들어온 내용을 확인해준다. 따라서 우리는 술이 많은 혜택을 가져다준다고 믿는다. 하지만 과연 그럴까? 음주에 관한 가장 큰 착각은 술이 진정한 즐거움을 준다는 것이다. 도대체 어떤 즐거움 말인가? 만약 그런 게 있다면 그 즐거움이란 예를 들어 맛이나, 갈증 해소, 아니면 다른 경탄스러운 효과에서 비롯된다고 말할 수 있을지 모른다.

그렇다면 이제 우리가 세뇌 받은 것을 하나씩 지워보자. 먼저 맛에 관해 살펴보자.

맛은 아무 상관없다!

맛은 음주의 이유가 될 수 없다. 물론 자신이 선호하는 술의 맛을 좋아한다고 믿는 사람이 많다. 하지만 맛은 사람들이 술을 마시는 이유가 아니다. 나도 이전에는 드라이 화이트와인의 시큼한 맛, 생맥주의 쌉싸름한 맛, 또는 서던 컴포트 위스키의 찌릿한 맛을 좋아한다고 믿었다. 하지만 지금 생각해보면 실제로 내가 그 맛을 좋아한 것이 아니었다.

우리가 세뇌 당한 것 중 이 부분을 제거하기 위해 먼저 여러분에게 질문을 하나 하겠다. 술을 처음 마실 때 그 맛이 어땠는가? 솔직히 답해보라. 처음 술을 맛볼 때 속으로 '도대체 이게 뭐야? 이보단 과일 주스가 훨씬 낫지'라고 생각하지 않은 사람이 있는가? 아마도 없을 것이다. 첫 잔을 넘길 때 신체적으로나 정신적으로 역겨움을 느끼지 않는 사람은 없다. 왜 그러냐고? 알코올은 독이기 때문이다.

그러나 역설적이게도 알코올의 그 끔찍한 맛이 우리를 술의 덫에 빠지도록 만드는 요인 중 하나다. 우리는 어른들이 이 역겨운 음료를 마시는 것이 그 불쾌한 맛을 즐기기 때문이라고 믿도록 세뇌 당했다. 그래서 우리는 중독에 대한 두려움을 떨치고 과감히 술의 덫에 빠져든다.

여기서 여러분에게 또 하나의 질문을 하겠다. 좋아하지 않는 맛의 술을 마신 적이 있는가? 없다고? 다시 생각해보라. 당연히 있을 것이다. 모든 음주자는 한 번 이상 그런 경험을 한다. 술집 영업시간이 끝나 친구 집에 가서 한 잔 더 할 때 그 집에 자신이 평상시 즐기지 않는 술밖에 없다면 그냥 커피를 마시겠는가? 언젠가 나는 새벽 3시에 집을 나서 24시간 가게에 찾아가 15파운드(약 2만 6000원)나 내고 와인 한 병을 샀다. 그 맛이 정말 구정물 같았다. 또 성냥불을 갖다 대면 도시 전체가 타버릴 정도인 독한 위스키를 마신 적이 있는데 그 맛은 정말 역겨웠다. 또 여행을 갔을 때 늘 마시던 술을 구하지 못하면 그냥 술 없이 지내겠는가? 나는 사람들이 저녁식사 때 반주로 와인을 마시며 너무 톡 쏘거나 맹맹하다고 말하는 것도 들었다. 그런데도 그 와인을 왜 마시는 걸까?

사람들은 단지 맛으로 술을 마신다고 생각하지만 그것은 자신을 속이는 것이다. 나는 바나나를 좋아하지만 회식이나 파티에 갔을 때 바나나가 없다 해서 박탈감을 갖거나 속상해 하지 않는다. 만약 저녁에 바나나를 먹고 잔 뒤 다음날 아침 트럭에 치인 듯 느낀다면 아무리 바나나를 좋아한다 해도 계속 먹지는 않을 것이다. 또 역겨운 맛이 나는 바나나를 누가 나에게 준다면 먹지 않을 것이다. 사람들은 어떤 술은 자꾸 마시다보면 익숙해져 결국 그 맛을 좋아하게 된다고 말한다. 하지만 그 사실의 진정한 의미가 무엇인지 생각해보라. 애초에 그 맛을 좋아하지 않았다는 뜻이다. 원래 좋아하는 맛이라면 그 맛에 익숙해지려 노력할 필요가 없지 않은가? 엄밀히 말하면 우리는 술의 맛에 익숙해질 수 없다. 단지 술을 마시겠다는 일념으로 알코올이라는 마약성 약물에 대한 내성을 만들어 역겨운 맛을 억누를 뿐이다.

흡연자는 담배 맛을 즐긴다고 믿지만 사실 그들은 담배를 먹는 게 아니다. 그렇듯 무언가를 자신에게 오랫동안 계속 말하면 실제로 그렇게 믿게 된다. 한번 따져보자. 술이 도대체 무언가? 간단히 말하면 술이란 과일이나 채소가 발효된 것이다. 다시 말해 부패의 산물이다. 썩은 물질이다. 그래서 술의 맛은 역겨울 수밖에 없다. 순수 알코올(에탄올)은 무색 액체로 아주 강한 독성을 갖는다. 모든 독소는 맛이 역겹다. 우리 몸이 스스로 보호하기 위해 독소를 섭취하지 않도록 그런 맛을 느끼게 한다. 그러면 이렇게 말하는 사람이 있다.

"물론 그렇지만 다른 액체와 섞으면 알코올 맛이 좋아지지 않는가?"

그렇지 않다. 알코올의 맛은 변치 않는다. 다른 음료를 타면 알코올의 역겨운 맛이 가려질 뿐이다. 과거엔 생애 맨 처음 마시는 술이 대부분 상하지 않은 과일로 맛을 낸 칵테일이었다. 마티니에 레모네이드를 섞거나, 보드카에 토마토 주스를 혼합한 칵테일이 대표적이다. 그러다가 1995년 소위 '알코팝'이 등장했다. 알코올이 든 청량음료다. 칵테일을 만들 필요 없이 바로 마실 수 있다.

알코팝은 일반 맥주보다 알코올 함유 비율이 높으며 어떤 술보다 성장세가 빠르다. 출시 첫해 동안 판매가 3배로 늘었다. 놀라운 일이라고? 전혀 그렇지 않다. 성공할 수밖에 없는 술이다. 알코올 맛이 나지 않기 때문이다. 오렌지, 레모네이드, 사과 등의 맛이 난다. 아이들은 과일을 좋아하고 알코올을 싫어한다. 따라서 주류업계는 더 많은 사람을 중독시키려 이 야심작을 고안했다. 더 어린 나이에 마시도록 하면 더 빨리 그들을 중독시켜 더 많은 수익을 올릴 수 있으니 얼마나 좋은가? 독성 강한 알코올의 역겨운 맛을 청소년들이 좋아하는 과일 맛으로 가리고 눈길을 사로잡는 '쿨'한 이름을 붙이면 어떤 아이가 마다하겠는가?

영국의 금주운동단체 '알코올컨선(Alcohol Concern)'의 보고서는 이렇게 지적했다.

"청소년들이 전통적인 술의 맛을 좋아하지 않는다는 사실이 그동안 어느 정도 음주 통제를 가능케 했다. 그러나 알코올이 함유된 청량음료가 신상품으로 나오면서 그 통제가 무너졌다."

나는 11세 때 저녁식사를 하면서 아주 작은 잔으로 와인을 마신 기억이 있다. 부모님께서 그렇게 허락하자 어른이 된 느낌이었다. 나는 와인을 아주 천천히 홀짝였지만 한 모금씩 마실 때마다 몸이 부르르 떨릴 정도로 역겨웠다. 그 맛을 그토록 싫어했는데도 나중에는 가끔씩 하룻밤에 세 병을 거뜬히 마실 수 있게 되었다. 무엇이 달라졌을까? 맛이 변했는가? 아니다. 맛은 그대로다. 다만 내가 중독되어 술 없이는 나 스스로 즐길 수 없게 변한 것이다. 나는 그 맛을 내가 즐긴다며 술 마시는 것을 합리화했다. 오랫동안 그렇게 말하면서 실제로 그렇게 믿게 되었다.

술의 맛에 관해서도 우리는 많이 세뇌 당했다. 우리는 처음 술을 마셨을 때 그 맛이 끔찍했다는 사실을 이성적으로 안다. 그러나 와인 전문가들은 어떤 와인의 맛은 수백, 수천 파운드(1파운드는 약 1800원)의 값어치가 있다고 말한다. 아무리 맛이 좋다 해도 와인 한 병이 정말 수천 파운드의 가치가 있을까? 어쩌면 내가 고급 와인과 구정물의 차이를 모르는 멍청이라고 생각하는 사람도 있을 것이다. 그러나 내 생각에는 '고급' 와인 같은 것은 없다. 헤로인이면 헤로인이지 '고급 헤로인'이 따로 없듯이 말이다. 그냥 그렇게 광고되고 선전될 뿐이다.

싸구려 맥주를 마시는 사람이 '최고급' 와인에 수천 파운드를 쓰는 사람과 달라야 할 이유가 어디 있는가? 이유가 있다면 단 한 가지, 세뇌와 사회적 길들이기다. 공원 벤치에 앉아 캔맥주를 마시고 담배를 말아 피우는 사람은 고급 시가를 피우고 '최상급' 샴페인을 마시는 사람과 아주 달라 보인다. 하지만 왜 그렇게 달라 보일까? 그들 모두 똑같은 마약을 하고 있지 않은가? 캐비어(철갑상어 알)와 타라마살라타(대구 알)의 차이는 뭔가? 둘 다 물고기 알 아닌가? 다르다는 것은 사회적 길들이기가 가져다준 허구적 믿음이다. 이 문제에서는 내 말에 동의하지 않는 사람이 많을 것 같다.

어떤 독자는 이 단계에서 책을 덮고 싶을지 모른다. 내가 대중적이고 저렴한 '블루 넌' 와인과 최고급 '크리스털' 샴페인의 차이가 없다고 말하는 것이 아니다. 당연히 차이가 있다. 그러나 여러분이 좋아하는 술의 맛을 느끼는 방식에 사회적 길들이기가 일정한 영향을 미친 것은 사실이다. 술에 관한 한 세뇌와 우월의식이 크게 작용한다.

일부 '와인 전문가'들의 입에서 나오는 난센스도 많다. 그들은 와인 맛을 두고 경박하다거나, 되바라지다거나, '좋은 코'를 가졌다거나, 조숙했다거나, 침울하다거나, 신비롭다 등으로 평가한다. 그러나 내가 생각하는 '신비'로운 것은 우리가 그런 과대광고와 선전에 넘어가는 이유뿐이다. 커다란 잔에 코를 깊이 박고 킁킁거리는 와인 '전문가'들의 말을 왜 우리가 새겨 들을 필요가 있는지 생각해보라. 특히 한 모금 머금었다가 버킷에 뱉아내는 모습을 볼 때 특히 더 그렇게 느껴지지 않는가? 사람들이 너무나 오랫동안 그런 모습을 봐왔기 때문에 별다른 의문을 갖지 않지만 사실은 너무나 터무니없다.

레스토랑에서 저녁식사를 할 때 주문한 와인이 마음에 들지 않는다고 물린 적이 있는가? 그러는 사람은 아주 드물다. 시음한 와인의 맛이 너무 강하거나 코르크 오염으로 변질된 듯하다고 느껴도 그냥 고개를 끄덕이며 좋다고 말한다. 사실 나도 많이 그랬다. 우리는 교양 없거나 세련되지 못했다는 소리를 듣고 싶어하지 않는다. 이 모든 난센스가 어디서 비롯되는가? 그것은 사람들을 술의 덫에 빠지도록 하는 가식적 헛소리의 일부다. 앞에서도 말했지만 무엇을 오랫동안 말하면 결국은 그대로 믿게 된다. 술은 전부다 쓰레기 맛이다. 알코올이 말 그대로 '쓰레기'이기 때문이다.

알코올이 함유된 음료를 꾸준히 참고 마시면 결국은 그 쓰레기 같은 맛에 익숙해져 그 맛을 좋아하게 된다. 그래서 실제로 그 맛을 즐기는 것으로 착각한다. 오랫동안 꾸준히 참고 마셨다 해서 그 맛이 달라지는 게 아니다. 술의 맛은 생애 처음으로 마실 때나 수년 동안 계속 마신 뒤나 그대로다. 다만 뇌와 몸이 그 끔찍한 맛에 내성을 발달시켰을 뿐이다.

지금도 술의 맛이 술을 마시는 이유와 관련 있다고 생각한다면 무알코올 술을 마시면 되지 않을까? 맛으로 따지자면 일반 술과 똑같은 무알코올 술이 시중에 나와 있다. 하지만 우리는 그 맛이 똑같다고 '느끼지' 않는다. 나도 여러 번 무알코올 맥주와 와인을 시도해봤다. 하지만 그런 술을 마시고 싶지도 않았고 익숙해지지도 않았다. 왜 그럴까? 이유는 단 한 가지, 알코올이 없기 때문이다. 헤로인 중독자는 자신의 팔에 식염수를 주사할 수 있지만 헤로인과 똑같이 느끼지 못한다. 왜냐고? 헤로인이 들어 있지 않기 때문이다.

> 술을 꾸준히 참고 마시면 결국은 그 쓰레기 같은 맛에 익숙해져
> 그 맛을 좋아하게 된다.

술을 맛으로 마신다면 처음 마셔본 뒤에 또 다시 마시고 싶어 하는 사람은 없을 것이다. 대다수 음주자는 스스로 인정하든 않든 술을 마시는 게 멍청한 행동이라고 직감적으로 느낀다. 한번 생각해보라. 서서히 정상적 기능을 잃게 만드는 술을 마시는 게 이상

하지 않은가? 하지만 거의 모든 사람이 술을 마시기 때문에 음주자는 그런 생각을 억누를 수 있다. 합리적 판단에 맞지 않는 행동을 집단적으로 하면 그런 행동을 정당화할 이유를 굳이 생각해낼 필요가 없다. 혼자 있을 때만 그 행동에 진정으로 의문을 갖기 시작한다. 어떤 마약이든 나홀로 하기를 좋아하는 사람은 없다. 다른 사람이 곁에 없다는 뜻에서 나홀로라는 게 아니다. 술을 마시지 않는 사람들 사이에 놓인 음주자를 말한다. 그럴 때 사람들은 자신의 음주에 관해 진지하게 의문을 갖기 시작하며, 음주가 어리석은 행동이라는 사실을 본능적으로 안다.

흡연도 그와 똑같은 과정을 밟았다. 한때는 담배를 피우지 않는게 이상할 정도로 흡연이 만연했다. 흡연은 마약 중독으로 여겨진 적이 없으며, 많은 사람은 자신이 중독되었다는 사실을 몰랐다. 그러나 상황의 대반전이 일어났다. 담배를 피우기 위해 칼바람 부는 추운 날씨에 건물 밖으로 나가 흡연 장소를 찾아가야 하는 시기가 오고 나서야 그들은 자신의 중독을 깨달았다.

흡연자들도 특정 브랜드의 담배 맛을 좋아한다고 말한다. 하지만 선호하는 브랜드를 살 수 없을 때는 다른 브랜드도 마다하지 않는다. 그들에게 필요한 것은 맛이 아니라 니코틴이다. 나는 그토록 오랜 세월 특정 브랜드나 종류의 술을 맛 때문에 좋아한다고 믿었다. 그러나 내가 좋아하는 특정 브랜드나 종류의 술이 없을 때는 알코올이 함유된 음료라면 그 맛이 아무리 역겨워도 가리지 않고 마셨다.

독소 그 자체는 절대 맛이 좋을 수 없다. 이는 분명한 사실이지만 알코올은 액체로서 이론에 따르면 갈증을 해소해줄 수는 있지 않을까? 갈증이 해소되면 즐겁고 행복해진다. 누구도 부정할 수 없는 사실이다. 그러나 술이 갈증 해소에 도움이 된다는 생각 역시 술을 둘러싼 수많은 오해 중 하나다.

갈증을 해소해준다고?

술과 관련해 아주 정교하게 고안된 속임수 중 하나가 갈증 해소에 도움이 된다는 주장이다. 알코올은 이뇨제다. 소변을 보도록 한다는 뜻이다. 맥주 한 잔을 마셔도 화장실에 세 번이나 갈 수 있다. 그에 따라 몸은 탈수 상태가 된다. 한밤중에 자다가 일어나 냉수를 벌컥벌컥 들이키는 '사하라 사막' 증후군을 경험했다면 이미 잘 알 것이다.

또한 음주자는 누군가 자신의 머릿속으로 들어와 두개골 내부를 무자비하게 내리치는 듯한 고통도 경험했을 것이다. 이는 뇌가 수축되면서 나타나는 증상이다. 뇌도 우리 몸의 나머지 부위와 마찬가지로 대부분 물로 이뤄져 있다. 따라서 술을 많이 마시면 탈수 현상으로 뇌가 전날보다 줄어든다. 알코올 섭취량이 많을수록 더 많은 수분이 몸에서 빠져나간다. 간단한 수학 등식이다. 머리가 깨질 듯 아픈 것은 심장이 펌프 작용을 하면서 혈액을 탈수된 뇌 속으로 주입하려 애쓰면서 생기는 충격 효과다.

물로 갈증을 가라앉힐 때는 한두 잔이면 족하다. 하지만 술은 탈수 현상을 일으키기 때문에 나는 한자리에 앉아서 생맥주 16파인트를 마신 적도 있다. 많이 마실수록 탈수증은 더 심해졌다. 탈수증이 심할수록 갈증이 더 심해졌다. 갈증이 심해질수록 맥주를 더 많이 마시게 되었다. 말 그대로 악순환이다. 맥주는 알코올 함유 비율이 낮다. 약간의 알코올 외 나머지는 거의 다 물이다. 하지만 그 많은 물로도 알코올의 이뇨 작용을 완화하기에는 역부족이다. 알코올의 탈수 효과는 아주 강해 맥주에서 3%만이 알코올이고 97%가 물이라 해도 그 3%가 97%를 고갈시킬 뿐 아니라 몸이 비축한 물까지 빼앗아간다.

물론 축구를 한 게임 뛴 뒤 마시는 맥주 한 잔이나 무더운 날 점심식사를 하면서 마시는 와인 한 잔이 갈증 해소에 전혀 도움이 되지 않는다는 말은 아니다. 하지만 맥주나 와인에 함유된 알코올이 갈증을 가라앉히는 것은 분명히 아니다. 목이 마르다고 아무것도 섞지 않은 순수 알코올을 마시는 사람은 없다. 알코올 자체는 갈증을 해소하는 것이 아니라 오히려 증폭시킨다. 그러니 술이란 참으로 대단한 상품 아닌가? 술을 만들어 파는 사람은 전혀 손해 볼 게 없다. 그들은 소비자의 갈증을 유발하는 액체를 판다. 소비자는 술이 일으킨 갈증을 풀기 위해 더 많은 술을 마신다.

이것이 즐거움의 덫을 구성하는 아주 교묘한 부분이다. 갈증이나 두통처럼 악화되는 증상이 있다면 그 증상을 끝내는 것이 행복이고 즐거움이다. 하지만 증상이 사라질 때의 행복과 즐거움을 맛보려고 일부러 증상을 악화시키겠는가? 다시 말하지만 술은 사람을 우울하게 만든다. 하지만 그 가라앉는 기분을 술로서 다시 끌어올리면 진정한 행복과 즐거움이 찾아온다고 피해자를 속인다. 나는 한자리에 앉아서 물 16파인트를 마실 수는 없다. 물은 실제로 갈증을 없애주기 때문이다. 하지만 술은 정반대로 작용한다. 술이 일으키는 행복과 즐거움이라는 환상의 일부분은 바로 그 전의 잔이 일으킨 갈증 악화를 새로운 잔이 순간적으로 완화시켜주는 데서 생겨난다. 결국에는 몸이 도와달라고 외치는 '사하라 사막' 증후군에서 벗어나려고 별도로 물을 훨씬 더 많이 마실 필요가 생긴다.

이처럼 술을 맛이 좋아서 마신다거나 갈증 해소를 위해 마신다는 게 전부 헛소리라는 설명에 이어 이제 술이 기막히게 좋은 기분을 만들어낼 수 없다는 사실을 입증하겠다.

술이 주는 즐거움의 허상

흔히 술은 기분을 기막히게 좋게 해준다고 말한다. 알코올이 뇌에서 일으키는 기묘한 느낌 말이다. 하지만 그 기묘한 느낌이란 정확히 무엇일까? 그 느낌이 우리를 진정한 행복으로 이끌까? 우리가 그 느낌을 어떤 식으로든 설명하거나 묘사할 수 있을까?

우리는 직감적으로 어리석은 행동이라 생각하는 무엇을 할 때는 그 일을 다른 사람만이 아니라 자신에게도 정당화하는 구실을 찾는다. 그 핑계를 오랫동안 대다 보면 자신도 그것이 진실이라고 믿게 되어 자신이 하는 말이 합리적인지 아닌지 굳이 따지지도 않는다.

헤로인 중독자는 효과 강한 독약을 자신의 몸에 주입하는 것을 스스로 즐긴다고 믿는다. 그 독소가 그들을 좀비로 만든다 해도 멈추지 않는다. 자신의 삶이 파괴되는 것도 그 기막히게 좋은 기분을 얻기 위해 치러야 할 대가라고 믿는다. 알코올 중독자도 자신을 좀비로 만드는 독약을 즐긴다고 스스로 믿는다. 다만 자신의 삶이 파괴되는 것이 그 기막히게 좋은 기분을 얻기 위해 치러야 할 희생이라는 것은 이해하지 못한다. 하지만 술에 관한 한 가장 큰 환상은 술이 우리를 진정으로 더 행복하게 만들어줄 수 있다고 여기는 것이다.

이미 말했듯 예전의 나는 술을 아주 좋아했다. 아니, 내가 술을 좋아한다고 철석같이 믿었다. 그러나 지금은 내가 그때 아주 교활한 사기를 당했다는 사실을 분명히 안다. 술은 실제로 그렇지 않은 데도 기막히게 좋은 기분을 만들어내 진정한 즐거움을 준다고 믿도록 우리를 속인다. 헤로인 중독자는 자신의 팔에 주사바늘을 꽂아 정맥을 헤로인으로 채울 때 기막히게 좋은 기분을 얻는다고 생각한다. 그러나 그들이 실제로 즐기는 것은 헤로인이 만들어낸 끔찍한 기분이 일시적으로 완화되는 상태일 뿐이다. 불쌍한 헤로인 중독자는 그 끔찍한 기분에서 벗어나기 위해 끊임없이 싸우며 헤로인을 사용하기 이전의 기분 상태로 돌아가려 몸부림 친다. 다시 말해 그들은 헤로인이 필요 없는 사람처럼 느끼고 싶어 자기 몸에 헤로인을 계속 주입한다.

그들은 자신을 지배하는 것을 거꾸로 자신이 지배하려 한다. 그렇게 애쓸수록 지배력을 더 많이 잃는다. 지배력을 더 많이 잃으면 되찾기가 더 어려워진다. 우리 몸은 어떤 약물이든 들어오면 그에 대한 면역력과 내성을 발달시킨다. 생존 메커니즘이 그렇게 작동한다. 따라서 약물 섭취량이 많을수록 그 약물이 제공하는 완화 효과는 줄어든다. 효과가 줄어들수록 우리 몸은 그 약물을 더 많이 원한다.

헤로인 중독자 중 다수는 금단 증상을 이겨낸 뒤에도 다시 헤로인을 찾는다. 어떤 사람은 헤로인을 끊은 지 수년이 지나도 매일매일 다시는 하지 않겠다고 다짐해야 한다. 그들은 언제라도 헤로인을 다시 할 수 있기 때문에 진정으로 자유롭지 못하다고 말한다. 그들은 존재하지 않는 기막힌 기분과 즐거움을 갈망한다. 그것이 슬픈 진실이다. 그들은 계속 정신적 박탈감에 시달린다. 자신이 그 기막히게 좋은 기분과 즐거움을 '포기했다'고 믿기 때문이다.

알코올도 똑같은 방식으로 작용한다. 술을 끊은 많은 사람이 여전히 공허함을 느끼는 이유도 그것이다. AA의 지침에 따르면 그들은 늘 술이 제공한다고 생각하는 기막히게 좋은 기분과 즐거움에 저항하려 씨름한다. 그러면서 그런 좋은 뭔가를 포기함으로써 자신이 희생했다고 믿으면서 공허함을 느낀다. 술이 그 공허함을 채워준다는 믿음을 그런 느낌이 확인해준다. 그러나 실제는 그들의 생각이 공허함과 부족함을 만들어냈을 뿐이다.

술을 끊으면 분명히 정상으로 돌아간다. 우리는 술을 알기 전에는 알코올이 필요하지 않았다. 알코올의 필요성은 술을 마시면서 생겨났다. 나도 어릴 때는 파티에 가서 즐길 때 술이 필요하지 않았다. 성탄절이나 생일에 술이 없으면 어쩌나 하고 걱정하지도 않았다. 그때는 내가 생일이 되어도 술을 마실 수 없다는 생각에 전전긍긍하고, 술 없이 새해를 축하해야 한다는 생각에 두려움을 느끼고, 주말에 외출해서 술을 마시지 않아야 한다는 생각에 비참함을 느끼게 되리라고는 상상도 못했다. 또 내가 너무나 무기력하고 우울해서 술에서 즐거움을 찾아야 할 수밖에 없게 되리라고도 생각하지 않았다. 내가 자신감을 완전히 잃어 술을 마시지 않고는 친구들과 이야기할 수 없을 정도로 술이라는 마약에 의존하게 되리라고는 꿈에도 몰랐다. 어릴 때 나는 내가 보는 어른들처럼 될 것이라는 생각은 조금도 들지 않았다.

만약 여러분이 아이들의 생일 파티에 갔을 때 그 아이들에게 술이 있었다면 더 행복했으리라 생각하는가? 아이가 울 때 기분을 돋워주려고 술을 권하겠는가? 아이가 웃을 때 더 행복해지라고 술을 건네겠는가? 지나치게 민감한 아이에게 술을 주면 긴장이 풀린다고 생각하는가? 물론 술을 주지 않을 것이다. 술이 긴장을 완화해 주거나 행복하게 해줄 수 없다는 사실을 확실히 알기 때문이다. 술은 아이들의 얼을 빼놓기만 할 것이다. 아이들이 그런 좀비 상태를 즐길까? 더는 자신이 아닌 기이한 존재가 되는데 어떻게 즐길 수 있겠는가?

알코올이 모든 감각을 마비시키면 진실된 느낌은 모두 사라진다. 사람의 몸이라는 그 탁월한 기계가 기능장애에 걸린다. 알코올이 뇌를 적시면 우리의 자연적인 감각을 앗아가 우리는 취약해지고 외부의 위험에서 보호 받을 수 없게 된다. 아이에게 생일이라고 술을 준다면 기분 좋게 즐기기는커녕 생일을 잃어버리게 될 것이다. 알코올은 그 생일의 즐거운 경험을 영원히 빼앗아 갈 것이다. 진정한 느낌이 없는 데 어떤 감정을 진실하게 경험할 수 있겠는가?

아이들은 즐기기 위해 술이 필요하지 않은데 성인인 우리는 왜 술이 필요하다고 느낄까? 왜 우리는 술이 없으면 삶이 완전하지 않은 듯 느끼는가? 왜 우리는 술을 끊으면 소중한 무언가를 놓치고 있다고 느끼는가? 우리가 이러한 느낌을 갖는 것은 술 그 자체 때문이다. 술은 우리의 두려움을 만들어낸다. 우리는 술을 마시기 전에는 필요한 모든 것을 가졌다고 느꼈다. 부족한 느낌을 준 것은 바로 술이었다. 그래서 음주자는 끊임없는 공허함에 시달리며 애초에 공허함을 생성한 술로서 다시 그 공허함을 채우려 한다. 그들은 술이 없으면 무언가 완전하지 않다고 믿는다. 하지만 술을 마심으로써 공허함을 채우려 하는 사람은 술을 끊어도 진정으로 완전하다고 느낄 수 없다.

술은 마시는 사람의 지각만 변화시킬 뿐 그들이 접촉하는 상대에겐 아무런 영향을 미치지 않는다. 나는 술을 마시지 않은 상태에서 술 취한 사람들과 이야기하려 할 때 그 사실을 확실히 알 수 있었다. 나는 술 취한 그들처럼 느끼고 싶지 않았다. 그들이 진짜 행복하지 않다는 것이 빤히 보였다. 그들은 멍하고 몽롱한 상태였다. 그들과 소통할 수 없었을 뿐 아니라 그럴 의미도 없었다. 그들 본연의 자신이 아닌데 대화한들 무슨 소용 있겠는가? 어리석게도 나는 내가 술을 마시면 절대 그렇지 않다고 확신했다. 술을 마시면 그냥 내 기분이 좋아진다고만 생각했다.

알코올이 뇌에 들어가면 지각이 달라진다. 즐겁고 스스로 제어하고 있다고 생각하지만 그런 느낌은 허구일 뿐이다. 그럼에도 자신이 더 행복하다고 철석같이 믿는다. 다른 중독자들과 함께 있으면 모두가 정상처럼 보인다. 모두가 똑같이 느끼기 때문이다. 하지만 이 느낌이 도대체 무엇이며 우리가 진정으로 그런 느낌을 즐길 수 있을까? 술에서 어떤 진정한 즐거움을 얻을 수 있을까?

나는 처음 술에 취했을 때를 기억한다. 열 살 때쯤이었다. 와인을 좀 많이 마셨다. 기분이 끔찍했다. 방이 빙빙 돌았다. 속이 메스꺼워 토했다. 몸이 전혀 말을 듣지 않았다. 다음 날에는 트럭에 치인 느낌이었다. 전혀 즐겁지 않았다. 그렇다면 나이가 들면서 달라졌을까? 그렇다. 하지만 알코올이라는 약물 자체는 그대로다. 나의 지각이 달라졌을 뿐이다. 나 자신을 속이려고 지어낸 많은 거짓말도 한몫했다. 알코올에 대한 내성이 강해지면서 웬만큼 마셔서는 예전의 끔찍한 상태에 도달하지 않았다. 도달하려면 훨씬 더 많은 알코올이 필요했다. 점심 때 첫 몇 잔은 전날 밤 마신 술로 인해 아침에 갖게 된 우울한 기분을 떠받쳐주는 역할을 했다.

술을 마시는 사람이라면 잘 알 듯이 처음 술을 마실 때는 한 잔에 취하지만 마시면 마실수록 술에 강해진다. 술은 그대로이지만 몸이 독소에 대한 내성을 키웠기 때문이다. 심해지면 마시고 있으면서도 마시고 싶은 마음이 생긴다. 많이 마실수록 알코올의 필요성이 더 커지고, 그렇게 술이 당길수록 더 많이 마시게 된다.

대다수 음주자는 몸이 알코올의 효과를 극복하는데 72~240시간이 걸린다는 사실을 모른다. 술이라는 마약이 초래한 손상을 회복하려면 최대 10일이 걸린다는 뜻이다. 어떤 사람은 이를 금단증상으로 묘사한다. 중독자들은 대부분 이를 지각하지 못한다. 그처럼 처지는 몸에 익숙해져 그게 정상이라 여긴다. 그러다가 몸이 받아들일 수 있는 수준을 넘어서면 숙취를 유발하는 상태를 좀 더 민감하게 인식한다. 그런 상황이 반복되면 몸이 그에 적응하면서 술에 대한 내성이 점차 더 강해진다. 어느 정도 시간이 지나면 몸이 처지는 상태를 끝내는 것이 진정한 즐거움이라 믿게 된다. 예를 들어 몸이 날아갈 듯한 기분을 느끼기 위해 꽉 끼는 스키부츠를 이틀 정도 계속 신고 다니는 것과 같다.

알코올은 환상을 초래하는 면에서 양날의 칼이다. 한편으로는 처진 몸을 부분적으로 회복시킨다는 환상을 일으키고, 다른 한편으로는 정신적이고 심리적인 변화로 환상을 만들어낸다. 음주자는 진정한 즐거움이 거기에 있다고 믿는다. 하지만 과연 그럴까? 우리는 '그' 기막히게 좋은 기분을 느끼려 마신다고 말하지만 그 기분이란 무엇을 말하는가?

자신이 즐긴다고 생각하는 그 기막히게 좋은 기분은 뇌의 전기 회로에서 합선이 발생한 결과다. 사람들은 때로 그것을 '머리가 어찔어찔하며 몽롱한' 느낌으로 묘사하며 그 느낌이 좋다고 말한다. 하지만 그것은 어지러움과 같지 않은가? 그 기분을 느끼고 싶다면 제자리에서 빙글빙글 돌면 되지 않는가? 그러면 술값으로 탕진하는 천금을 아낄 수 있는데 말이다. 하지만 제자리에서 빙글빙글 돌다가 똑바로 걸으려 하면 넘어지기 쉽다는 점을 명심하라.

나는 머리가 빙글빙글 도는 느낌을 위해 술을 마신 적이 없다. 나는 헤로인 중독자가 헤로인을 주사하는 것과 똑같은 이유로 술을 마셨다. 나는 내 마약인 술이 없으면 즐길 수 없다고 느꼈기 때문에 마셨다. 나는 내가 술에서 진정한 즐거움을 얻으며 술을 마시는 것은 나의 선택이라 확신했기 때문에 이 문제를 의식적으로 따져본 적이 없다. 그러나 실제로는 내가 선택해서 나의 결정으로 술을 마신 게 아니었다. 또 술에서 기막히게 좋은 기분과 진정한 즐거움을 얻은 것도 아니었다.

어떤 사람은 술을 마시면 더 많이 웃는다고 말한다. 물론 그럴 때도 있다. 하지만 나는 일곱 살 정도였을 때 핼리팩스에 살면서 본드를 흡입하고 늘 바보처럼 기이하게 미소 짓는 또래 아이들과 어울렸다. 그렇게 웃는 것이 본드를 흡입할 타당한 이유가 될 수 있었을까? 그들이 느낀 게 진정한 행복이었을까? 본드 흡입자는 그렇지 않은 사람보다 진정으로 더 행복해서 그처럼 공허하고 바보 같은 미소를 띨까? 당연히 그렇지 않다! 술의 경우도 마찬가지다. 술을 마시면 자신의 본연을 잃게 된다.

술잔 속에 잃어버린 나

술은 우리의 자연적인 두려움을 없앤다. 자연적인 두려움이 없어지면 몸의 안전장치가 작동되지 않아 외부 위험에 취약해진다. 알코올의 효과가 나타나면 우리 뇌에서 이성적이고 지적인 사고를 제어하는 요인이 사라진다. 그에 따라 우리는 멍한 좀비가 된다. 흔히 말하는 술에 취한 상태다.

물론 가끔씩은 긴장을 완전히 풀고 다른 사람들을 의식하지 않으면서 바보 같고 우스꽝스럽게 행동하는 게 정신건강에 좋다. 그렇지 않다고 생각하는 독자들도 있겠지만 사실 나도 자주 그렇게 한다. 하지만 그러려고 술을 마실 필요는 없다. 아이들을 보라. 아이들이 그럴 때는 평소와 다른 자신이 아니라 본연의 자신으로서 그런 행동을 순수하게 즐긴다. 그처럼 멍하고 바보스러운 상태를 자기 본연의 모습으로 즐길 수 있다면 아무런 문제가 없다. 그러나 술에 취하면 본연의 자신을 잃는다. 술잔 속의 알코올이 빼앗아간다. 알코올 중독의 가장 큰 문제다. 어딘가 나사가 빠져 온전하지 못한 자신이 되어버린다.

알코올 중독자가 술을 못 마시게 되면 불안하고 초조해지면서 처량하고 비참하게 느낀다. 하지만 그것이 자신의 본 모습은 아니다. 알코올에 자연적인 감각을 빼앗기면 그 상태에서 갖는 느낌은 진짜가 아니다. 그 덫에서 잠시라도 발을 빼고 상황을 객관적으로 살펴본다면 술이 사람들을 진정으로 즐겁고 행복하게 만들어주지 않는다는 사실을 확실히 알 수 있다. 술에서 즐거움을 얻는다는 것은 허구일 뿐이다.

알코올은 기분저하제다. 따라서 많이 마실수록 더욱 우울해진다. 이론의 여지가 없는 의학적 사실이다. 알코올이 사람들을 진실로 행복하게 만들어줄 수 있다면 의사들이 왜 술을 항우울제로 처방하지 않을까? 울적하고 외로울 때 홀로 방에 앉아 술을 마시면 행복해지기는커녕 더욱 기분이 가라앉고 비참해질 뿐이다. 못 믿겠다면 극단적인 선택의 시도 건수 중 65% 이상이 술과 관련 있는 이유가 무엇인지 한번 생각해보라. 알코올이 행복하고 즐겁게 해준다면 술을 마시고 난 뒤 삶을 끝내고 싶어할 이유가 없지 않은가?

그렇다면 내가 술을 마시는 동안 행복했을 때가 전혀 없었다는 말인가? 아니다. 행복했을 때도 있었다. 어떤 때는 술을 마실 때 행복할 수밖에 없었다. 이는 시도 횟수가 많을수록 평균 결과가 예상값에 가까워진다는 '평균의 법칙'이다. 결국 나는 술 '때문'이 아니라 술에도 '불구'하고 행복했다는 말이다. 마음을 열고 잘 생각해보라. 여러분을 행복하게 만들어주는 것은 결코 술이 아니다. 알코올은 기분을 가라앉혀 우울하게 만들지 기분을 띄워주지 않는다. 그렇다면 뭘까? 결국 술이 아니라 술을 마실 때의 상황, 그리고 함께 있었던 사람들이 행복을 느끼게 해주었다는 뜻이다.

사람들은 장례식에 가면 아무리 많이 마셔도 여전히 슬프게 느낀다. 슬픈 상황이기 때문이다. 반면 떠들썩하고 재미있는 파티에 가면 즐거워한다. 행복한 상황이기 때문이다. 그러나 음주자가 파티에 갔을 때 어떤 이유로 술을 마실 수 없다면 불행할 수밖에 없다. 술을 마셔야 행복해진다기보다 술을 마실 수 없어서 불행해진다는 뜻이다. 그러면 아마도 이렇게 말할 것이다.

"술을 마시지 않으면 파티가 예전 같지 않아."

하지만 이는 하고 싶은 재미난 놀이를 못하게 된 어린아이의 투정과 같다. 나도 그런 상황에서 내 손에 술잔이 없으면 마치 내가 벌거벗은 듯하고 도저히 그 자리를 즐길 수 없다고 느꼈다. 그러나 술은 어떤 진정한 즐거움도 주지 않는다. 나는 음주자였을 때 '파티는 곧 술'이라고 확신했지만 술을 끊은 뒤 그 믿음이 얼마나 잘못된 것이었는지 깨달았다.

참석자 모두가 술을 마시면 파티 분위기가 더 좋아진다고 생각하는 사람이 많다. 사실일까? 사실이라 믿는다면 이 질문에 답해보라. 아주 형편없는 파티에 가본 적이 있는가? 지루하고 따분하고 음울한 사람들이 모인 파티에 가본 적이 있는가? 아마 있을 것이다. 다른 질문을 해보겠다. 그 파티에 술이 있었는가? 당연히 있었을 것이다. 나도 끔찍한 파티에 많이 가보았다. 지금도 그렇다. 마찬가지로 술을 마시면서 재미있게 즐긴 파티에도 다들 가보았을 것이다. 따라서 파티가 즐거운지 아닌지 결정하는 것은 술이 아니라 그곳에 모인 사람들, 정감 어린 농담, 친구들과 함께 하는 기쁨, 그리고 거기에 더해지는 음악과 춤이라는 사실이 확실하다. 술은 절대 아니다.

과거 나는 술 없이도 즐길 수 있다고 큰소리치며 다녔다. 술을 마시지 않고 잘 버틴 적도 최소한 두 번은 있었다. 내가 술을 마시는 것은 술에 의존하기 때문이 아니라 순전히 나의 선택일 뿐이라는 사실을 다른 사람들에게 과시하고 또 나 자신에게 입증하려는 행동이었다. 다시 말해 나의 음주를 정당화하려는 시도였다.

이제 이 질문에 답해보라. 술을 마실 때마다 늘 행복했다고 솔직하게 말할 수 있는가? 술을 마시면서 짜증을 내고 시비를 건 적이 없는가? 술을 마시는 도중에 스트레스에 시달리고 울적해지거나 운 적이 없는가? 술을 마실 때 불쾌한 생각이 들거나 비합리적 언행을 한 적이 없는가? 한번 잘 생각해보라. 술을 마시며 그런 감정을 느꼈다면 술이 사람들을 행복하게 해주지 않는 게 확실하다. 통념에 따르면 술을 마실 때마다 웃고 즐겨야 마땅하다. 하지만 늘 그렇진 않다. 알코올이 진짜 우리를 즐겁게 해준다면 마실 때마다 즐거워야 하지 않은가?

나도 과거엔 술로서 슬픔을 삼킬 수 있다고 믿었다. 아무튼 술은 사람들을 행복하게 해준다고 말이다. 그렇다면 축 처진 기분을 술이 떠받쳐 올려줘야 한다. 그러나 현실은 정반대다. 우울할 때 술을 마시면 더욱 우울해진다. 술을 마신 사람이 난동을 부릴 때 그들이 행복해 보이는가? 어떤 사람은 이렇게 말할지 모른다.

"그건 지나치게 많이 마셨을 때 일어날 수 있는 일일 뿐 조금만 마시면 기분이 좋아지지."

아니, 잠깐만. 너무 많이 마시면 기분이 나빠져 난동을 부릴 수 있지만 조금만 마시면 즐겁고 행복해진다고? 무슨 궤변인가? 알코올이 원래 사람들을 행복하게 해준다면 많이 마실수록 더 행복해져야 하지 않는가? '술을 조금만 마시면 괜찮다'는 말은 무슨 뜻인가? 술, 즉 알코올은 마약이다. 따라서 한번 마시면 계속 더 많이 마실 수밖에 없다. 마약이 원래 그렇다. 일단 술을 마시면 선택권을 술에 빼앗긴다. 그래서 더 많이 마시게 된다. 그에 맞서 음주량을 제한하려면 엄청난 의지력과 자제력을 동원해야 한다.

최근 나는 음주량을 제어할 수 없어 술을 끊었느냐는 질문을 받았다. 나는 그에게 내가 술을 끊은 것은 음주를 더는 제어하고 싶지 않아서였다고 답했다. 음주를 제어하려고 의지력과 자제력을 사용하려면 끊임없이 전투를 치러야 한다. 반복해서 말하지만 의지력을 동원해야 한다는 것은 이미 제어력을 잃었다는 뜻이다. 나는 이제 그 싸움에서 자유로워지고 나니 너무 좋다.

약간의 알코올이 행복을 준다면 그 이유는 한 가지뿐이다. 알코올이 자연적인 두려움을 없애고 약물에 심리적으로 의존하고 싶은 욕구를 만족시켜준다는 사실이다. 물론 사람들이 어울리는 자리에 참석하면 당연히 행복해야 한다. 앞으로 자연적인 두려움의 상실(뇌 전기회로의 합선에서 비롯된다)이 그 모든 환상을 만들어내는 이유를 설명할 것이다. 그러나 내 판단이 옳다면 현 단계에선 아직 여러분이 그런 자리에 가서 술이 없으면 행복할 수 없는 형편에 놓여 있다. 여러분은 술을 즐길 뿐이라고 자신과 다른 사람들에게 계속 말하겠지만 실제로 자신의 선택으로 마시거나 마시지 않을 수 있는지 자문해보라. 자신의 음주를 진정으로 제어하고 있는가 아니면 의식적으로든 무의식적으로든 술의 지배를 받고 있는가?

술을 자주 마시는 사람은 모두 술에 대한 제어력이 없다고 나는 분명히 말할 수 있다. 알코올 중독자는 알코올에 의존한다. 대다수는 자신은 그렇지 않다고 생각하며 자신의 선택과 결정으로 마신다고 믿는다. 하지만 그 선택과 결정은 처음부터 자신이 한 것이 아니었다. 그런데도 술을 계속 마시겠다는 선택과 결정을 자신이 한다고 어떻게 알 수 있는가? 그것을 알기는 쉽지 않다. 따라서 다음의 질문으로 혼동에서 벗어나게 해주겠다. 나는 술꾼들에게 이 질문을 자주 한다. 그중에는 경제적으로 어려움에 처해 자존감이 떨어진 사람도 많았다.

"상금이 10만 파운드인 복권 당첨권을 준다면 받겠어요?"

이렇게만 물으면 당연히 모두가 "받아야죠"라고 말한다. 그러나 상금을 가지려면 한 가지 작은 조건이 있다. 술을 완전히 끊어야 한다는 조건이다. 그러면 여러분은 어떻게 대답하겠는가? 좀 더 생각해보겠는가? 자신에게 정직하자면 어떤 결정을 내리겠는가? 술을 못 마시게 되어도 상금을 갖겠는가? 내가 술의 덫에 빠져 있을 때는 나의 선택이 무엇이었겠는지 잘 안다.

"돈은 당신이나 가지시지!"

좋은 일을 축하할 때도 술을 마시지 못해 즐길 수 없게 된다면 그 많은 돈이 무슨 소용인가? 그 돈으로 멋진 리조트로 여행을 갈 수는 있겠지만 풀장의 벤치에 누워 술을 마실 수 없다면 무슨 재미인가? 돈은 가라. 술이 좋다.

술꾼들에게 물으면 거의 전부 그렇게 대답한다. 처음에는 상당수가 돈을 택하겠다고 말했다. 나는 '솔직하게 말하면 그게 아니겠지'라고 생각했다. 아니나 다를까 곧 나는 그들 중 대다수가 솔직하지 않다는 사실을 깨달았다. 그처럼 자신이 약물에 의존하지 않으며 스스로 잘 제어한다는 점을 입증하려 애쓰도록 만드는 게 마약 중독의 본질이다. 모든 중독자는 솔직하지 않다. 알코올 중독자도 마찬가지다. 다른 사람들에게만이 아니라 자신에게도 마음에 없는 말을 한다. 그러다가 내가 다시 솔직하게 말해보라고 압박하며 "다시는 술을 못 마셔도 진짜 괜찮아요?"라고 묻자 그들은 이렇게 답했다.

"솔직히 괜찮지 않아요. 당신 말이 옳아요. 돈을 포기하겠어요. 인생에는 돈보다 더 중요한 게 있거든요."

그토록 중요한 게 뭔가? 술인가? 사실 인생에는 술보다 더 중요한 것이 많지만 중독자들은 그렇게 생각하지 않는다.

분명한 사실은 알코올이 우리를 행복하게 해주는 게 아니라 알코올이 없으면 우리가 비참하게 느낀다는 것이다. 오랜 세월 파티나 회식에 갈 때마다 술을 마셨다면 술 없는 그런 행사는 상상할 수 없다. 그런 사람들은 운전을 해야 하거나, 다른 약을 복용하고 있거나, 심하게 잔소리를 들어 마실 수 없도록 강요당하는 때를 제외하면 회식 자리에 참석해서 술을 마시지 않으면 안 된다고 생각한다. 술이 없으면 무얼 해도 불행하고 술만 있으면 행복하다고 뇌가 그들에게 말한다. 그러나 다시 말하지만 그들을 행복하게 해주는 것은 술이 아니다. 불행은 술을 마시지 못하면 즐거움을 빼앗긴다는 느낌에서 비롯된다. 사람들과 어울려 즐기려고 늘 술에 의존해온 결과다.

앞으로 술이 어떻게 우리의 용기를 꺾는지 보여줄 생각이다. 술을 알기 전에는 모든 것을 자신에게 기대며 그로써 행복함을 느낀다. 앞에서 설명했듯 술을 배우기 전에는 술 없이도 기분 좋게 즐길 수 있고, 우울할 때도 술 없이 버텨나갈 수 있다. 물론 어릴 때는 내재적인 두려움과 거리낌, 불안과 우려, 미숙함이 있지만 성장하면서 차츰 극복해간다.

자신의 어릴 때가 기억나지 않는다면 아이들의 파티를 잘 살펴보라. 아이들은 처음엔 불안과 초조 속에서 파티장에 입장하지만 5분 정도만 지나면 아무런 거리낌 없이 잘 뛰어논다. 아이들은 술이나 헤로인, 크랙, 코카인 같은 마약이 필요 없다. 그들은 자연적으로 흥이 나고 그냥 살아있다는 데서 기쁨과 즐거움을 느낀다. 반면 중독자는 결코 그런 자연스러운 흥분 상태에 도달할 수 없다. 약물이 그들을 불완전하게 느끼도록 만들기 때문이다. 그들도 술을 마시지 않으면 어색함과 불안을 쉽게 해소하고 즐길 수 있지만 술을 마시면 알코올이 그런 문제를 악화시키기 때문에 그럴 수 없다.

우리가 술에서 얻을 수 있다고 생각하는 이 기막히게 좋은 기분의 효과는 과연 무엇을 말하는가? 의사 전달과 소통이 제대로 되지 않는 그 '즐거운' 상태를 말하는가? 감각을 잃어 외부의 위험에 노출되는 그 '기묘한' 효과를 말하는가? 전적으로 멍해지는 그 '멋진' 느낌을 말하는가? 집중하지 못하거나 똑바로 걷지 못하는 그 '탁월한' 효과를 말하는가? 몇 시간 동안 앞뒤가 맞지 않는 헛소리를 반복하는 그 '흥미진진한' 상태를 말하는가? 구토할 때의 그 '경이로운' 느낌을 가리키는가? 환각에 빠져 평상시와 전혀 다른 사람이 되는 그 '놀라운' 기분을 말하는가? 기억을 망가뜨려 무엇을 어떻게 했는지 전혀 알지 못하게 되는 그 '황홀한' 기분을 말하는가? 뇌와 입 사이의 모든 제어 장치가 고장나 소리치고 욕설하며 심술부리고 격앙된 감정을 드러내는 그 '속 시원한' 느낌을 말하는가? 언행의 제어력을 완전히 잃는 그 '기이한' 상태를 말하는가? 몸이 말을 듣지 않아 섹스를 하지 못하고 진실된 사랑을 보여주지 못하는 그 '놀라운' 효과를 말하는가? 향후 오랫동안 후회할 말과 행동을 하는 그 '즐거운' 일을 말하는가? 현기증으로 머리가 빙빙 돌아가는 그 '몽롱한' 느낌을 말하는가?

이 기묘한 효과가 과연 어디서 생기며 실제로 무엇인지 한번 잘 생각해서 말해보라. 누구도 말할 수 없을 것이다. 그러한 효과란 애초에 존재하지 않는다. 그 전부가 거대한 허구다.

술을 마시지 않은 상태에서 술 취한 사람을 볼 때 그와 똑같은

'즐거움'의 효과를 얻으려고 술을 마시고 싶다는 생각이 들겠는가? 예를 들어 낮에 길 한복판에서 캔맥주를 들이키는 사람을 보면 그를 부러워하겠는가? 그렇지 않을 것이다. 술은 저녁 시간이나 휴일을 제대로 즐길 수 있도록 해주지 않는다. 오히려 망치기 쉽다. 그처럼 술과 즐거운 시간을 갖는 것 사이에는 아무런 상관관계가 없음에도 사람들은 술이 있어야 즐겁다고 생각한다.

오래 전 튀니지에 갔었다. 내가 술을 마실 때였다. 처음 며칠 밤은 호텔 바에서 죽쳤다. 호텔 측은 우리를 접대한다며 바에서 형편없는 쇼를 공연했다. 솔직히 벽에 칠한 페인트가 마르는 것을 지켜보는 게 더 낫다는 생각이 들 정도였다. 하지만 난생 처음 간 곳이어서 달리 갈만한 곳도 없었다. 당연히 나는 매일 밤 마셨다. 그렇게 말하니 술고래처럼 들리겠지만 모든 알코올 중독자는 휴가를 가면 매일 밤 마신다. 음주를 방해하는 제약이 없고 술 없이는 휴가를 즐길 수 없다고 느끼니 당연하다. 아무튼 내 말의 요점은 술을 마셨어도 저녁 시간이 아주 따분했다는 거다. 술을 마실 때 마음을 자극하는 게 없으면 아주 빨리 피곤해진다.

일주일 동안 그곳에 머물렀다. 다섯째 날에 우리는 식사와 공연, 그리고 24시간 와인을 무제한 제공하는 곳에 가기로 했다. 물론 밤새 와인을 마실 수 있다는 게 가장 마음에 들었다. 일주일 중에 가장 즐겁게 보낸 저녁 시간이었다. 그 덕분에 휴가가 훨씬 보람 있었다. 술을 마셔서 그렇게 느꼈을까? 돌이켜보면 아니었다. 그날 전에도 매일 밤 마셨다. 그렇게 좋았던 것은 분위기 때문이었다. 배꼽춤과 뱀쇼 공연도 있었고, 장내를 가득 채운 약 500명이 모두 손뼉을 치고 식탁 위와 무대에서 춤을 추었다. 나도 춤추고 다른 사람들과 교류하면서 즐겁고 재미있는 시간을 보냈다. 술을 마셔서가 아니라 술을 마셨음에도 즐거웠다. 하지만 만약 누군가 그곳에는 술이 없을 것이라고 말했다면 그곳에 가지 않고 또 다시 호텔 바에서 밤을 보냈을 것이다. 그때만 해도 나는 저녁 시간의 즐거움은 음주량에 비례한다고 믿었다. 그러나 지금 다시 생각해 보니 그날은 춤추고 함께 어울리느라 바빠 술을 그렇게 많이 마시지도 않았다.

사실 내가 알코올에 중독되었을 때도 술 없이 즐거운 저녁 시간을 보낸 적이 여러 번 있었다. 여러분도 술을 거의 안 마시고 밤새도록 춤을 추고 행사가 끝난 뒤 아주 좋았다고 생각한 적이 없는가? 놀라운 일이지만 운전해서 귀가할 수 있을 정도로 술을 마시지 않고 재미있게 논 적 말이다. 하지만 술을 마실 수 없다는 말을 사전에 들었다면 즐거울 게 없다고 생각하고 침울하게 느꼈을 것이다. 진실은 이렇다. 좋은 기분으로 밤을 즐기는 데는 술이 필요 없다. 알코올은 우리를 즐겁게 해주지 않는다. 알코올은 우리의 기분을 가라앉혀 우울하게 만든다. 술은 제어권이 음주자에게 있다는 느낌을 주지만 그것은 허구다.

허구를 진실로 둔갑시킨다

알코올 중독자는 모든 일을 자신이 제어할 수 있다는 환상을 갖는다. 술을 마시지 않은 채 술 취한 사람을 살펴보면 잘 알 수 있다. 알코올은 사람의 자연적인 두려움과 어색함을 없애준다. 그러면 술 취한 사람은 실제와 달리 자신이 모든 상황을 제어하고 있다고 느낀다. 그러나 결국 그는 제어력을 완전히 잃고 아무런 보호막 없이 외부 위험에 그대로 노출된다. 예를 들어 우리는 운전대를 잡으면 자신과 다른 사람을 다치지 않게 하려고 정신을 바짝 차린다. 그럴 때 두려움을 느끼는 것이 당연하다. 생존하려면 그런 두려움이 반드시 필요하다. 그러나 알코올이 뇌의 전기 회로에서 합선을 일으키면 이 두려움이 사라진다. 그에 따라 지각이 변화하면서 음주자는 자신이 차분하며, 상황을 잘 제어하고 있다는 환상을 갖는다. 얼마나 위험한 일인가?

몇 잔 하면 운전을 더 잘한다고 믿는 사람도 있다. 나도 그랬다. 내가 멍청해서 그렇게 생각했을까? 아니다. 나는 실제로 침착하고 느긋하며 상황을 잘 제어한다고 느꼈다. 물론 그것은 환상이었다. 다음 날 아침 일어났을 때 지난밤의 일에 대한 인식은 달라지지 않았다. 숙취를 느끼면서 음주운전을 하다니 너 미쳤구나 싶었다. 하지만 전날 밤 운전대를 잡았을 때 내가 차분하고 판단력이 흐트러지지 않았다고 느낀 것은 진짜였다고 여전히 믿었다.

좋은 친구라면 음주운전을 하지 못하게 막아야 한다고 사람들은 말한다. 그렇다. 좋은 친구라면 당연히 음주운전을 말린다. 하지만 그 친구가 멀쩡할 때의 이야기다. 친구에게 내가 취하면 운전하지 못하게 자동차 키를 주지 말라고 부탁한다 해서 해결될 문제가 아니다. 그 친구도 술기운에 휩싸이면 판단력을 잃는다.

만약 친한 친구가 먼저 자리를 뜬 뒤 남은 사람이 집까지 차를 좀 태워달라고 하면 어떻게 하겠는가? 처음 그 술자리에 갈 때는 음주운전을 하지 않겠다고 다짐했겠지만 일단 알코올이 뇌세포에 도달하면 술기운에도 자신은 멀쩡하다고 믿는다. 그런 부탁을 받았을 때 술을 마시고도 아무렇지도 않게 운전대를 잡는 사람은 이미 본연의 자신이 아니다. 그처럼 술기운은 우리가 하는 말과 행동, 생각을 완전히 지배한다.

우리 대다수는 술을 마시면 운전을 더 잘하는 게 아니라 돌발 상황에 대한 반응이 늦어져 사람들의 목숨을 위험에 빠뜨린다는 사실을 잘 안다. 영국에서는 1980년대 초 한 시민단체의 열정적인 캠페인으로 음주운전에 대한 사람들의 태도가 크게 달라졌지만 음주자들의 환상은 여전히 깨기 힘든 벽처럼 보인다.

그토록 위험한 음주운전이 그런 실정이라면 술을 마시는 다른 이유들도 허구라고 믿는 음주자가 과연 얼마나 되겠는가? 예를 들어 그들은 술을 마시면 사람이 재미있어진다고 믿는다. 나도 그랬다. 하지만 사실은 그렇지 않다. 지루하고 짜증나는 사람이 술을 마신다고 재미있는 사람으로 바뀌는 걸 본 적 있는가? 재미있기는커녕 더 지루하고 짜증나는 사람으로 변해 상대하고 싶지 않아진다.

그처럼 술은 음주자들이 철석 같이 믿는 것과 완전히 다르다는 사실을 나는 뼈아프게 깨달았다. 여러분도 명심하기 바란다. 술이 긴장을 풀어준다는 믿음 역시 허구다.

긴장을 풀어준다고?

술이 긴장을 풀고 편안하고 느긋하게 만들어준다는 것은 상황에 달려 있다. 나는 내가 편안하고 느긋한 상황에 있을 때 마신 술이 그렇게 도움이 되었다고 생각한다. 불안하거나 초조한 상황에서 술을 마시면 긴장이 풀리지 않는다. 이 점을 명확히 할 필요가 있다. 알코올은 상황이 어떠하든 절대 변하지 않는다. 변하는 것은 상황이지 알코올이 아니다.

과거 나는 퇴근 후 집에 들어가면 술을 한 잔 따라 들고 발을 거실 테이블 위에 올려놓은 뒤 '아!… 편안해'라고 생각했다. 하지만 골치 아픈 직장 일을 뒤로 하고 집에서 발을 거실 테이블 위에 얹으면 술이 없어도 편안하다. 직장에서 쌓인 스트레스와 긴장을 푸는 효과적인 방식이다. 그럴 때 나는 보통 딱 한 모금만 마시고는 술이 나를 느긋하게 만들어준다고 느꼈다. 알코올이 효과를 낼 정도로 시간이 흐르지도 않았는데 말이다.

뇌는 우리가 말하는 대로 따른다. 우리가 뇌에 술 없이는 긴장을 풀 수 없다고 말하면 뇌는 '알았어. 술을 한 잔 할 때까지는 긴장을 풀지 않을게'라고 말한다. 그래서 나는 딱 한 모금만 마시고도 긴장을 풀 수 있었던 것이다. 하지만 실제로 나를 편안하게 해준 것은 술이 아니라 아무런 제약 없는 집의 거실에 있다는 편안하고 느긋한 상황이었다.

정확히 말해 내가 긴장하게 된 것은 부분적으로는 알코올 중독 때문이었다. 알코올은 금단 증상을 일으킨다. 그러나 금단 증상이 뚜렷이 드러나는 헤로인과 달리 알코올의 금단 증상은 아주 미묘하다. 물론 극심한 알코올 금단 증상인 전진섬망 상태에 있는 사람은 당연히 그렇게 생각하지 않을 것이다. 전진섬망이란 극심한 알코올 금단 증후군으로 빈맥, 발한, 혈압상승, 수족 떨림 같은 자율신경기능 항진과 망상, 환각, 환청 등이 나타난다. 그런 사람은 몸이 사시나무처럼 떨려 컵을 잡을 수도 없다.

여기서 한 가지 묻겠다. 그가 온몸을 떨 때 긴장을 푼 사람처럼 보이겠는가? 터무니없는 질문처럼 들리겠지만 내가 말하고자 하는 요점을 명확히 하기 위해 물었다. 사람이 몸을 심하게 떨 때는 편안하거나 느긋한 상태가 전혀 아니다. 그렇다면 무엇이 그를 편안하고 느긋하다고 느낄 수 있도록 해줄까? 당연히 알코올이다. 그가 술을 마시면 떨림이 멈춘다. 그러면 그는 술이 긴장 완화에 도움이 되었다고 믿는다. 바로 1분 전보다 훨씬 느긋하고 편안해졌기 때문이다. 하지만 비음주자가 느끼는 편안함의 정도에는 비교가 되지 않는다. 술을 마시면 애초에 알코올이 초래한 긴장을 부분적으로만 억누를 수 있기 때문이다. 많이 마실수록 금단 증상은 더 심해진다. 금단 증상이 심해질수록 거기서 벗어나려고 더 많이 마신다. 질병을 일으킨 원인을 추가함으로써 질병의 증상을 치료하는 이러한 방식은 악순환을 만들어낸다. 원인을 제거하기 전까지는 그 증상에 계속 시달릴 수밖에 없다.

거의 모든 음주자는 과음 후 다음 날 아침 몸이 진저리쳐지는 느낌을 적어도 한 번은 겪는다. 하지만 음주자는 대부분 자신의 몸이 계속 회복을 시도하고 있다는 사실을 인식하지 못한다. 혈류를 채운 독소가 가한 신체적·정신적 타격에서 회복하는 동안 우리 몸은 바짝 긴장한다. 그 상태에서 완전히 회복하려면 3~10일이 걸린다. 평균적으로 음주자는 술을 마시지 않고 4일 이상 버티기 어렵다. 그렇다면 술이 긴장을 풀어준다는 환상은 어떻게 이해해야 할까? 먼저 알코올이 체내에 들어가면 어떤 일이 벌어지는지 정확히 알아야 한다.

알코올은 소화되지 않고 곧바로 위벽을 통과해 즉시 혈당을 높인다. 혈당이 과다해지면서 강력한 호르몬 인슐린이 과잉 분비된다. 술을 마실 때 흥분을 느끼는 것은 인슐린이 알코올을 태우려고 혈류 속을 질주하기 때문이다. 그러한 인슐린 과잉 반응은 곧바로 저혈당을 유발해 우리 몸의 연료가 고갈된다. 그런 상태가 되면 몸이 긴장한다. 그래서 다시 술이 필요하다. 술을 다시 마시면 즉시 긴장이 풀리는 듯하다. 곧바로 혈당이 올라가 연료가 고갈된 느낌을 순간적으로 완화해주기 때문이다.

하지만 그것은 애초에 알코올이 초래한 비정상 상태를 부분적으로 중단시키는 현상일 뿐이다. 대개 음주자는 그런 사실을 인식하지 못한다. 나도 예전에 토요일 밤에 과음한 뒤 일요일 아침이 되면 왜 그렇게 몸이 축 처지는 느낌이었는지 술을 끊고 나서야 깨달았다. 또 그때 내가 왜 기름에 튀긴 음식을 그토록 먹고 싶어 했는지도 이제야 안다. 저혈당증이 문제였다. 그래서 음주자들은 달콤한 음식을 좋아한다.

그렇다. 알코올은 저혈당과 탈수를 초래하며, 간과 췌장, 신장에 과부하를 걸고, 뇌에서 산소를 고갈시킨다. 그런 상황에서 어떻게 긴장을 풀고 편안하고 느긋해질 수 있을까? 술은 긴장 완화에 실제적 도움이 되지 않는다. 그게 진실이다. 우리는 대개 점심시간이나 일과를 마쳤을 때, 장시간 온욕을 할 때, 집안의 잡일을 끝냈을 때, 만찬 때나 해변에 누워 쉴 때 등 느긋한 시간에 술을 찾는다. 그럴 때 흔히 술이 우리를 느긋하게 해준다고 이야기한다. 그러나 일을 마치고 편안한 상태에 있기 때문에 느긋해지는 것이지 알코올 자체는 긴장을 풀어줄 능력이 없다. 편안하지 않은 상황에서 술을 마시면 느긋해질 수 있는지 잘 생각해보라.

술은 바뀌지 않는다.
우리가 음주를 합리화하려고 둘러대는 핑계가 바뀔 뿐이다

우리는 과연 긴장을 풀기 위해 술을 마시기 시작했는가? 부모가 우리에게 시험을 치기 전에 긴장을 풀라고 술을 권했는가? 술이 긴장 완화에 특효라는 이론에 따르면 그렇게 해야 하지 않는가? 하지만 한번 생각해보라. 자녀가 시험을 볼 때 침착하고 느긋하고 자신 있고 용감하고 행복하게 느끼도록 해주려고 술을 마시도록 하겠는가? 술에 진짜 그런 효과가 있다면 부하 직원이 점심

시간에 술을 과하게 마신다고 상사가 왜 화를 내겠는가? 술을 마셔서 차분하고 편안한 기분으로 일할 수 있다면 술을 마셔야 업무 효율이 더 높지 않겠는가?

술에 관한 그런 터무니없는 이야기를 믿는다면 늘 술을 마시는 게 전혀 이상하지 않을 것이다. 걱정거리를 갖고 아침에 깨어난다면 술 한 잔으로 긴장을 풀면 되지 않는가? 흔히 말하는 알코올의 '긍정적 효과'를 진짜 믿는다면 그게 논리적으로 보인다. 폭력적인 사람이 있으면 그를 진정시키기 위해 무엇보다 먼저 술을 권해야 할 것이다. 성인 인구의 80% 이상이 긴장을 풀어주고 차분하게 해주는 약물을 자주 복용하는 나라를 상상해보라. 그런 나라는 범죄가 아예 없으며, 세계에서 가장 평화롭고 느긋한 나라일 것이다. 하지만 그런 나라는 이 세상에 없다.

미국 대통령은 세계 지도자로서 언제나 자신감과 용기가 넘치고 느긋하며 강해야 한다. 그렇다고 그에게 술을 자주 마셔야 한다고 조언해야 할까? 보리스 옐친 전 러시아 대통령을 기억하는가? 그는 늘 침착하고 느긋해 보였다. 정말 그랬을까? 천만에. 언제나 폭음한 그는 서 있기조차 힘들어 했다. 그것은 느긋한 게 아니라 술에 취한 것이다. 그는 나라는 고사하고 목욕탕 하나도 운영하기 어려운 상태였다.

술을 마시면 진정으로 느긋하고 편안해지기는 불가능하다. 헤로인 중독자가 바닥에 쓰러져 있으면 편안하고 느긋해 보이는가 아니면 헤로인에 취해 정신을 잃은 거라고 생각하겠는가? 또 알코올 중독자가 바닥에 쓰러져 있다면 어떻게 보이는가? 인사불성이 빤하지 않은가? 사람들은 또 술을 두고 마취제라 말한다. 사실이기는 하지만 마취가 무언가? 마취란 진정으로 긴장을 풀고 느긋해지는 것을 의미하지 않는다.

헤로인도 마취제다. 알코올보다 더 강한 마취제다. 하지만 어느 누가 단지 긴장을 풀려는 목적으로 자기 몸에 헤로인을 주사하겠는가? 실제로 긴장이 풀리기는 할까? 여러분은 헤로인 중독자가 그렇지 않은 사람보다 더 느긋하다고 믿는가? 헤로인을 주사한 사람과 함께 사우나를 한다면 누가 긴장을 풀고 느긋해지며 누가 더 지치고 좀비처럼 될지 빤하지 않은가?

알코올 같은 강력한 독소가 혈류로 들어가면 몸은 어떻게 해야 할까? 알코올은 인체에 너무 해로워 몸에 오래 저장하면 사망을 부른다. 따라서 우리 몸은 생존 메커니즘에 따라 3일에서 10일 사이에 알코올을 내보낸다. 알코올은 간이 제거한다. 그 속도는 시간 당 1유니트(unit)다. 1유니트는 순수 알코올 10ml(=cc)에 해당한다. 일반적으로 맥주 250cc 또는 소주 한 잔에 해당하는 알코올 양이다. 커피를 마시거나 다른 어떤 방법으로도 그 시간을 줄일 수는 없다.

알코올 제거는 시간도 많이 걸리지만 에너지도 많이 소모한다. 그래서 근육과 뼈 등 몸의 모든 부위가 지치고 무거워진다. 그런 상태를 우리는 긴장이 풀렸다고 말하도록 길들여졌지만 사실은 우리 몸이 독소의 공격으로 엉망이 된 것을 의미한다. 술을 마시고 인사불성이 되었다는 것은 몸이 혈류 속의 독소를 처리하는 데 모든 자원을 쓰다보니 생생하게 깨어 있을 수 없다는 의미다. 알코올의 효과로 시각과 청각, 의식을 잃으면 사실상 혼수상태다. 그것은 결코 긴장 완화가 아니다.

하지만 중독자는 그런 사실을 모른다. 내가 그랬다. 느긋하게 느끼고 싶다면 먼저 긴장한 상태라야 한다. 음주자가 왜 긴장할까? 나는 어떤 이유로 술을 마실 수 없거나 음주량을 조절해야 한다면 회식이나 모임에 참석해서도 제대로 긴장을 풀 수 없었다. 약물의 노예가 되는 것보다 더 큰 스트레스는 없다. 나는 긴장했고 삶이 힘들다고 생각했다. 나는 술이라는 마약에 의존했기 때문에 언제나 지쳐 있었고 일을 제대로 처리할 수 없었다. 때로는 술을 마실 때도, 마시지 못할 때도 다른 사람에게 험한 소리를 했다. 마시면 취해서 그랬고, 마시지 못하면 짜증이 나서 그랬다. 특히 술을 마시지 못하면 당연히 해야 하는 음주를 못하게 되었다는 생각에 긴장하게 된다. 장난감을 사달라는 데 안 된다는 말을 들은 아이가 투정을 부리는 것과 다름없다.

"진정하도록 술이나 마시게 하라."

우리는 늘 그런 이야기를 듣는다. 하지만 술이 하는 일이 무언가? 술은 중추신경계를 망가뜨린다. 술이 진정시킬 수 있는 신경은 이미 알코올 금단 증상을 겪고 있는 사람의 신경뿐이다. 그럴 때도 효과는 일시적이며 미미하다. 애초에 신경을 불안정하게 한 것이 술이기 때문이다. 술집에서 주취 폭력이 발생할 때 '술을 더 먹여 진정시켜야겠다'고 누가 생각하겠는가? 술에 취해 욕설을 퍼붓는 사람을 진정시키려고 술을 더 주겠는가? 그러지 않을 것이다. 만약 술이 긴장 완화에 도움이 된다고 믿는다면 그런 사람에게 술을 더 줘야 옳지 않은가? 물론 아주 많이 먹이면 결국 정신을 잃겠지만 그 역시 진정한 긴장 완화는 아니다.

술은 우주까지 진출했다. 러시아의 미르 우주정거장은 부분적으로 보드카를 연료로 사용하는 게 분명하다. 우주정거장 그 자체의 연료가 아니라 그곳에 탑승한 러시아 우주비행사들을 위한 연료 말이다. 임무 수행 차 그곳에 간 미국인 우주비행사들은 우주 유영을 한 뒤 날카롭게 곤두선 신경을 진정시키라며 러시아인들이 건네는 보드카를 보고 어안이 벙벙했다고 한다. 전해지는 이야기에 따르면 어떤 러시아 우주비행사는 우주정거장 안에 머무는 동안 내내 보드카에 취해 있었다. 그렇다면 우주 유영을 하기 전에도 긴장을 풀기 위해 술을 마시면 좋았을텐데 왜 그러지는 않았을까? 그만한 이유가 있다. 그랬다가는 살아 돌아오지 못하기 때문이다.

따라서 결론은 이렇다. 술은 긴장 완화에 전혀 도움이 되지 않는다. 술을 마시면 느긋해지고 편안해진다는 느낌은 허구일 뿐이다. 그뿐이 아니다. 술은 용기와 자신감도 빼앗아간다. 술김에 부리는 만용은 진정한 용기가 결코 아니다.

술김에 부리는 만용

두려움을 극복하지 않고는 용기를 낼 수 없다

술은 진정한 용기나 자신감을 가져다주지 않는다. 오히려 정반대의 효과를 낸다. 알코올은 용기와 자신감을 무너뜨린다. 술이 용기나 자신감을 준다는 것은 술을 둘러싼 거짓말 중에서도 우리에게 가장 큰 피해를 입히는 부분이다. 따라서 술에서 자유로워진 상태의 최대 이점은 자신감과 용기를 되찾을 수 있다는 것이다.

키 작고 호리호리한 사람이 술을 마신 뒤 체격 좋은 거구를 상대로 주먹싸움을 벌인다면 그가 진정으로 용기 있다고 생각하겠는가? 알코올 중독자 빼고는 전부 어리석은 사람이라 말할 것이다. 술은 음주자의 자연적인 두려움을 사라지게 만들어 자신이 용감하다는 헛된 생각을 갖게 만든다. 자연적인 두려움이 없으면 용기를 낼 수 없다. 극복해야 할 두려움이 있을 때만 용감한 행동이 나온다. 예를 들어 주점에서 친구가 술을 마시고 종업원에게 시비를 건다면 그 친구를 보고 감탄하며 "아, 이 친구 이만큼 용기 있는 남자였는지 몰랐는데"라고 하겠는가 아니면 종업원에게 "이 친구 그냥 무시하세요. 술김에 그러니 용서하세요"라고 대신 사과하겠는가?

문제는 그 친구가 술을 마시면 용기와 자신감이 생긴다고 실제로 믿는다는 사실이다. 그는 다음 날 아침 잠에서 깨어나도 전날 밤 느낀 것이 진짜였다고 확신한다. 따라서 그로서는 자신감과 용기를 얻는 쉬운 방법은 다시 술을 마시는 것이다. 하지만 그 모든 것이 착각이고 허구다. 어떤 사람들은 알코올 중독자가 자신이 느낀 것을 진짜라고 믿는다 해서 해로울 게 없지 않느냐고 말한다. 아주 잘못된 생각이다. 자연적인 두려움이 사라져 자기가 자신 있고 용감한 사람이라는 헛된 생각을 가지면 두 가지 이유에서 아주 해롭다.

첫째, 자연적인 두려움이 없어지면 생존 메커니즘에 장애가 생겨 모든 위험에 취약해진다. 매순간의 상황에 대처하려면 우리는 모든 감각을 동원해야 한다. 느긋하게 쉬고 있을 때 문이 쾅, 닫히면 우리는 벌떡 일어난다. 미지의 위험에 대처하기 위해서다. 그러나 술에 취한 사람은 감각이 제대로 작동하지 않아 위험에 대처하는 능력이 크게 떨어진다.

'데이트 성폭행 약'이라고 불리는 약물이 있다. 이 약물이 체내에 들어가면 좀비 상태가 되어 자신이 무엇을 하는지, 어디에 있는지 모른다. 모든 감각이 사라지면서 그런 상황에서 보호 장치로 작동해야 할 자연적인 두려움도 없어진다. 우리가 흔히 듣는 이야기 아닌가? 우리는 자신을 보호하기 위해 자연적 두려움이 필요하다. 자연적 두려움이 없으면 주변의 위험을 감지하지 못하는 상태에 빠진다. 시각과 청각, 후각, 미각, 촉각, 그리고 직감은 생존에 필수적이다. 감각이 마비되면 호르몬 아드레날린이 분비되지 않아 위험한 상황에 대처할 때 반드시 필요한 투쟁-도피 반응이 불가능해지면서 완전히 무력해진다.

맨정신일 때 주먹싸움을 하려는 두 10대는 스스로 용감하게 느낄지 모르지만 그와 동시에 누군가 말려줬으면 하는 바람을 갖는다. 싸움이 시작되더라도 한 명이 쓰러지는 순간 나머지 한 명이 싸움을 멈추고 '승자'로 선언된다. 흔히 코피 깨나 흘리는 것으로 상황이 마무리된다. 그러나 술을 마시면 상황이 달라진다. 다른 사람을 크게 다치게 하거나 자신이 다치는 것에서 보호해주는 안전장치가 사라진다. 약물에 완전히 취하면 상대가 피를 쏟으며 의식을 잃어도 계속 폭력을 가한다. 가장 끔찍한 폭력 사건은 주로 음주와 관련 있다. 폭행을 가하는 쪽은 자연적 두려움을 잃어 통제불능 상태일 뿐 용기 있는 것이 결코 아니다. 쓰러진 쪽은 맨정신으로 상황을 판단할 수 있었다면 처음부터 싸움에 나서지 않았을 것이다.

젊은 여성이 나이트클럽에서 집으로 돌아갈 때는 긴장해야 한다. 길모퉁이를 돌아서면 어떤 일이 벌어질지 모르니 정신을 바짝 차려야 한다. 그러나 술이 그런 두려움을 없애고 가짜 자신감을 불어넣는다. 하지만 그럴 때는 진짜든 가짜든 자신감은 필요 없다. 필요한 것은 위험에 대비하기 위한 자연적인 두려움이다.

둘째, 알코올 중독자는 술이 실제로 자신을 용감하게 만들어준다고 믿지만 실제로는 알코올이 중추신경계의 기능을 저하시켜 그 믿음과 정반대의 상황을 만든다. 다시 말해 알코올은 허구적인 용기와 자신감을 일으키는 동시에 그의 진짜 용기와 자신감을 사라지게 만든다. 그 결과 알코올 중독자는 술 없이는 자신감을 가질 수 없다고 확신하며 술에 더욱 의존하게 된다.

뮤지컬 판타지 영화 〈오즈의 마법사〉에서 사자는 용기를 잃고 겁쟁이가 되었다. 그러다가 끝부분에서 용기를 되찾는다. 하지만 용기는 언제나 그에게 있었다. 그동안 용기를 잃은 게 아니라 오랫동안 사용하지 않았을 뿐이었다. 사용하지 않은 시간이 길어지면서 자신에게 용기가 없다는 확신이 굳어졌다. 그에 따라 더욱 겁을 내게 되면서 자신은 겁쟁이라고 확고하게 믿게 되었다. 마지막에 사자는 용기를 되찾는다.

그렇다면 어떻게 용기를 되찾을까? 술을 마셨을까? 물론 아니다. 그 영화를 보면서 사자가 술을 마셔야 용기를 되찾을 수 있다고 생각한 사람은 100만 명 중에 1명도 없을 것이다. 사자는 용기를 사용한 순간 자신의 용기를 재발견했다. 자연적 두려움을 느꼈을 때 사자는 그 두려움을 깨고 자신의 진정한 용기를 되찾았다. 만약 사자가 술을 마셨더라면 허구의 자신감이 생겨나 진정한 용기를 되찾을 수 없었을 것이다. 가짜인 것을 모르고 이미 찾았다고 믿는다면 더 찾으려고 노력할 필요가 없지 않은가?

음주자는 술이 자신감과 용기를 가져다준다고 믿지만 그건 환상이다. 그렇게 더 오래 믿을수록 맨정신으로는 더 두려워하게 되어 술 없이는 살 수 없다고 생각하게 된다. 나도 과거엔 술 마시지 않고 살려면 자신감이 아주 강해야 한다고 믿었다. 도대체 왜 내가 그처럼 터무니없는 생각을 가졌을까? 나는 내가 자신감이 강하거나 용기가 있어서 헤로인을 사용하지 않는다고 생각한 적이 없으면서도 말이다.

실제로 나는 LSD나 코카인 없이 살아갈 수 있다 해서 내가 자신감 강한 사람이라고 생각한 적이 없다. 하지만 그런 마약에 의존하는 사람은 다르다. 그런 사람들은 그 약이 없는 삶은 생각할 수 없으며, 마약을 하지 않는 사람은 용기를 갖기 위해 굳이 약물을 사용할 필요가 없는 자신감 강한 사람이라고 믿는다. 그들은 자신이 마약에 의존하게 된 것이 성격이나 유전자 때문이라 생각한다. 그러나 그들의 진정한 정체성을 억누르는 것은 마약 그 자체다. 이 책 전체를 통해 계속 반복하겠지만 마약이 더 많은 마약을 갈구하도록 만든다.

> **마약이 더 많은 마약을 갈구하도록 만든다.**

과거의 나는 술을 끊는 것처럼 아주 간단한 일도 해낼 용기가 없다고 느꼈다. 그러나 나는 언제나 나의 용기를 갖고 있었다. 〈오즈의 마법사〉의 사자처럼 오랫동안 용기를 사용하지 않았을 뿐이다. 왜 사용하지 않았을까? 알코올이라는 마약이 허구의 두려움을 일으켰고, 술을 오래 마실수록 그 두려움이 더 커졌기 때문이었다. 두려움이 커지면서 그 두려움을 극복하려고 술을 더 많이 마셨다. 하지만 두려움을 초래하는 것은 언제나 알코올이었다.

어린이들은 진정한 용기로 두려움을 극복한다. 생일 파티에 참석한 아이들을 보라. 그들은 노래하고 춤추고 놀며 스스로 웃음거리가 되기를 마다하지 않는다. 알코올 중독자는 그렇게 하기조차 두려워한다. 그들은 즐기려면 우선 술이 있어야 한다고 믿는다.

우리는 두려움을 극복할 때마다 인간으로서 성장한다. 성장하지 않으면 죽어간다. 둘 중 하나일 뿐 중간은 없다. 나는 이것이 알코올 중독의 가장 슬픈 부분이라 생각한다. 알코올에 의존할수록 술 없이는 즐길 수도, 스트레스에 대처할 수도 없다고 더욱 확고히 믿으며 내면적으로 더 빨리 죽어간다. 그러면 갈수록 삶이 허무해져 그 공백을 메우려고 술에 더욱 의존한다.

나도 바로 그런 이유로 술 끊기를 그토록 두려워했다. 술을 마시지 않으면 나의 삶에 영원한 공백이 생길 것이라 생각했다. 그러나 그 공백을 만드는 것이 술이다. 술을 마시지 않으면 그 공백은 메워진다. 이제는 그 공백이 완전히 메워져 나는 오히려 다시 술을 마신다는 생각만 해도 섬뜩한 두려움을 느낀다. 마시지 않는 것을 두려워해야 할 이유가 어디 있는가? 그것이 우리가 물어야 할 중요한 질문이다.

술은 진정한 용기와 자신감을 빼앗아가면서 대신 가짜 용기와 자신감을 준다. 친구와 함께 식사하는데 무슨 자신감과 용기가 필요해서 술을 마시는가? 해변에 누워 쉬거나 파티를 즐기거나 잘 아는 사람들과 대화하는 데 무슨 용기가 필요한가? 그런 상황에서 왜 자신이 없고 불안해해야 하는가? 축구 경기를 관람하거나 결혼식에 하객으로 참석하거나 어떤 경우엔 잠에서 깨어나는 데 도대체 무슨 자신감이 필요한가? 사회의 밑바닥에 이미 떨어진 사람들이 있다. 그들은 아침에 술 없이는 깨어나 몸을 움직일 수조차 없다. 그렇다고 그들이 또 하루를 살아가는데 술이 실질적 도움이 되겠는가? 술이 그들의 진정한 자신감을 빼앗아 그들은 이제 술 안에만 자신감이 존재한다고 믿을 뿐이다.

술을 마시는 사람들이 자주 하는 말이 있다.

"하지만 나는 알코홀릭이 아니라서 그 단계에 이르지는 않을 거야."

천만에 말씀. 정확히 말해 그런 사람은 헤어나기 힘든 모래늪에 빠진 상태다. 허구를 믿으며 살고 있을 뿐이다. 자신감은 술로 강해지지 않는다. 술은 오히려 자신감을 서서히 고사시킨다. 그 과정이 겉으로 잘 드러나지 않을 뿐이다. 너무 점진적으로 진행되기 때문에 문제가 술이라고 생각하지 못하고 일자리나 가족 또는 생활방식 같은 다른 요인을 탓하는 경우가 많다.

나는 술을 마시지 않고는 어떤 모임에 나갈 수도 없고 어떤 스트레스에도 대처할 수 없는 상황에 이르렀다. 모든 알코올 중독자가 그렇듯 나의 진정한 자신감은 완전히 억눌려 사라진 것처럼 보였다. 술 없이 어떻게 즐겨야 할지 알 수 없었다. 평상시 나는 불행하다고 느끼며 술을 마시면 더 행복해진다는 사실만 알았다. 어리석게도 나는 술을 마셔서 행복하다는 결론에 도달했지만 사실은 전혀 그렇지 않았다. 술을 끊고 나니 그 모든 것이 명확히 보였다. 이제는 술을 마실 때보다 사람들을 더 많이 만나고 모임에 더 자주 나간다. 성인이 되고 난 뒤 이처럼 자신감에 넘친 적이 없다.

예전에 나는 내가 반드시 술을 마실 필요는 없다고 생각했다. 하지만 그것은 자기기만이었다. 나는 음주를 내 마음대로 조절할 수 있다고 믿었다. 제어권과 선택권이 전적으로 나에게 있다고 생각했다. 그러나 늘 음주나 음주량을 신경 쓰고 따져야 한다는 사실을 깨달았다. 그것은 내가 술을 제어하고 지배하는 게 아니라 술에 의존하는 술의 노예라는 뜻이었다. 그처럼 무엇에 의존하게 되면 그 무엇이 서서히 우리의 정체성을 무너뜨린다. 우리를 약화시키고 끌어내린다. 술이 우리의 용기와 자신감을 파괴하는 방식이 그렇다.

자신을 지배하는 그 무엇을 거꾸로 지배하려는 것은 궁극적으로 자신을 망가뜨리는 길이다. 특히 자신이 그렇게 할 수 있다고 믿을 때가 치명적이다. 흔히 술 마시는 사람들은 자신이 스스로 술을 제어할 수 있으며 자신의 선택에 따라 마시고 가끔씩 과음하지만 문제는 없다고 말한다. 무엇보다 큰 문제는 자신을 지배하는 무엇을 자신이 지배하려고 끊임없이 싸우는 것이다. 어떤 사람이 실제로 술을 제어하는지 못하는지 알기는 아주 쉽다. 자신이 술을 제어한다고 큰소리치는 것이 실제로는 술의 지배를 받는다는 표시다. 누군가 일주일 동안 술을 마시지 않았다며 그걸 큰 업적인 양 자랑한다면 술에 대한 제어력을 잃었다는 뜻이다.

술을 마시는 사람이 술에서 진정한 즐거움을 얻는다고 말하면서도 두어 주 동안 술을 끊었다는 사람에게 축하의 말을 건네는 이유가 뭘까? 술을 일주일 정도 끊었다고 제어력을 주장하는 것이 과연 타당한가? 제어력이 있다면 자랑은 왜 하는가? 앞뒤가 맞지 않는다. 자신이 술 없이 일주일을 지냈다면 주변의 모두에게 그렇게 자랑한다. 또 술꾼들은 조금밖에 마시지 않았다고 항변하길 좋아한다. 그러면서도 어느 누구보다 더 마셔도 멀쩡할 수 있다고 자랑한다. 일주일이나 그 이상 술 없이 지냈다고 행복하고 자랑스럽다는 느낌이 든다면 그것은 자신이 술을 지배하는 게 아니라 술이 자신을 지배하고 있다는 뜻이다.

중독자가 아님을 입증하려고 일정 기간 금주하는 사람들이 있다. 앞서 말했듯 심지어 〈한 달 동안 술 끊는 방법〉이라는 책도 있다. 그 책은 자신이 술을 제어한다는 것을 보여주려면 매년 한 달 동안 금주하라고 말한다. 아울러 그것이 아주 힘든 일이며, 늘 술을 마시고 싶어 안달하게 된다며 달력에 매일매일 표시해서 며칠째 금주하고 있는지 계속 확인하라고 조언한다. 한 달 동안 술을 끊고 날짜를 세며 그동안 계속 술을 갈망하며 안달하는 것이 알코올 중독이 아님을 입증해준다는 뜻인 듯하다. 그러나 그것이야말로 가장 큰 두려움을 확인해준다. 알코올 중독이라는 뜻이다.

그런 상태가 자신감에는 어떤 영향을 미칠까? 당연히 자신감을 무너뜨린다. 한번 생각해보라. 자신이 술을 제어할 수 있다면 그런 책을 살 필요가 없다. 그냥 마시지 않으면 된다. 예를 들어 내가 바나나를 끊고 싶어 다른 사람들에게 벌써 몇 주 동안 바나나를 먹지 않았다고 자랑하면서 〈바나나를 한 달 동안 끊는 방법〉이라는 책을 읽고 있다면 그게 바로 나에게 바나나 문제가 있다는 뜻 아닌가? 사람들은 나에게 즉시 바나나 중독 치료를 받으라고 강권할 것이다.

알코올이 자신감을 억누르면 음주를 제어할 수 있는 능력이 더욱 줄어든다. 마약 중독이 다 그렇듯 알코올이 몸과 정신을 가라앉힐수록 술이 최후의 즐거움이며 기댈 수 있는 마지막 지지대라고 믿게 되어 의존도가 더욱 심해진다. 그러나 여러 번 말했듯 술을 끊는 과정 전체가 전혀 어렵지 않고 괴롭기는커녕 오히려 즐거울 수 있다.

술을 끊는다는 생각에 사람들이 그토록 심한 스트레스를 받는 것은 다시는 술을 못 마신다는 두려움과 남은 생애 내내 그 '즐거움'을 다시는 맛볼 수 없다는 헛된 믿음 때문이다. 두려움은 어떤 것이든 스트레스를 많이 주는 감정이다. 그래서 2주 정도라도 술을 끊으면 그토록 긴장하고 불안해하고 스트레스를 심하게 받을 수밖에 없다.

문제가 되는 것은 신체적 금단 증상이 아니라 음주가 주는 허구의 '즐거움'을 빼앗긴다는 박탈감이다. 특히 음주자는 사회적인 세뇌와 자가 학습에 따라 술이 스트레스 해소에 최고라고 철석 같이 믿기 때문에 문제는 더 심각해진다. 박탈감이 심할수록 스트레스를 더 많이 받고, 스트레스가 심할수록 술을 더 갈망하게 된다.

스트레스를 유발하는 것은 순전히 정신적인 갈망이다. 우리가 사회적으로 어떻게 세뇌 당했든, 또 우리 스스로 어떻게 생각하든 진실은, 술에 스트레스 해소 능력이 없다는 것이다.

스트레스 완화는커녕…

거짓말을 오랫동안 집요하게 하면 그 말을 하는 자신도 결국 그대로 믿게 된다. 술이 스트레스를 해소해준다는 잘못된 믿음이 그런 예다. 알코올은 우리를 스트레스에 어느 정도 둔감하게 해줄 수 있을지는 모르지만 실제로 스트레스를 해소해준다고? 절대 그렇지 않다. 술기운이 가시면 스트레스는 그대로 남아 있다. 자기 마음에서 지워버린다고 사라지는 게 아니다. 타조는 위험에 처하면 모래 속에 머리를 박는다. 눈으로 보지 못하면 위험이 사라진다고 생각한다. 지능 높은 우리 인간은 그런 타조를 보며 웃는다. 그러나 술이 스트레스를 해소해준다고 믿는 게 바로 그런 식이다.

술을 마시고 다음 날 아침에 일어나면 술을 마시지 않았을 때보다 신체적으로, 정신적으로, 감정적으로, 사회적으로, 경제적으로 더 힘들다고 느낀다. 그에 따라 스트레스 수준도 더 높아진다. 어제 받은 스트레스가 생각보다 훨씬 심하게 다가오면서 인생이 정말 고달파진다. 술 같은 독약이 신체적으로나 정신적으로 미치는 영향을 극복하려 애쓰면 그만큼 스트레스가 추가된다. 신체적으로 술에서 회복하는 데만 적어도 3일은 걸린다. 알코올 중독자는 토요일 밤 진탕 마셨다면 일요일에 적당히만 마시면 월요일 아침엔 거뜬하다고 생각한다. 그러나 그것은 그들이 익숙해졌기 때문이다. 그들 나름대로 생각하는 정상 상태일 뿐 실제 형편과는 다르다.

술이 부분적으로나마 완화해주는 유일한 스트레스는 그 전에 마신 술이 초래한 스트레스다. 하지만 그럴 때도 실제로는 스트레스가 완화되지 않는다. 술의 덫에 완전히 빠져 있는 일부 음주자는 '딱 한 잔만 하면 적어도 술을 마시고 싶어서 생기는 스트레스는 해소해주지 않을까?'라고 생각한다. 과연 그럴까? 내 경험을 돌이켜보면 딱 한 잔만 마시겠다고 생각하고는 두 잔, 세 잔, 네 잔, 심지어 더 이상 술을 구할 수 없거나 내가 쓰러지거나 둘 중 하나가 될 때까지 마신 적이 셀 수 없을 정도다.

그 상태에서 내가 행복했는가? 차분했는가? 스트레스를 느끼지 않았는가? 난 모른다. 감각이 마비되어 인사불성이었기 때문이다. 그런 상태가 되면 취약하고 보호 받지 못하는 상태로 모래 속에 머리를 파묻는 것과 같다. 그런데도 사람들이 술을 마시는 이유가 뭘까? 술이 용기와 자신감을 가져다주고, 침착하고 행복하고 스트레스 없이 만들어준다고 허황되게 믿기 때문이다. 그러나 술은 스트레스 완화나 해소에 전혀 도움이 되지 않는다. 오히려 그 정반대로 작용한다.

여러분은 술을 마실 때 스트레스를 느낀 적이 있는가? 술기운으로 까칠해지거나 시비를 건 적이 있는가? 술에 취했을 때 공격적이거나 심술궂게 행동하거나 큰소리를 친 적이 있는가? 술을 마시면서 상황을 과장되게 받아들이거나 무례하거나 악의적이거나 나 마음 상하게 하는 행동을 한 적이 있는가? 사실 물을 필요도 없는 질문이다. 여러분도 잘 알고 나도 알듯 누구나 그런 적이 있다. 술을 마시는 사람이라면 술에 취했을 때 그 전부는 아니라 해도 그런 감정의 일부는 경험한다.

그처럼 술을 마시면서도 스트레스를 받는다면 왜 술이 스트레스를 완화해주거나 해소해준다고 믿는가? 다른 모든 마약처럼 술도 마시면 처음에는 기분이 나아진다. 또 상황 해결에 도움이 된다는 믿음에서 생긴, 술에 대한 갈망도 충족시켜준다. 게다가 애초에 술이 초래한 무기력증도 부분적으로, 일시적으로 해결해준다. 그러나 이러한 것은 전부 우리가 음주를 합리화하려고 갖다 대는 핑계요 변명이다.

> 술은 스트레스 해소에 전혀 도움이 되지 않는다.
> 오히려 그 정반대로 작용한다.

영국의 살인 사건 중 65%, 흉기 난동 사건 중 75%는 가해자나 피해자, 또는 그 양측 모두 술을 마신 상태에서 발생한다. 스트레스가 없는 데도 그런 행동을 하겠는가? '술을 마셔서 스트레스가 어느 정도 해소되어 다행이지 그렇지 않다면 살인 사건이 엄청나게 발생할 거야'라고 생각하겠는가? 물론 여러분은 그렇게 생각하지 않을 것이다. 모두가 잘 알듯 모든 범죄는 대부분 몸과 기분을 망치는 알코올 탓으로 일어난다.

내가 과거 술을 마셨을 때는 지금보다 스트레스를 더 많이 받았다. 언제 또 마실 수 있을지 따져보고 기대하며 음주량을 줄이거나 술을 끊으려 애쓰는 것 자체가 큰 스트레스다. 비음주자는 그런 스트레스가 없다. 나도 지금은 완전히 자유롭다. 과거 나는 술집에서 영업 종료 시간을 알리는 벨 소리를 들으면 스트레스를 받았다. 6잔이나 마셨는데 왜 또 마시고 싶을까? 스트레스를 받아서? 불행하게 느껴져서? 긴장을 완전히 풀지 못해서? 용기가 필요해서? 자신감이 필요해서? 전부 다 아니었다.

다른 마약 중독자가 그렇듯 나도 그냥 술을 더 마시고 싶었다. 계속 더 마시도록 만드는 화학적 반응을 느꼈다. 술을 더 마시기 위해서라면 지구 끝까지 갈 수 있다고 생각했다. 술을 살 수 있다면 돈은 얼마든지 요구하는 대로 지불할 수 있다고 생각했다. 뇌가 술이 더 필요하도록 화학적으로, 정신적으로 프로그램되면 돈은 문제가 되지 않는다. 그 정도면 마약 중독이 확실하다. 알코올만 들어 있다면 구정물이든 아니든 가리지 않고 들이켤 수 있는 상태다.

자동차 엔진이 고장나면 술보다는 수리기사가 필요하다. 애인이 떠나면 이 세상의 모든 술도 그를 돌아오게 하거나 다른 애인을 찾아줄 수 없다. 술 취한 사람을 상대하기 싫어서 떠난 애인을 술로 어떻게 다시 불러들일 수 있겠는가? 새 애인을 찾는다면 주변에서 종종 들리는 이러한 말을 기억하라.

"나는 못 생긴 사람과는 잠자리를 같이 하지 않지만 아침에 깨어났을 때 보니 못 생긴 사람이 곁에 있는 일을 몇 번이나 겪었다."

그처럼 술은 여러분의 지각을 왜곡한다.

술은 경제적 스트레스, 신체적 스트레스, 정신적 스트레스 그리고 정서적 스트레스를 일으킨다. 아침에 깨어나서 전날 밤 무슨 말을 했고 무슨 행동을 했으며 어떻게 집에 왔는지 생각이 나지 않아 걱정된다면 스트레스가 해소되기는커녕 오히려 더 커진다. '그럴 생각이 아니었는데…'라든가 '다음 날 아주 중요한 일이 있어서 많이 마시지 말아야 했었는데…'라든가 '오늘 아침에는 운전하면 안 되겠어. 아직 술기운이 남아 있어'라든가 '어제 내가 술값 얼마를 지불했지? 내 돈이 다 어디 갔지?'라고 생각하며 사람들을 어떻게 대할지 걱정이라면 그야말로 엄청난 스트레스 아닌가? 더 당혹스러운 의문도 있다. '내가 어떻게 여기 누워 있지?' '당신은 누구지?'

술을 마시지 않는 사람은 그런 스트레스가 전혀 없다. 음주자만이 술로 인한 스트레스에 시달린다. 술 마시던 시절 나는 스트레스를 받으면 "아, 술 한 잔 할 수 있다면 더 바랄 게 없어!"라 말하며 술친구를 찾았다. 술이 몇 잔 들어가면 기분이 좋아지기 시작했다. 술이 당면한 처지와 상황을 정확히 파악하도록 도움을 줘서 그럴까? 아니면 친구에게 고민을 털어놓을 수 있어서? 당연히 친구가 이야기를 들어주고 위로해주면 도움이 된다. 그러나 술은 관점을 비현실적으로 바꿔놓는다. 중독자는 친구가 아니라 술이 기분 전환에 도움이 된 것으로 여긴다.

그러나 무엇보다 큰 스트레스는 매번 음주량을 제어해야 하는 상황에서 비롯된다. 지금 나는 그런 스트레스가 없다. 제어력을 발휘할 필요도 없고 다음에 또 언제 마실 수 있을지 애타게 조바심 낼 필요도 없다. 일 때문이든 다른 이유 때문이든 딱 두 잔으로 그쳐야 한다는 스트레스도 없다. 다른 사람들을 귀가시켜주려고 운전을 해야 해서 술을 못 마시게 되는 억울함도 없다. 알코올 의존이 초래하는 신체적, 경제적, 정신적, 정서적 스트레스도 없다. 술을 아예 마시지 않는데 그런 스트레스가 왜 있겠는가?

여기서도 어린이가 좋은 사례를 제공한다. 아이가 숙제가 너무 많거나 급우들의 괴롭힘을 받아 스트레스를 받는다면 술이 도움이 되겠는가? 말이 안 되는 얘기다. 그렇다면 왜 자신에게는 술이 스트레스 해소에 도움이 된다고 생각하는가? 사실 나도 그렇게 생각했다. 때로는 도움이 되는 듯 보였기 때문이다. 그러나 외부에서 보면 술이 스트레스를 해소해주기는커녕 오히려 증가시킨다는 사실이 명확하다. 알코올은 신체적으로나 정신적으로 우리의 상태를 악화시키며, 그것이 다양한 수준의 스트레스를 발생시켜 집중력을 떨어뜨린다. 그러나 술이 집중력 강화에는 진짜 도움이 된다는 환상을 믿는 음주자들이 있다.

떨어지는 집중력

이 역시 아주 교묘한 기만술이다. 집중하려면 정신적으로, 또 신체적으로 초점을 맞춰야 한다. 음주자가 술을 마시지 않아 금단 증상이나 술에 대한 정신적 의존 증상을 겪는다면 집중력이 떨어진다. 특히 진전섬망이 있는 사람은 술을 마시지 않고는 집중할 수 없다고 느낀다. 그러나 그들이 집중할 수 없는 것은 다른 게 아니라 술 때문이다.

무엇이든 집중하려면 먼저 자신을 괴롭히고 짜증나게 하는 것부터 제거해야 한다. 헤로인 중독자는 자기 팔에 헤로인을 주사하지 않으면 제대로 집중할 수 없다. 헤로인을 주입하면 그는 더 차분해지고 느긋해져 더 잘 집중할 수 있다. 그러나 비중독자 중에서 헤로인이 집중력 강화에 도움된다고 믿는 사람이 있는가? 이전에 내가 3개월 동안 금주했을 때 나는 어디에 가서도 제대로 집중할 수 없었다. 신체적 금단 증상이 사라져도 술에 대한 정신적 갈망은 그대로였다.

어떤 사람은 술에 대한 내성이 너무 강해져 금단 증상이 일상적이며 그런 증상을 느껴야 당연하다고 믿는다. 금단 증상에 따른 화학반응은 뇌에 자동적으로 신호를 보내 '술을 마시고 싶다'는 생각을 일으킨다. 그 생각을 갖고 있는 동안은, 다시 말해 원하는 술을 마실 때까지는 무슨 일이든 제대로 집중할 수 없다. 체내에서 일어난 미묘한 화학반응에 따른 술에 대한 갈망이 초점의 일부를 차지하기 때문이다. 그런 사람은 술을 한 모금 마시자마자 곧바로 주어진 일에 집중한다. 알코올이 효과를 내기도 전인데 말이다. 따라서 그것은 심리적 효과다. 알코올이 실질적 효과를 나타내면 그는 무엇에도 집중할 수 없다.

운전면허 시험에 통과하려면 집중이 필수적이다. 그렇다면 사람들이 시험을 치르기 전에 왜 한 잔 하지 않는가? 술이 판단력을 흐리고, 반응을 지연시키며, 정신적으로나 신체적으로 조바심을 일으키기 때문이다. 운동선수가 중요한 경기를 앞두고 술을 마시면 집중력이 강해져 기량을 최대한 발휘할 수 있을까? 아이들이 술을 한 모금 마시면 숙제를 더 잘할 수 있을까? 뇌 전문 외과의사가 수술 중에 손을 떨지 않고 확실히 집중하기 위해 술을 마셔야 할까? 천만에 말씀이다. 술이 그 모든 일에 도움이 된다면 진짜 기발한 약 아닌가? 하지만 미안하다. 모든 일에 도움이 되는 것처럼 보이지만 그것은 기만일 뿐이다.

음주자가 술을 한 잔 했을 때 집중을 더 잘하는 경우가 있다면 알코올이 신체적 무기력(애초에 술이 초래했다)을 일시적으로 중단시키거나 술에 대한 심리적 의존을 만족시킬 때다. 그러나 술이 하는 일은 조바심이나 짜증나는 증상을 일시 중단시키는 것뿐이다. 그런 증상이 일시적으로 사라지면 그렇지 않을 때보다 집중을 더 잘할 수 있다. 하지만 애초에 그런 증상에 시달릴 필요가 없다.

논리적으로 생각해보라. 뇌세포를 파괴하고, 감각(초점을 맞추는데 필수적인 시각 포함)을 마비시키며, 반응을 지연시키고, 사람을 좀비처럼 멍하게 만드는 약물이 어떻게 집중력 강화에 도움이 되겠는가? 그건 어불성설이며 새빨간 거짓말이다. 그러면 누군가는 이렇게 말한다.

"할 일이 없어서 무료할 때는 적어도 술이 따분함을 달래주지 않는가?"

따분함을 달래준다고?

앞서 말했듯 우리는 바보 같은 짓인 줄 빤히 알면서도 그 일을 할 때면 합리적으로 보이는 핑계를 대며 행동을 정당화한다. 하지만 술이 따분함을 달래준다고? 이 핑계는 정말 최악이다. 나는 상담을 할 때 음주자들로부터 지루하거나 따분할 때 술이 도움이 된다는 이야기를 자주 듣는다. 무엇에 도움이 된다고? 따분함을 줄여준다고? 사실무근이다.

알코올은 따분함을 달래줄 수 없다. 무료해서 죽을 지경일 때 혼자 술을 한 잔 들고 앉아 있어도 무료함은 그대로다. 내가 어렸을 때 어머니에게 지루하다고 하소연하면 어머니는 "술 한 잔 하렴"이 아니라 "무언가라도 해보려무나"라고 말씀하셨다. 술은 마약이다. 따라서 공허함을 만들어낸다. 삶에 공허함이 생기면 따분하고 무료하고 지루해진다.

알코올 같은 약물이 신경계를 서서히 마비시키면 우리 몸은 스스로 회복하려 애쓴다. 그럴 때 우리는 무기력해지면서 모든 것이 귀찮아진다. 숙취가 너무 심해 마치 트럭에 치인 듯 느낄 때는 아주 사소한 일도 엄청 힘들다고 생각된다. 그러다가 완전히 지치고 무기력하게 되면 무슨 일이든 할 생각이 없어진다. 아주 많이 마셔 까무러친다면 더는 지루하거나 따분하거나 무료하지 않겠지만 말이다. 술을 마시지 않은 상태에서 술 취한 사람을 지켜볼 때만이 술은 우리의 지루함을 없애준다. 그럴 때는 술 취한 사람이 어디로 튀고 또 무슨 일이 벌어질지 몰라 따분하게 느낄 여유가 없다. 다시 말하지만 술은 따분함과 지루함과 무료함과 무기력함을 초래할 뿐이다.

사람들이 술을 마시려고 생각해내는 기발한 핑곗거리를 자세히 뜯어보면 술은 우리가 통념적으로 생각하는 역할을 할 수 없을 뿐 아니라 오히려 그 반대 효과를 낸다는 사실이 명확히 드러난다. 그런 핑계 대부분은 서로 모순된다. 예를 들어 누구는 술이 "마음을 차분하게 가라앉혀 준다"고 말하지만 또 누구는 "활기를 띠게 해준다"고 말한다. 똑같은 한 가지 약물이 어떻게 서로 정반대인 문제를 해결하는 데 도움이 된다는 말인가? 그럴 순 없다. 정교하게 고안된 속임수일 뿐이다.

> 술은 우리가 통념적으로 생각하는 역할을 할 수 없을 뿐 아니라
> 오히려 그 반대 효과를 낸다.

진실은 이렇다. 술은 세뇌와 길들이기로 우리에게 주입된 통념과는 정반대의 역할을 한다. 술은 정신적-신체적 스트레스, 정신적-신체적 긴장, 정신적-신체적 불안을 유발한다. 우리의 신경계를 마비시키고, 용기와 자신감을 무너뜨리며, 우리를 노예로 삼는다.

누군가는 이렇게 말할 것이다.

"나는 스트레스를 해소하거나 지루함을 달래려 술을 마시지 않는다. 단지 사람들과 어울리려 조금씩 마실 뿐이다. 술이 다른 역할을 못한다 해도 사람들과 함께 즐거운 시간을 갖는 수단은 된다."

과연 그럴까?

사교를 위한 음주는 없다

술을 마시는 사람들은 음주가 사람들과 어울릴 수 있는 사교적 수단이라 믿는다. 하지만 사실과 거리가 먼 이야기다. 차라리 음주를 사교적인 시간 낭비라고 하는 게 더 적절할지 모른다. 술의 노예가 되면 '서로 어울리는 시간'은 별 의미 없이 우리 곁을 흘러가버린다. 술 탓으로 놓친 그 모든 행복한 저녁 시간들, 모임, 회식, 결혼식, 파티, 지적 대화, 댄스, 게임 등을 생각해보라. 물리적으로 참석하지 못한 게 아니라 다른 데 정신이 팔려 놓친 소중한 기회들이다. 술을 절제하려고 의지력과 자제력, 통제력을 발휘하느라 낭비해버린 아까운 시간들이다.

과거 술을 마시던 시절 나는 다음 날 중요한 일이 있다면 아예 저녁 외출을 하지 않을 때가 많았다. 외출하면 내가 원하는 양보다 훨씬 더 마시거나 또는 외출해서 마시지 않고 참으면 밤새 박탈감에 시달릴 게 뻔했기 때문이다. 그런 박탈감도 인사불성이나 거의 마찬가지로 괴롭다. 그래서 집에서 혼자 조용히 지내는 쪽을 택했다.

음주자에게 술의 가장 큰 문제는 마시든 마시지 않든 본연의 자신이 될 수 없다는 데 있다. 예를 들어 운전 때문에 술을 마시지 못하면 평상시와 달리 우울하고 짜증이 나며 박탈감에 시달린다. 하지만 술을 마셔도 감각이 마비되어 자기 자신을 잃어버린다. 진실한 감정을 느끼려면 감각이 살아있어야 한다. 술은 혀도 꼬부라지게 만들어 소통에 큰 지장을 준다. 그런데 어떻게 사람들과 잘 어울리겠는가? 또 술은 이성과 상식도 빼앗아간다. 그러면 음주자는 지나치게 감정적이 되거나 소리를 지르거나 심술을 부리거나 욕설을 내뱉거나 다른 사람의 마음을 상하게 하는 행동과 말을 서슴지 않게 된다. 그런 상태로는 사람들과 어울리지 못한다.

> 술은 뇌와 입 사이의 아주 중요한 검문소를 허물어버린다.
> 용납될 수 없는 생각이 발설로 이어지지 못하도록 차단하는
> 안전장치 말이다.

게다가 술은 우리를 멍하게 만드는 동시에 더 중요하게는 뇌와 입 사이의 아주 중요한 검문소를 허물어버린다. 무슨 말인지 잘 알 것이다. 용납될 수 없는 생각이 발설로 이어지지 못하도록 차단하는 안전장치 말이다. 우리 자신만이 아니라 모든 사람을 위해 되풀이하겠다. 술은 그처럼 아주 중요한 안전장치를 제거한다. 결과적으로 몹시 불쾌하고 무례하고 공격적이고 어리석은 생각이 입 밖으로 터져나온다. 어떤 때는 전혀 말도 안 되는 소리를 몇 시간이나 늘어놓기도 한다. 술이 더 과하면 결국 정신을 잃는다. 당사자에게는 불행한 일이지만 주변 사람들에게는 그런 소리를 더는 듣지 않아도 되니 다행스러운 일이다. 그처럼 술에 까무러치는 것은 아무튼 '아주 멋진' 시간 보내기 아닌가?

나는 술을 완전히 끊고 난 뒤 처음 맞는 새해 전야 파티를 아직도 생생하게 기억한다. 매우 인상 깊은 행사였다. 친한 친구들이 정장 차림으로 모였다. 모두 함께 어울리기에 그처럼 좋은 조건은 없었다. 사람들도 좋고, 음식도 훌륭하며, 분위기도 훈훈하고, 음악도 흥겨웠으며, 새해라는 축하 명분도 의미 깊었다. 밤새도록 샴페인이 무료로 제공되었다. 처음에는 사람들이 나에게 술을 마시지 않는 이유를 물었다. 이 문제는 중요하기 때문에 다음에 더 자세히 다루겠다.

시간이 흐르자 마침내 술이 파티를 망치기 시작했다. 술 때문에 반사회적 성향을 드러내는 사람이 하나둘 나타나기 시작했다. 내가 아는 한 사람은 나머지 시간 대부분을 테이블에 엎드려 있었고 새해로 넘어가는 순간엔 급기야 코를 골았다. 그런데도 술이 사교적인 오락이며 효과적인 사교 수단이라고? 나머지 참석자들은 첫 두어 시간 동안은 괜찮았다. 재미있게 대화하고 웃으며 아주 화기애애한 시간을 보냈다. 나도 그랬다.

대다수 음주자가 첫 두어 시간 동안 서로 잘 어울린 것은 우리 몸이 아주 영리한 생존 기계이기 때문이다. 우리가 술을 계속 마시면 우리 몸은 이 독약을 받아들일 수밖에 없다고 생각한다. 그에 따라 생존을 위해 면역과 내성을 자동적으로 발달시킨다. 예전과 똑같은 효과나 환상을 얻으려면 더 많은 술을 마셔야 한다는 뜻이다. 술을 막 배우기 시작할 때는 첫 한 잔에 얼큰하게 취했지만 지금 그와 똑같은 결과를 얻으려면 훨씬 더 마셔야 하는 것도 면역과 내성이 발달했기 때문이다. 몸에 술이 더 많이 들어갈수록 몸은 더 강한 내성을 갖게 되고, 똑같은 환상 효과에 도달하려면 술을 더 많이 마셔야 한다.

따라서 처음엔 모두가 기분이 좋고 서로 다정했다. 그래서 또 하는 말인데 그들이 서로 잘 어울릴 수 있었던 것은 술 덕분이 아니었다. 즐거운 파티에 참석해서 서로 대화하는 것이 그들을 서로 잘 어울리게 해주었다. 나는 술을 마시지 않고도 얼마든지 잘 어울릴 수 있었다. 비음주자들도 사람들과 어울리기를 좋아한다. 그러나 어느 정도 시간이 지나 알코올의 효과가 나타나기 시작하면서 피치 못할 일이 벌어졌다. 이곳저곳에서 비속어가 터져 나오더니 본격적인 욕설이 시작되었다. 한 해 최고의 파티가 난장판으로 변했다. 큰소리로 언쟁하고, 몸싸움을 벌이고, 서로 저주하고, 악담을 퍼부었다.

다른 참석자들도 지나치게 감정적이 되거나 울부짖거나 서로 시기했다. 의자에 걸려 넘어지는 사람, 바닥에 누운 사람, 테이블 위에 엎어진 사람, 토하는 사람도 있었다. 그런대로 버티는 사람들은 헛소리를 내뱉거나 휘청거리며 춤 같지도 않은 춤을 추었다. 이미 본연의 자신을 잃어버린 상태로 자신이 무엇을 하는지도 몰랐다. 일생 동안 많아봤자 80번이나 90번 맞는 새해 전야 파티 중 하나를 그런 식으로 낭비하다니! 참으로 안타까운 일이었다. 다음 날 아침 재미있었느냐고 묻자 많은 이가 "기억이 하나도 나지 않지만 아마 그랬을 거야"라고 대답했다. 기억할 수 없는데 재미있었는지 도대체 어떻게 안단 말인가?

그들은 처음엔 사교적이었지만 술기운이 오르면서 비사교적이 되었다. 끝까지 멀쩡한 참석자는 나 외에는 별로 없는 것 같았다. 나는 새벽 4시에도 계속 춤추고 싶었다. 나는 사람들과 잘 어울리려 했지만 상대할 사람이 남아 있지 않았다. 그 모든 것이 술 때문이었다. 객관적으로 판단할 수 있는 사람이라면 누구나 술이 문제라는 사실을 분명히 알 수 있었다.

나도 오랫동안 술이 사람들을 사교적으로 만들어준다고 믿었다. 특히 서로 처음 만날 때는 술이 큰 도움이 된다고 생각했다.

"모두가 말문을 트고 어색함을 떨쳐내려면 자주 잔을 채워주는 게 최고야!"

그러나 실제로는 그런 방식이 통하지 않는다. 술을 마셔도 초면의 어색함은 여전히 사라지지 않는다. 술을 마셨다 해서 대화가 잘 이뤄지는 것은 아니다. 특히 내성적인 사람에게는 술이 문제를 해결해주지 못한다. 타조가 모래 속에 머리를 파묻는다고 위험이 사라지지 않는 것처럼 말이다. 술은 오히려 어색함을 증폭시키고 사람을 멍하게 만들어 원래보다 훨씬 더 내성적으로 변하게 한다. 예전에 나는 파티에 가서 술을 많이 마셨지만 많은 사람과 고루 어울리지 못하고 한곳에 머물며 잘 아는 몇몇 사람과 밤새 이야기했다. 아주 흔한 현상이다. 사교 모임에 가면 우리는 잘 아는 사람들과 함께 있는 성향을 보인다. 물론 만찬 같은 경우는 자리 배치 때문에 어쩔 수 없이 다른 사람들과 대화하지만 일반적으로 우리의 발길은 이미 아는 편한 사람들이 모인 곳으로 향한다.

내가 술을 마시지 않고는 사람들과 어울리지 못했을까? 물론 그렇지 않았다. 잠시 술을 끊었다고 침울하게 집에 머무른다거나, 또는 모임에 나갔지만 어떤 이유로 인해 술을 못 마시게 되어 비참하게 느낀다면 그게 바로 비사교적이다. 아무튼 그런 문제를 일으키는 것은 술이다. 술을 마실 필요를 느끼지 않는 사람들은 그런 경험을 하지 않는다. 정신적 박탈감이 없다면 입으로 무슨 음료가 들어가든 즐겁게 사람들과 어울릴 수 있다.

비음주자 중에도 따분하고 재미없는 사람이 있지만 음주자 중에도 그런 사람이 있다. 어디에나 그런 사람은 있다. 그게 이 세상의 삶이다. 그런 사람에겐 술이 사교 생활에 도움이 되지 않고 오히려 역효과를 낸다. 그런 사람이 술을 마시면 아집에 빠져 큰소리로 언쟁하고 욕설하는 등 온갖 불쾌한 증상을 다 보여준다. 그러면 그는 처음보다 더 따돌리게 된다.

마약 중독자는 마약 사용이 사교적 행동이라 생각한다. 예를 들어 스위스에는 헤로인 중독자들이 합법적으로 마약을 구입하고 주사를 맞을 수 있는 공원이 있다. 그들에게는 그 공원이 '술집'과 같다. 세계에서 유일한 헤로인 '술집'이라고나 할까? 중독자들이 공개적으로 마약을 하면서 다른 중독자들과 어울릴 수 있는 곳이다. 그들은 매일 그 공원에 간다. 하지만 어느 날 다른 친구들이 모두 공원에 오지 않는다는 사실을 미리 알면 중독자들은 어떻게 할까? 그래도 공원에 갈까? 그렇다. 당연히 간다. 친구들과 어울리려 가는 게 아니라 마약을 하러 간다. 그들은 분위기나 날씨가 좋아서, 또는 사람들과 어울리고 싶어서가 아니라 마약을 하러 그 공원을 찾는다. 그들은 다른 곳보다 그곳에 가면 더 편하고 기분이 좋다. 주변의 모두가 마약을 하기 때문이다. 술을 합법적으로 마실 수 있는 술집이 단 한 곳뿐이라 해도 사람들은 무슨 일이 있어도 그곳을 찾아간다. 사교 생활을 하러 가는 게 아니라 술을 마시러 간다.

나는 평온하고 조용한 시간을 가지려고 혼자 술집에 간 적이 한두 번이 아니다. 술집에 가면 신문을 꺼내 펼치고 한 잔 주문한 다음 혼자서 편안히 쉬었다. 하지만 그런 시간을 가지려면 다른 곳, 예를 들어 도서관 같은 곳이 낫지 않을까? 도서관이 훨씬 더 조용하고 평온하지만 나는 그 대신 술집을 택했다. 왜냐고? 이유는 딱 한 가지. 도서관에서는 술을 팔지 않는다.

헤로인 중독자는 헤로인을 사용하면 사람들과 잘 어울릴 수 있다고 생각한다. 코카인 중독자도 코카인을 함께 하면 친화적이 될 수 있다고 생각한다. 알코올 중독자도 마찬가지다. 나도 술을 마실 때는 대다수 음주자처럼 그런 이중 잣대를 사용했다. 술을 마시면 즐겁고 사교적이 될 수 있다고 말하고 다니면서도 아침부터 술을 마시는 사람을 보면 문제가 크다고 생각했다. 많은 음주자가 아침부터 술을 마시고 모든 마약 중독자들이 시도 때도 없이 마약을 사용한다. 하지만 나는 그런 행동을 비판할 필요성을 느꼈다. 그래야 내가 그들과 다르다는 것을 입증할 수 있기 때문이었다.

사실상 그것은 이렇게 말하는 식이었다.

"모두들 보세요. 이 사람은 자신의 음주 제어력을 잃었지만 나는 절대 그렇지 않아요."

나는 그들의 약점을 지적함으로써 나의 약점을 합리화하려 했다. 할 일을 늘 미루는 사람들도 그렇다. 그들의 삶은 엉망이다. 하지만 만약 다른 사람이 사소한 일 한 건을 미루는 것을 보면 즉시 꼬투리를 잡고 비난한다. 맨정신인 사람이 술 마신 사람을 보면 몹시 싫어한다. 누구나 아는 이야기다. 우리가 술을 마시지 않았을 때 술 마신 사람을 보면 그가 상냥하고 다정하거나 자신감과 용기가 있다거나 쾌활한 사람이라고 생각하는가? 그렇지 않다. 바보 같고 불쾌하고 짜증나는 사람으로 여기고 가능하면 피하고 싶어 한다.

술집에서 맥주 8파인트(약 4500cc)를 마시면 사람들과 어울리기 위해 마시는 음주자로 여겨진다. 하지만 회사원이 매일 저녁 위스키 반 병을 마시면 '알코홀릭' 취급을 받는다. 점심시간에 와인 반 병을 마시면 아무도 뭐라고 하지 않는다. 하지만 누군가 벤치에 누워 맥주 한 캔을 마셔도 신고를 당할 수 있다. 대다수 음주자는 다른 음주자를 비판적 시각으로 본다. 왜 그럴까? 그러면 자기 기분이 더 나아지기 때문이다. 나도 과거에 이렇게 말했다.

"누구누구가 얼마나 마시는지 봤어요? 어제 저녁에 혼자 와인 두 병을 비우던데요. 문제가 있는 것 같아요."

하지만 다른 때는 또 이렇게 말했다.

"오늘 저녁에는 말이죠, 더운 물을 채운 욕조에 들어가 좋은 와인 한 병을 따고는 책을 읽으며 느긋하게 쉴 겁니다."

만약 내가 오직 술을 마시기 위해 집에 가서 와인 한 병을 혼자 마시겠다고 말했다면 문제 있는 사람으로 여겨졌을 것이다. 하지만 욕조와 책 이야기를 덧붙여 고상하게 이야기하면 음주를 정당화할 수 있었다. 모든 마약 중독자가 그렇게 한다. 그들은 마약 사용을 정당화하려 애쓴다. 사회적으로 용납되는 시간대와 다른 때에 술을 마시는 사람을 보면 아무리 우연히 그렇게 되었다 해도 그들을 비판적으로 생각한다. 또 자기도 마시면서 다른 사람이 술을 너무 많이 마시면 좋지 않은 눈길로 본다. 그처럼 음주자는 흔히 '난 당신들보다 고결해'라는 태도를 견지한다.

나는 사람들과 어울리려고 술을 마신다고 말하고 다녔지만 도대체 음주의 어떤 면이 사교적일까? 사교적이란 상호작용으로 소통한다는 뜻이다. 하지만 술에 취해 감각을 잃은 사람과 어떻게 상호작용하고 소통을 할 수 있단 말인가? 술이 어떻게 사람들과 더 잘 소통하도록 만들어줄 수 있는가? 그럴 수 없다. 그건 또 다른 거짓말이다. 술을 마시는 동안 우연히 사람들과 잘 어울리면서 음주가 사교적 행위라 믿게 되고, 거기에서 거짓말과 환상이 생겨난다.

나는 술을 끊은 지 얼마 되지 않았을 때 주말에 친구들과 수상스키를 타러 갔다. 첫날 저녁에 함께 술집에 갔다. 술을 사겠다는 친구가 나에게 무엇을 마시겠느냐 물었다. 나는 파인애플 주스와 레모네이드라고 답했다. 그러자 그 친구가 이렇게 말했다.

"농담하지 말고. 진짜 뭘 마시고 싶냐고?"

나는 술을 끊은 이유를 설명하고 싶지 않아 그냥 운전을 해야 해서 못 마신다고 말했다. 하지만 그로써 끝나지 않았다. 그 친구는 자기도 차를 가지고 왔다며 술을 한껏 마신 뒤 차를 두고 콜밴을 불러 호텔로 돌아가자고 했다. 그래서 나는 주스로 먼저 시작하겠다고 말했다. 그러자 그 다음엔 무엇을 마시겠느냐고 모두 묻기 시작했다. 결국 나는 술을 완전히 끊었다고 고백할 수밖에 없었다. 친구들에게 처음으로 자신이 동성애자라고 고백하면 어떤 반응이 나올지 잘 모르지만 내가 술을 끊었다고 말한 것도 아마 그 비슷한 반응을 불렀으리라 짐작한다. 나는 마치 내가 '커밍아웃'한 듯이 느꼈다. 그들의 첫 질문은 이랬다.

"그래? 난 자네에게 음주 문제가 있는 줄 몰랐는데… 자네 알코홀릭이야?"

너무 당연한 질문이었다. 우리는 누군가 술을 끊으면 그는 음주에 대한 자제력을 잃은 '알코홀릭'일 수밖에 없다고 생각하도록 사회적으로 길들여지고 세뇌 당했기 때문이다. 하지만 잘 분석해보면 터무니없는 질문이다. 술을 완전히 끊었는데 어떻게 음주 문제가 있을 수 있다는 말인가? 자기들은 마시면서 술을 끊은 나에게 문제가 있느냐고 묻는 것은 아이러니가 아닐 수 없다. 헤로인 중독자의 헤로인 권유를 받고 거절했을 때 그가 "자네 헤로인에 문제가 있는 줄 몰랐는데… 자네 헤로이노홀릭이야?"라고 말하면 참으로 이상한 일이 아닌가? 누구에게 실제로 문제가 있는지 분명하지 않은가?

내 친구들을 모두 이러한 식으로 반응했다.

"아유, 이 따분한 녀석. 도대체 뭐가 문제야, 이 비사교적이고 멍청한 녀석!"

"한 잔 해도 괜찮아. 긴장을 풀고 즐겨봐. 우린 여기 재미 보러 온 거야."

도대체 내가 언제 따분한 녀석이 되었는가? 또 언제 내가 비사교적이고 멍청한 녀석이 되었는가? 내가 즐기지 않을 것이라고 언제 말했는가? 그들이 나에게 무엇을 마시겠느냐고 묻기 직전까지 우리는 농담을 주고 받으며 웃고 잘 어울렸다. 내가 술을 끊었다고 말하는 순간 무엇이 달라졌는가? 난 여전히 똑같은 사람으로서 그들과 함께 시간을 보내며 즐겁고 행복했다.

물론 달라진 게 한 가지 있다. 내가 더는 음주 공모자가 아니어서 그들이 이제 자신들의 음주에 관해 아무런 생각을 하지 않고 즐길 수 없게 되었다는 사실이다. 음주자는 방에 모인 모든 사람이 술을 마실 때는 자신의 음주를 특별히 의식하지 않고 그냥 마신다. 그들은 모두 스스로 음주를 제어할 수 있다며 똑같은 거짓말을 하고 그 거짓말을 믿는다. 그러나 누군가 술을 끊은 사람이 있으면 자신의 음주에 관해 따져보지 않기가 어렵다.

그날 저녁 나는 이전에 이해하지 못했던 그 무엇을 깨달았다. 내가 담배를 피웠을 때는 주변에서 금연자를 보면 부러웠다. 나도 끊고 싶었기 때문이다. 모든 흡연자는 자신에게 선택권이 주어진다면 담배를 끊고 싶어한다. 또 모든 흡연자는 비흡연자를 부러워한다. 하지만 나는 그런 원칙이 술에도 적용된다고 생각한 적이 없었다. 술을 마시던 시절 나는 주변에서 술을 완전히 또는 일시적으로 끊은 사람을 보면 전혀 부럽지 않았다. 아니, 오히려 측은했다. 사회적 길들이기와 세뇌 탓에 나는 그들이 좋은 것을 놓치고 있다고 생각했다. 하지만 그것은 전부 망상이요 오해요 착각이었다. 그런데 진짜 문제는 술을 끊었다는 그들도 좋은 것을 놓치고 있다고 생각한다는 사실이었다.

그래서 내가 술을 마실 때는 그들이 전혀 부럽지 않았다. 그들은 술을 마시지 못해 우울하고 불행했다. 그들은 술을 갈망하며 박탈감에 시달렸다. 그런 사람들을 누가 부러워하겠는가? 그것이 술을 끊은 사람의 끔찍한 모습이라고 우리는 생각했다. 그렇다보니 술 끊기가 그토록 두려웠다. 여기서 술은 담배와 큰 차이를 보인다. 담배를 끊고 난 뒤 피우고 싶은 생각도 전혀 없고 박탈감에 시달리지도 않는다는 사람이 많다. 그러나 술을 마시지 않기로 결심한 사람은 거의 다 자신이 큰 희생을 하고 있다고 느낀다.

그러나 나는 그날 다른 곳도 아닌 술집에서 술을 마시지 않고도 사람들과 잘 소통하며 웃고 농담하면서 춤추고 즐겼다. 술을 못 마시게 되었다고 넋두리를 늘어놓기는커녕 더는 술을 마실 필요가 없다는 생각에 기분이 너무 좋았다. 친구들도 내가 술을 마시지 않고도 꿔다 놓은 보릿자루가 아니라 예전과 똑같이 농담하고 즐기며 잘 어울린다는 사실을 깨달으면서 나를 부러워하기 시작했다.

마약을 하는 사람이 그렇지 않은 사람들을 보면 왜 자신에게는 마약이 필요하고 그들에게는 필요하지 않은지 의문을 갖는다. 특히 마약 없이도 행복한 사람들을 보면 더욱 그런 생각을 하게 된다. 내 친구들도 처음에는 내가 "비사교적이고 따분하며 음주 문제가 있는 녀석"이라 말했지만 결국에는 자기 자신의 음주 습관에 의문을 갖게 되었다.

나의 이야기가 이 장의 주제에서 약간 빗나갔다. '다른 음주자들'에 대한 문제는 다음에 더 자세히 알아보겠다. 여기서 내가 강조하려는 점은 '사교 음주'는 없다는 사실이다. 알코올이 효과를 내면 즉시 사교가 중단된다. 사교적이라는 것은 다른 사람들과 잘 소통한다는 뜻이다. 술 없이도 얼마든 잘 소통할 수 있다. 술이 우리를 사교적으로 만들어주는 것은 결코 아니다. 술이 사교에 도움이 된다는 것은 완전히 잘못된 생각이다.

인구의 대다수가 술을 마시는 곳에서는 구타와 성폭행, 폭력, 언쟁, 악의, 감정적 행동이 난무한다. 얼마나 슬픈 현실인가? 진정한 용기와 자신감이 술병에 빠져 사라지고 스트레스만 쌓인다. 자살과 살인, 강도가 횡행한다. 파괴된 가정과 비참한 빈곤이 만연한다. 인구의 대다수가 술을 마시면 세상이 그렇게 된다. 내가 어떻게 아느냐고? 실제로 그렇기 때문에 안다.

앞서 강조했듯 음주에는 반드시 치러야 할 대가가 따른다. 신체적이든 심리적이든 사회적이든 정서적이든 술을 마시는데 대한 값을 치러야 한다. 그렇다면 경제적 부분은 어떨까? 음주자로서 술에 쓰는 돈이 얼마나 되는지 따져본 적 있는가? 심층 분석해볼 가치가 있는 문제다.

유동성 자산은 무슨…

이러한 이야기를 들으면 대다수는 깜짝 놀란다. 영국의 평균적 음주자가 평생 술에 쏟아 붓는 돈은 얼마나 될까? 약 10만 파운드(약 1억 8천만 원)다. 엄청난 거금이다.

나에게 개인적으로 상담 받는 음주자들은 흔히 돈 걱정은 하지 않는다고 말한다. 왜 걱정되지 않을까? 어떤 종류든 마약에 중독된 사람은 끊임없이 자신을 속인다. 술 덕분에 돈을 절약한다는 말도 안 되는 생각을 하는 사람도 있다. 예를 들어 면세점에서 술을 사면서 '대성공이야. 30파운드에 이 술을 사다니 많이 절약했어'라고 생각한다. 우리는 늘 지출이 아니라 절약을 이야기한다. 방금 30파운드나 썼는데 무슨 돈을 절약했다는 말인가? 술을 마시지 않는 사람에 비하면 30파운드를 더 지출하지 않았는가?

나는 한때 한자리에서 생맥주 16파인트를 마셨다. 당시 받은 일당보다 술값이 더 많이 들었다. 월요일 아침이면 늘 파산 상태였다. 그러면 다음 술값을 장만하려고 주급의 일부를 가불 받아야 했다. 하지만 그때는 '난 단지 맥주를 좋아하는 청년인데 그게 무슨 대수냐?'라고 생각했다. 한 주가 끝나면 손에 쥐는 돈은 쥐꼬리만 했다. 주급의 대부분을 미리 술로 마셨기 때문이었다. 하지만 주말이 되면 또 다시 긴장을 확 풀고 술을 마시는 시간이었다. 그런 생활이 반복되었다.

이후 좀 더 전문적인 일자리를 얻자 여건이 약간 달라졌다. 업무 부담과 책임이 늘어 술을 절제할 수밖에 없었다. 내가 실질적으로 음주를 제어한 적은 없지만 스스로 제어한다고 느꼈다. 물론 더는 술에 급여 이상을 지출하지는 않게 되었다(그것만 해도 대단한 발전이었다). 이제 나는 다른 사람들처럼 소득의 일부만 술에 지출하는 '정상적 음주자'가 되었다. 그러나 나는 음주자가 실질적으로 술에 쏟아 붓는 돈이 얼마나 되는지 알지 못했고 생각해보지도 않았다.

지금까지 언급한 금액은 음주의 직접적 비용일 뿐이다. 아무도 신경 쓰지 않지만 알코올 의존에 수반되는 추가 비용도 있다. 가장 먼저 꼽을 수 있는 것이 택시 비용이다. 술에서 자유로워지면서 얻는 가장 큰 기쁨 중 하나는 내가 원할 때마다 운전할 수 있다는 것이다. 언제 어떻게 집에 가야 할지 걱정하지 않고 어디든 갈 수 있다. 이전에 나는 자동차를 유지하느라 매달 상당한 비용을 지출했지만 술 때문에 거의 운전을 하지 못했다. 매섭게 추운 날 밤 술집이나 클럽 밖에 서서 휘청거리며 택시를 기다린 기억이 아직도 생생하다. 그런 귀가가 계속되면서 거금을 날렸다. 게다가 내 차를 집에 모셔 놓으려고 꼬박꼬박 할부금을 갚아가는 어처구니없는 상황이었다. 택시 안에서 토할까봐 승차를 거부당할 때도 많았다. 영국의 평균적 음주자는 음주의 직접적 결과로 일생 동안 택시비로 약 1만 8000파운드(약 3100만 원)를 지출한다. 취한 상태에서 택시에 지갑을 떨어뜨려 돈을 잃어버리기도 한다. 아침에 일어나서는 머리가 깨질 듯 아프면 술로 술을 다스려야 한다는 생각에 다시 술을 사느라 또 돈을 쓴다.

그뿐이 아니다. 지난밤에 완전히 바보 같은 행동을 한 데 대해 사과하느라 꽃과 카드를 사는 데도 돈이 추가로 든다. 숙취로 결근하거나 조퇴하면서 발생하는 비용도 크다. 영국에서는 음주의 직접적 결과로 연간 800만~1400만 일의 근로손실 일수가 발생한다. 술에 취해 집의 현관문을 주먹으로 쳐서 망가뜨리거나 집안 물건을 내던져 깨지거나 다른 사람의 소유물을 파손해서 발생하는 수리비, 변상비도 만만찮다. 어떤 사람은 술로 인해 자격 면허를 잃기도 하고, 심하면 구치소에 수감되기도 한다. 주취난동으로 벌금을 물기도 한다. 술 때문에 일자리를 잃는 사람도 적지 않다. 이래저래 엄청난 경제적 손실이다.

술을 마시던 시절 나는 돈 생각을 하지 않았다. 술이 나의 '유동성 자산'(여기서는 액체라는 뜻)이고 충분한 가치가 있다고 생각했다. 그러나 술은 결코 '자산'이 되지 못했다. 오히려 크나큰 손실이었다. 사실상 나를 위해 아무것도 해주지 않는, 아니 백해무익한 술에 의해 정신적으로, 신체적으로 학대당하려고 돈을 뿌린 셈이었다. 그 전부가 교묘한 사기극이었다. 수많은 사람이 이롭고 혜택이 있다고 믿는 것을 위해 거액을 지불한다 해서 그것이 반드시 이롭고 혜택이 있다는 뜻은 결코 아니다. 한때 지구가 평평하다고 믿는 사람이 세계 인구의 99%가 넘었다. 그들이 지구가 평평하다고 거짓말을 했을까? 그렇지 않다. 실제로 모든 사람의 눈에 지구는 평평해 보인다. 비행기를 타고 지구를 한 바퀴 돌아도 우리는 일직선으로 날았다고 느끼지 않는가?

한번 잘 생각해보라. 나는 직접 우주로 가서 지구가 둥글다는 사실을 확인한 적이 없다. 그런데도 이제 우리는 지구가 둥글다는 것을 확실히 안다. 하지만 이는 우리의 지각에 완전히 반하는 사실이다. 진실을 알려면 우리는 겉모습을 뛰어넘어 생각해야 한다. 한때는 거의 모든 사람이 지구가 평평하다고 생각했다. 한두 명만이 예외였다. 크리스토퍼 콜럼버스가 배를 타고 세계를 한 바퀴 돌겠다고 말했을 때 모두는 그가 제정신이 아니라 생각했다. 평평한 바다를 어떻게 한 바퀴 돌 수 있단 말인가? 지구의 끝인 지평선을 그는 보지 못하는가? 다른 사람들은 그 선을 쉽게 볼 수 있는데 그는 왜 못 보는가?

콜럼버스와 갈릴레오 같은 사람은 용인되는 사고를 뛰어넘어 마음을 활짝 열었다. 그 결과 그들은 그들만의 탐험에 나서 지평선을 말 그대로 널리 확장했다. 그들은 사물을 다른 관점에서 관찰했다. 알고 보니 평평한 지구는 단지 환상에 불과했다.

여러분이 진실을 볼 수 있도록 지각과 인식을 바꿔주는 것이 이 책의 목적이다. 술은 여러분을 위해 아무것도 해주지 않는다. 단지 겉으로 용기와 행복, 자신감, 긴장 완화와 스트레스 해소의 효과를 가져다주는 듯 보일 뿐이다. 그 모든 것이 환상이다. 마음을 열어 그것이 환상이라는 사실을 명확히 볼 수 있는 사람만이 진정으로 자신이 누구인지 탐구하면서 자신의 지평선을 넓힐 수 있다. 콜럼버스가 그런 사람이었다. 그와 달리 많은 사람은 지구 끝에 도달하면 추락할까 두려워했다. 순전히 잘못된 인식이 그들의 발목을 잡았다.

심지어 영국 정부도 국민들에게 술은 좋은 것이라고 말한다. 정부는 왜 그 뻔한 거짓말을 계속할까? 어쩌면 정부가 거대한 마약상 중 하나이기 때문일지 모른다. 정부는 늘 마약상과의 전쟁을 이야기한다. 하지만 정부는 술 광고를 허용할 뿐 아니라 술에서 걷어들이는 세금으로 매년 85억 파운드(약 14조 7500억 원, 2009년 영국 국세청 자료)의 수입을 올린다. 술이 영국에서만 매년 9000명의 목숨을 앗아가는 데도 말이다.

이미 언급했지만 어떤 사람은 완전히 세뇌 당해 와인 한 병에 수백, 심지어 수천 파운드를 지출한다. 얼마나 어리석은 행동인가? 예전에 나도 때로는 내가 술에 쓰는 돈이 그만한 가치가 있다고 생각했다. '적당히 마시면 몸에 좋다'는 술에 관한 최대의 거짓말을 사실로 철석 같이 믿었기 때문이다.

적당히 마시면 보약?

술이 몸에 좋다고? 진짜 말도 안 되는 헛소리이자 술에 관한 가장 지독한 거짓말이다. 도대체 누가 술이 이롭다고 말할까? 자신도 알코올 중독자인 소위 '전문가'들이다. 그렇다면 우리의 몸은 뭐라고 말하는가? 야생 동물은 독성 물질을 가려내는 아주 정교한 장치를 갖고 있다. 다름 아닌 감각이다. 우리에게도 그와 같이 놀라울 정도로 정교한 장치가 있다.

우리는 어떤 것이 독성 물질인지 말해줄 수 있는 '자격증'을 가진 외부 사람이 필요하지 않다. 우리의 감각이 그 일을 누구보다 잘하기 때문이다. '전문가'들은 처음엔 담배도 몸에 좋다고 말했지만 이제는 흡연이 인체에 아주 해롭다는 사실을 모르는 사람이 없다. 담배가 몸에 좋다고 말한 '전문가'들은 그 자신도 흡연자인 경우가 많았다. 거기에는 의사도 적지 않게 포함되었다. 결국 자신의 마약 사용을 정당화한 셈이다.

처음 담배를 피우면 대개 기침을 하고 캑캑거리거나 메스꺼움을 느끼기도 한다. 독성 물질을 들여보내지 말라는 몸의 경보다. 술도 똑같은 증상을 일으킨다. 생전 처음 술을 마실 때 몸과 마음이 어떻게 반응했는지 돌이켜보라. 신체적으로나 정신적으로 역겨운 반응이 나타나지 않았는가? 알코올은 독약이다. 알코올은 중추신경계 전체를 망가뜨리고 혈압을 올리는 독성 물질이다. 뇌세포도 파괴한다. 그런 사실을 알고 있었는가? 아마 들어봤겠지만 잊어버렸거나 무시했을 게 뻔하다. 잦은 음주는 뇌를 주먹으로 가격하는 것과 같다. 주말마다 복싱 링에 들어가 스스로 자신의 머리에 대고 계속 펀치를 날리는 셈이다.

뇌세포를 파괴하는 게 몸에 좋을까? 그럴 리 없다. 뇌는 우리 몸의 모든 것을 제어하며 적절히 기능하도록 지시한다. 뇌가 몸에 그런 지시를 할 수 없으면 몸은 비정상적 상태가 된다. 간호사인 한 친구는 얼굴 옆면에 종양이 생긴 한 남자의 종양 제거 수술에 참여한 경험을 들려주었다. 종양이 너무 널리 퍼져 얼굴 옆면 거의 전체와 머리의 일부까지 제거해야 했다. 수술 도중 뇌가 노출되었다. 집도의는 환자가 술고래였던 것 같다고 말했다. 내 친구가 어떻게 아느냐고 묻자 의사는 뇌의 크기를 잘 살펴보라 했다. 환자의 뇌는 기준보다 훨씬 작았다. 그게 음주의 직접적 결과라는 설명이었다. 그처럼 알코올은 실제로 뇌를 쪼그라들게 만든다.

소위 '전문가'들은 술이 위험하긴 하지만 적은 양을 마시면 40세 이상인 사람들에게 이로울 수 있다고 말한다. 그들은 도대체 어디서 그런 결론을 얻었을까? 우리는 그런 난센스를 늘 듣지만 따져 묻지 않는다. 왜 그럴까? 소위 '전문가'들이 제시하는 견해이기 때문이다. 하지만 그게 말이 되는가? 그들은 알코올이 혈압을 내릴 수 있지만 올릴 수도 있다고 말한다. 어떻게 하나의 약물이 두 가지 기능을 할 수 있을까?

영국에서 매년 9000명 이상이 술 때문에 사망한다. 그런 통계에도 술이 몸에 좋다고 말할 수 있는가? '전문가'들은 40세 이상인 사람들의 심장병 예방에 약간의 술이 도움이 될 수 있다고 말한다. 그러나 실상은 다르다. 통계에 따르면 45세 이상인 영국인 중 심장병으로 사망하는 사람이 가장 많다. 영국은 성인 인구의 80% 이상이 술을 마시는 나라가 아닌가? 알코올이 심장병 예방에 도움이 된다면 영국이 세계에서 가장 건강한 나라가 되어야 마땅하며, 심장병 환자는 거의 찾아볼 수 없어야 하지 않을까? 유명 연예인을 포함해 수많은 사람이 과다한 음주에 따른 심장마비로 목숨을 잃는다. 술은 우리 몸에 해롭다. 확실하다. 이롭다고 말하는 것은 너무나 뻔뻔스러운 거짓말이다. 통계를 보라. 영국에서 심혈관계 질환으로 사망하는 사람은 연간 7만 명이다. 그뿐 아니다. 의학적으로 입증된 술의 다른 폐해도 많다.

- 중추신경계 전반의 기능을 떨어뜨린다.
- 용기와 자신감, 자존감을 손상한다.
- 뇌세포를 파괴한다.
- 면역체계를 약화시켜 모든 질병에 취약해진다.
- 몸의 칼슘 흡수를 방해하여 골다공증 등 골격의 약화를 초래한다.
- 시각에 지장을 초래하여 빛의 다른 강도에 적응하기 어렵게 한다.

- 소리의 차이를 구별하거나 소리가 나는 방향을 지각하는 능력이 약화된다.
- 혀가 꼬부라지면서 발음이 불분명해진다.
- 미각과 후각이 둔감해진다.
- 인후 내벽이 손상된다.
- 심장 근육이 허약해져 몸 전체에 혈액을 공급하는 능력이 떨어진다.
- 백혈구와 적혈구의 생산을 방해한다.
- 전신의 근육을 약화시킨다.
- 위 내벽을 손상한다.
- 장 내벽을 자극해 궤양, 암, 메스꺼움, 설사, 구토, 발한, 식욕 부진, 비타민과 영양소 대사 능력 손실을 초래할 수 있다.
- 간과 신장, 췌장에 무리를 준다.
- 당뇨병을 일으킨다.
- 비만을 초래한다.

이처럼 우리 몸의 모든 곳에 피해를 준다고 알려진 술이 도대체 어떻게 이로울 수 있을까? 희한한 것은 술이 이롭다고 말하는 그 '전문가'들도 알코올의 파괴적 작용을 상식으로 알고 있다는 점이다.

한마디로 알코올은 우리 몸을 망가뜨리는 독약이다. 헤로인이 우리 몸에 독약인 것과 똑같다. 이러한 분명한 진실이 잘 알려지지 않은 듯해서 다시 한번 강조한다. 알코올은 헤로인과 다름없는 독약이다. 누가 헤로인이 우리 몸에 이롭다고 말하겠는가? 그렇다면 술도 마찬가지다.

> **알코올은 헤로인과 다름없는 독약이다.**

또 그들은 술을 합리적으로 마시는 한도를 이야기한다. 합리적이라고? 만약 그들이 헤로인에 전적으로 의존하는 것은 전혀 합리적이지 않지만 소량의 헤로인을 사용하는 것은 합리적이라고 말한다면 여러분은 어떻게 생각하겠는가? 그 말을 믿겠는가? 진짜 나의 화를 돋우는 것은 그들이 술을 약간씩 마시는 사람은 비음주자보다 더 건강하다고 믿도록 우리를 세뇌시킨다는 사실이다. 말도 안 되는 헛소리요 새빨간 거짓말이다. 그런데도 그 메시지가 너무 오랫동안 반복되다 보니 이젠 의사들도 그것이 진실이라고 믿는 지경에 이르렀다.

그들은 알코올이 혈액응고 방지에 도움이 된다고 주장한다. 그렇다. 실제로 알코올은 혈액응고 물질의 생산을 줄인다. 그러나 그들이 말하지 않은 사실이 있다. 억제할 수 없는 출혈을 막으려면 혈액은 응고되어야 마땅하다. 혈액이 응고되지 않아 출혈이 계속된다면 어떻게 될지 누구나 잘 알지 않는가? 과연 여러분은 헤로인을 소량 주입하는 사람이 그렇지 않은 사람보다 더 건강하다고 생각하는가? 독약을 조금씩 자주 사용하는 게 그렇지 않은 것보다 몸에 더 좋다고 생각하는가? 아무튼 합리적 음주라는 것은 없다. 술에 취했을 때 합리적으로 행동하고 말하는 사람을 본 적이 있는가? 어불성설이다.

"하지만 사람들과 어울릴 목적으로 술을 마신다면 많이 마시지만 않으면 건강에 피해가 없지 않을까?"

이는 이렇게 말하는 것과 마찬가지다.

"모래늪에 허리까지만 빠지도록 조절할 수 있다면 그 속에 뛰어들어도 괜찮지 않을까?"

그러나 술과 모래늪 둘 다 아래쪽으로만 끌어당기는 속성을 갖고 있다. 다른 점이 있다면 모래늪은 신속하고 확실하게 아래로 빨아들이지만 술은 대부분 아주 미묘하고 서서히 우리를 아래로 빨아들여 감지하기 힘들다는 사실뿐이다. 합리적 마약 사용이란 있을 수 없다. 만약 의사들이 술은 몸에 좋으며, 술을 마시는 게 중독은 아니라고 주장한다면 그건 그들 자신이 알코올 중독자이기 때문일 가능성이 크다. 영국의 의사들은 거의 전부 술을 마신다. 술을 마신다고 비난하는 것은 아니다. 그들도 과거의 나처럼 술의 덫에 빠져 있다. 그들 자신이 그 사실을 깨닫지 못하기 때문에 적당한 음주는 위험하지 않다고 생각한다. 그들은 스스로 음주를 제어하지 못한다는 사실을 모른다. 그게 자신만의 일로 그치면 다행이지만 그들이 우리에게도 술은 몸에 좋다고 이야기하는 것은 사회적으로 큰 문제가 아닐 수 없다.

사회는 우리가 술을 처음 마시기 전에 왜 경고를 하지 않는가?

술이 심각한 정신적, 신체적 부작용을 수반하는 고도의 중독성 마약이라는 사실을 사회 구성원 모두에게 알리는 공익 광고가 왜 없는가? 하기야 흡연도 한때는 몸에 좋다고 모두들 말했다.

물론 우리 몸은 아주 영리해서 술이라는 독약에 대해 신속히 내성을 발달시킨다. 하지만 술이 중독성 강한 마약이며 강력한 독약이라는 사실은 달라지지 않는다. 술을 마시고 다음 날 아침에 깨어나면 몸이 가뿐하고 기분이 좋은가? 술 취한 사람이 거리에서 구토하는 것을 볼 때 그들이 건강해 보이는가? 물론 이렇게 묻는 사람들이 많다.

"그렇지만 예를 들어 하루에 레드와인 두 잔 정도 마시면 몸에 좋을 수 있지 않을까요?"

전혀 좋지 않다. 어떤 종류든 마약은 속성상 그 마약을 점점 더 많이 사용하도록 유도한다. 따라서 의사들이 "하루에 조금씩만 마시면 몸에 좋지만 우리가 제시하는 합리적인 양을 넘어서면 해롭다"라고 말하면 사람들은 스스로 음주량을 조절할 수 있다고 생각하고 결국 점점 더 마시게 된다.

음주자는 자신이 알든 모르든 언제나 술의 지배를 받는다. 음주자는 많이 마시지 않기 위해서는 매번 의지력을 발휘해야 한다. 그러나 그의 삶에서 아주 좋지 않은 상황이 생기면 곧바로 그런 의지력과 결의가 무너져 음주량이 늘어난다. 많이 마실수록 술의 덫에 더 깊이 빠져들고, 하강 속도가 빠를수록 더 많이 마시게 된다. 끝없는 추락으로 이어지는 악순환이다.

합리적 음주량은 각 사회나 문화권에 따라 다르다. 하지만 미국 사람의 몸 내부는 우리와 다른가? 북유럽 사람들의 체질은 술을 더 적게 마셔야 하는가? 세계 각국의 알코올 하루 권장 섭취량을 비교해보면 그런 생각이 들 수밖에 없다. 우리를 신체적으로, 정신적으로, 정서적으로 망가뜨리는 마약은 어떤 종류든 안전 섭취량 한도가 단 하나뿐이다. 모든 나라에, 모든 마약에, 똑같이 적용되는 한도다. 0유니트다. 전혀 섭취하지 않는 것을 말한다.

1985년 한 해 동안 영국에서 알코올 관련 질병 치료에 1억 파운드(약 1772억 원)가 지출되었다. 술이 그만큼 건강에 큰 피해를 준다는 뜻이다. 물론 그런 끔찍한 이야기를 듣고서도 술을 끊는 사람은 거의 없다. 나도 술을 심하게 마실 때 의사로부터 그 상태로 내가 30세가 되면 간이 기능을 멈출 것이라는 경고를 들었다. 그 이야기를 듣고 내가 가장 먼저 한 일은 무엇이었을까? 두려운 마음을 진정시키기 위해 술을 마시는 것이었다. 아무튼 이러한 통계를 인용하는 것은 술과 관련된 자기기만을 강조하고 술의 정체를 정확히 파악하도록 하기 위해서다.

지금까지 지적한 내용은 전부 다 알코올 자체에 관한 것이다. 술을 마시기 좋게 만들고 보존하기 위해 가미하는 화학약품 이야기는 꺼내지도 않았다. 술에 사용되는 화학약품은 그 수가 너무 많아 언급하기조차 어렵지만 그 약품이 우리 몸에 좋을 리가 없는 것은 분명한 사실이다.

또 우리는 흔히 이미 피해를 입었다면 손쓰기에 너무 늦었다는 말을 듣는다. 무엇을 하기에 늦었다는 말인가? 독약 섭취를 멈추기에, 또는 질병을 치료하기에 너무 늦었다는 말인가? 이는 말이 안 된다. 자신의 삶과 건강을 관리하는 일은 언제 해도 결코 늦었다고 말할 수 없다. 사람의 몸은 생존에 최적화되어 있고, 고도로 효율적 기계임이 틀림없다. 알코올 같은 독약의 섭취를 중단하면 우리 몸은 안도의 한숨을 내쉰다. 아무리 오랜 세월 술을 마셨다 해도 금주하는 순간 우리 몸은 곧바로 피해 복구에 돌입한다.

> 알코올 같은 독약의 섭취를 중단하면
> 우리 몸은 안도의 한숨을 내쉰다.

　독성 물질이 체내에 들어오면 몸은 그 물질을 저장하거나 제거해야 한다. 알코올은 저장할 수 없다. 알코올이 몸에 쌓이면 우리는 죽는다. 그래서 몸은 알코올을 내보내려고 모든 수단을 동원한다. 우리 몸은 알코올을 제거할 능력이 충분히 있다. 하지만 우리가 알코올을 계속 몸에 들여보내면 그 능력이 소진된다. 아무리 오랜 세월 술을 많이 마셨다 해도 우리 몸은 술을 갈망하지 않는다. 술을 갈망하는 것은 마음이다. 정확히 말하면 우리 마음이 갈망하는 것은 술이 아니라 술이 제공한다고 믿는 혜택이다. 술을 둘러싼 환상과 허구적 믿음에서 벗어나 술의 본질을 정확히 인식하면 술에 대한 갈망은 생기지 않는다.
　마약에 중독되면 우리는 신체적으로나 심리적으로 그 약물의 노예가 된다. 마찬가지로 알코올에 중독되면 술의 노예가 된다. 이 얼마나 끔찍한 일인가? 하지만 술과 관련해 거의 언급되거나 다뤄지지 않는 또 다른 끔찍한 부분이 있다. 간접음주다. 매일 간접음주의 폐해에 시달리는 사람들이 적지 않다.

간접흡연보다 더 무서운 간접음주

우리는 간접흡연의 영향에 관해서는 잘 안다. 오랫동안 계속 들었기 때문이다. 또 헤로인 중독자가 저지르는 범죄(헤로인을 구입할 돈을 마련하려고 벌이는 절도나 강도 등)에 관해서도 자주 듣는다. 그러나 간접음주로 인해 많은 사람이 시달리는 고통에 관해서는 거의 듣지 못한다.

고(故) 로이 캐슬(Roy Castle)은 간접흡연의 영향을 극명하게 보여주었다. 그는 담배를 피우지 않았지만 다른 사람들의 흡연에서 받은 간접적 피해로 인해 폐암에 걸려 사망했다. 지금 나는 여기서 간접흡연보다 훨씬 심한 피해를 끼치는 간접음주라는 새로운 현상을 지적하고자 한다. 슬픈 진실은 간접음주의 영향을 받지 않는 사람이 거의 없다는 것이다. 술을 마시지 않는 사람이 다른 사람의 음주로 인해 받는 매우 위험한 피해를 말한다.

흔히 우리는 밤낮 없이 술을 마셔대는 사람들이 가족과 주변 사람들에게 큰 피해를 준다고 비난한다. '알코홀릭'과 함께 생활해야 하는 가족들을 돕는 단체도 있다. 그러나 우리는 전반적으로 모든 음주자가 비음주자들에게 끼치는 피해에 대해서는 잘 듣지 못한다. 거기에는 구타, 이혼, 폭력, 방치, 정서적·신체적 상처주기, 성적 학대, 자살, 살인, 조울증, 감정 분출, 언쟁, 원치 않는 임신, 파산, 그리고 간접음주가 초래하는 모든 고통과 괴로움, 비참함이 포함된다.

나는 오래전 젊은 남성 알코올 중독자의 재활을 도운 적이 있다. 그도 자신이 '알코홀릭'이라 믿고 술을 끊으려 안간힘을 썼다. 술을 끊으려는 이유 중 하나는 술김에 아버지를 구타했다는 사실이었다. 그는 그 사건에 관한 기억이 없었다. 술을 마시지 않았다면 그런 일을 저지를 사람이 아니었다. 주먹을 휘두른 것은 본연의 그가 아니었다. 알코올이 말과 행동을 지배했다. 그는 성탄절을 사흘 앞두고 법정에 출석했다. 술을 마시지 않은 그의 아버지는 술을 마신 누군가에 의해 폭행을 당했다. 그 누군가가 자기 아들이었다. 아버지는 간접음주의 피해자로서 아들에 의해 신체적으로 만이 아니라 정서적으로도 큰 상처를 입었다.

한 청소년은 잠에서 깨어난 뒤 곁에 친한 친구가 피를 흘린 채 쓰러져 있는 것을 보고 크게 놀랐다. 지난 밤 자신이 친구를 흉기로 찔렀지만 아무것도 기억할 수 없었다. 18세였던 그는 밤에 친구와 함께 술을 마시고 놀다가 인사불성이 되어 범행을 저질렀다. 결국 그는 살인죄로 종신형을 받았다. 마약 관련 살인이었을까? 아니, 살인이 맞는 걸까? 그는 자신이 무슨 행동을 하는지 알았을까? 몰랐다. 알코올의 지배 아래서 자신의 마음과 몸을 스스로 제어할 수 없었다. 이게 실화인가? 그렇다. 보기 드문 예외적 사건인가? 아니다. 이러한 사건은 전 세계에서 매일 발생한다.

술이 일으킨 이 하나의 사건으로 인해 얼마나 많은 사람들이 간접음주의 고통을 받을까? 먼저, 두 피해자의 가족이 있다. 살해된 청소년과 그를 살해한 청소년 둘 다 피해자다. 그들의 가족은 비통과 슬픔, 분노에서 평생 벗어나지 못한다. 그들을 잃은 다른 친구들과 직장 상사, 동료도 고통당한다. 살해된 청소년을 발견한 구급대원도 평생 트라우마에 시달려야 한다. 자신이 기억하지도 못하는 그 '살인' 사건을 저지른 청소년이 평생 괴로움 속에서 고통당해야 하는 것은 말할 필요도 없다. 그는 매일 아침 깨어나면 자기 손으로 가장 친한 친구를 살해했다는 사실을 떠올릴 것이다. 국가도 그를 교도소에 수감하는데 따르는 비용을 대야 한다. 청소년 두 명이 그냥 술 마시며 놀려 하다가 벌어진 어처구니없는 사건으로 이 모든 고통과 괴로움이 발생했다.

사람들은 이 사건이 아주 예외적 사례이며, 가해 청소년의 성격 등 여러 다른 요인이 복합적으로 작용했을 가능성이 크다고 주장할지 모른다. 심지어 어떤 사람은 '그런 기질'을 타고날 수 있기 때문에 술만을 탓할 수는 없다고 믿는다. 그러나 그렇지 않다.

코카인이나 헤로인에 취해 범죄를 저지른다면 사람들은 즉시 그것이 마약 때문이라며 처벌보다는 치료를 받게 한다. 그러나 술이 관련된 사건이면 가해자는 중형을 선고 받는다. 환각제 LSD에 취한 사람이 하늘을 날겠다고 지붕에서 뛰어내린다면 그가 그런 '기질'을 타고났다고 생각해야 할까 아니면 마약 때문이라고 생각해야 할까? 빤하지 않은가?

나도 술에 취했을 때는 평상시 꿈도 못 꾸던 말과 행동을 서슴

없이 했다. 술을 마시는 사람이라면 누구나 마찬가지다. 이는 짐 승의 본성이다. 술을 마시고 평상시 못할 말을 하거나 평상시 못할 행동을 하면 가까이 있는 누군가가 반드시 간접음주의 피해를 입는다. 그 간접음주의 피해자는 셀 수 없을 정도로 많다.

세라 콜린스는 간접음주로 너무 많은 고통을 당하다가 끝내 극 단적 선택을 했다. 세라는 와인 때문에 여섯 살 딸 스테이시가 사 망한 뒤 3년 만에 자살했다. 딸아이가 와인을 마시도록 방치한 데 대한 죄책감 때문이었다. 스테이시는 와인을 너무 많이 마셔 혈중 알코올 농도가 음주운전 한도의 2배 이상이었다. 너무 충격적인 이야기라서 세라를 비난하는 사람이 많을 것이다. 그러나 나도 어 릴 때 식사하면서 와인을 마셨다. 프랑스 사람들은 대부분 저녁식 사를 하면서 아이들에게 와인 맛을 조금 보여준다. 비록 물을 타 희석한 와인이지만 말이다. 당시 술기운이 있었던 세라는 스테이 시가 와인을 좀 더 마시려고 5분마다 주방으로 가는 것을 알아채 지 못했다. 아이들이 다 그렇듯 자기 엄마를 흉내낸 행동이었다.

사실 어린 스테이시는 그 전부터 알코올의 영향에 시달렸을 가 능성이 컸다. 사람들은 '알코홀릭'만이 가족을 돌보지 않고 문제 를 일으킨다고 생각하도록 세뇌 당한다. 그러나 술을 마시는 사람 은 누구나 다른 사람에게 신체적으로나 정서적으로 피해를 입힌 다. 대부분 그들은 자신이 그런 피해를 주었다는 사실조차 모르지 만 언제나 제3자가 간접음주의 피해자가 된다.

어린이들은 간접음주의 피해에 늘 시달린다. 종종 성인들은 어린이들이 들어가지 못하는 술집에 가면서 아이들에게 청량음료를 쥐어주며 차에서 기다리도록 한다. 또 아이들은 부모가 술에 취해 격한 감정을 드러내거나 넘어지거나 토하는 모습을 본다. 부모는 서로에게 또는 아이들에게 고함치거나 언쟁을 벌이거나 욕설을 퍼붓기도 한다. 그런 기억은 아이들에게 평생 영향을 미친다. 술 취한 부모와 제대로 소통할 수 없게 되면 아이들은 소외감으로 괴로워하며 마음에 큰 상처를 입는다.

아이들은 부모가 술에 취하지 않은 정상 상태로 돌아와 서로 이야기할 수 있기를 간절히 바란다. 그들은 술기운 아래 있는 부모로부터 험한 말을 듣고는 자신이 무엇을 잘못했는지 의아해 한다. 또 부모의 음주 때문에 놀이공원에 가지 못할 수도 있다.

어린이들은 간접음주의 피해에 늘 시달린다.

아이들은 부모가 술 마시는 모습을 혐오한다. 나도 그랬다. 엄마나 아빠가 술에 취한 것보다 아이에게 더 당혹스러운 일은 없다. 취한 부모와 대화를 한다 해도 아이들은 "내가 너를 얼마나 사랑하는 줄 아니?"라는 말을 2초마다 한 번씩 듣거나 "너 때문에 내 인생이 꼬였어"라며 욕을 듣기 십상이다. 사랑한다는 말을 듣는 게 뭐가 나쁘냐고? 그 자리에 있어 보면 왜 문제가 되는지 알 수 있다. 그 말을 하는 부모가 본연의 자신이 아니기 때문에 그게 진실일 수 없다. 마약에 취해서 하는 말이다. 진정한 애정이 아니다.

술 취해서 하는 말은 마음에 상처를 주고 당혹스럽게 할 뿐이다.

아동학대의 대부분은 술과 직접적 관련이 있다. 아이를 돌봐야 할 부모가 알코올에 의존하면 아이는 누구에게 의존할 수 있을까? 그렇다고 어린이들만 간접음주로 고통당하는 것은 아니다. 집안에 알코올 중독자가 있으면 가족 전체가 신체적으로, 정신적으로, 경제적으로 힘들어진다.

간접음주는 가족 외 다른 사람들에게도 피해를 준다. 교통사고로 목숨을 잃는 성인 보행자의 절반은 혈중 알코올 농도가 음주운전의 법정 한도보다 2배나 높다. 따라서 많은 경우 운전자의 잘못이 아니라 보행자의 잘못으로 사고가 난다. 그들을 친 운전자는 평생 괴로움에 시달려야 한다. 보행자를 피하려면 어떻게 해야 했을까 다시금 생각하며 자신을 탓하게 된다. 그들은 자신이 잘못한 게 아님에도 끔찍한 죄책감과 후회로 고통당한다.

구급대원들은 술에 취해 다친 사람을 구조해야 할 뿐 아니라 그 환자가 가하는 신체적, 정신적 학대에도 시달려야 한다. 그런 문제 때문에 금요일이나 토요일 밤이 되면 병원은 경비원을 추가 배치한다. 의사와 간호사를 대상으로 하는 신체적 공격의 98%는 술에서 비롯된다. 경찰도 주말이면 주취 사건의 증가로 근무 부담이 커진다.

음주운전의 피해자들도 간접음주로 인해 매일 고통당한다. 부상하거나 사망한 사람만이 아니라 가족과 친구, 동료들도 그 비극적 사건으로 인해 평생 영향을 받는다. 음주운전을 한 사람도 또 다른 피해자다. 그 역시 사고 당시의 상황이 머릿속에 계속 떠올라 밤마다 식은땀을 흘리며 깨어나야 한다.

세계의 모든 나라가 간접음주로 고통당한다. 영국은 전 세계에 축구를 전파했지만 수년 동안 유럽에서 경기 출전을 금지 당했다. 홀리건으로 불리는 술에 취한 팬들의 난동 때문이었다. 1998년 프랑스 월드컵은 여러 나라의 팬들이 일으킨 폭력 사태로 얼룩졌으나 주로 영국과 독일 팬들이 문제였다. 난동을 부리다가 체포된 사람은 전부 음주를 한 상태였다. 그게 우연이었을까? 천만에. 술은 사람들의 자연적 두려움을 없애고 죽음과 파괴를 불러오는 사악한 마약이다.

영국은 나라 전체가 간접음주에 시달렸다. 탁월했던 축구 선수인 폴 개스코인(Paul John Gascoigne)은 술 때문에 잉글랜드 대표팀에서 제외되면서 프랑스 월드컵 결승전에서 뛰는 일평생의 꿈을 접어야 했다. 그가 빠지면서 최고의 선수를 빼앗긴 팀 동료들도 피해자가 되었다. 영국 축구의 전설 조지 베스트(George Best)도 과도한 음주로 인해 간이식 수술까지 받았으나 2005년 59세의 나이로 생을 마감했다.

비흡연자는 이제는 항공 여행을 할 때 3만 피트 상공에서 간접흡연에 고통당할 필요가 없다. 모든 항공사가 흡연을 금지했기 때문이다. 그러나 3만 피트 상공에서 간접음주의 피해는 지금도 입을 수 있다. 흔히 말하는 '에어레이지'(air rage: 기내 난동)다. 영국항공(BA)은 술에 취한 승객을 대상으로 옐로카드 정책을 도입했다.

1998년 기내 난동 사건이 계기였다. 기내에서 술에 취한 사람이 난동을 부려 나머지 승객들이 두려움에 떨었다. 그는 1시간 동안 계속된 난동에서 조종사 살해를 협박했고 한 승객을 머리로 들이받았다. 또 좌석 하나를 망가뜨리고 여승무원을 추행했다. 승무원과 승객들이 힘을 합쳐 그를 제압한 뒤 좌석에 앉혀 수갑을 채우는 것도 모자라 발목까지 묶어야 했다. 그를 진정시키기 위해 술을 더 먹이는 게 나았을지 모른다.

간접음주의 피해로 평생 불구가 되는 사람도 적지 않다. 술집에서 목격한 사건이다. 한 남자가 실수로 다른 손님의 발을 밟았다. 흔히 자주 일어나는 일이다. 하지만 얼마 후 그 남자는 술집 밖에 쓰러져 있었다. 그의 오른쪽 안구가 적출되어 곁에 놓여 있었다. 발을 밟힌 사람이 술잔으로 그의 얼굴을 찌른 것이었다. 간접흡연의 영향은 대부분 수년 뒤에 나타나지만 간접음주의 효과는 주로 거의 즉시 나타난다.

술자리의 시작은 즐겁지만 대부분 끝은 좋지 않다. 술자리를 돌이켜보면 대부분 웃음이 난다. 하지만 그건 헛웃음이다.

취중 기행, 정말 재미있나?

과거 나는 늘 술에는 웃음이 따른다고 생각했다. 물론 누구나 술 때문에 벌어진 터무니없는 상황을 돌이키며 웃을 수 있다. 또 일부는 진짜 웃기는 것 같다. 그러나 과연 재미있을까? 술을 마실 때 저지른 어리석고 파괴적 행동이 대수롭지 않게 여겨지도록 그냥 웃어넘기려는 게 아닐까?

술에 얽힌 이야기는 대부분 진짜 어리석고 바보 같은 행동을 주제로 한다. 그런 행동이 웃기는 이야기로 각색되어 확대 재생산된다. 평생 술을 마셔도 그 자신에 대하여 술에 얽힌 재미있는 이야기는 별로 많지 않다. 그럼에도 그 이야기가 계속 반복된다. 술에 얽힌 이야기를 적어도 한 가지는 갖고 있지만 대여섯 가지 이상을 가지고 있는 음주자는 없다. 그러나 음주자는 대개 술을 그토록 오래 마셔도 '재미있는' 술 관련 이야기는 몇 가지 되지 않는다는 사실을 인식하지 못한다. 또 자신이 똑같은 이야기를 수년 동안 해왔다는 사실도 모른다. 그런 사람은 진짜 재미없고 따분한 사람들이다. 나도 그랬지만 뇌세포가 알코올에 의해 파괴되어 똑같은 이야기를 몇 백번 되풀이했다는 사실을 잊어버려서 그랬을 것이다. 하지만 그 이야기가 진짜 재미있는가?

내가 17세 때 어느 날 아침에 일어나서 알게 된 사실이 있다. 전날 밤 친구들이 가득한 우리 집에서 내가 벌거벗고 뛰어 다녔으며, 밖으로 나가 도로 한복판에서 머리를 땅에 대고 회전하려 했다는 것이었다. 브레이크댄스가 대유행이던 시절이었다. 심야였고 나는 완전히 알몸이었다. 재미있다고? 글쎄, 그때는 별로 그렇지는 않았다. 잘못하면 목이 부러져 평생 휠체어에 갇힐 뻔했는데 무엇이 재미있겠는가? 그런데도 나는 오랫동안 그 이야기를 대단한 무용담처럼 늘 이렇게 시작했다.

"아 그렇지, 정말 그래. 하지만 난 어떤 일이 있었는지 알아?"

그러나 사실 그날 밤 나는 완전히 술에 까무러쳤기 때문에 아무것도 기억할 수 없었다. 내가 그 이야기를 잊지 않은 것은 그 행동이 오랫동안 부끄러웠기 때문이었다. 예를 들어 술에 취한 청소년이 한밤중에 침대에 누워계신 부모의 발에 소변을 보다가 갑자기 정신이 돌아왔을 때만큼이나 당혹스러운 일이었다. 그 소년은 어머니가 소리를 지르자 정신이 번쩍 들었고, 그때 끔찍한 두려움이 가득한 아버지의 얼굴을 보았다. 16세이던 그는 너무 수치스러워 결국 가출해 떠돌이 생활을 했다. 이러한 이야기가 재미있다고?

나는 또 삼촌의 밴을 훔친(사실은 잠시 빌렸을 뿐이었다) 날 밤에 관한 '재미있는' 이야기를 수년 동안 되풀이했다. 그때 나는 너무 취해 운전을 배우지도 않았다는 사실도 기억하지 못했다. 나는 기어 1단을 넣고 집까지 왔다. 깨어나자 지난밤에 무슨 일이 벌어졌는지 기억이 났다. 하지만 차를 되돌려줄 수 없었다. 그때야 내가 운전할 줄 모른다는 사실이 생각났기 때문이었다. 앞면이 완전히 찌

그려져 있는 차를 보자마자 그 차를 몰고 집까지 돌아오는 장면이 주마등처럼 스쳐갔다. 언덕을 내려올 때 경찰관 한 명이 도로 중앙에 서서 가로막으려 했던 상황이 기억났다. 나는 그를 피하려 운전대를 꺾다가 차량 방지용 설치물을 들이받았다. 집에 무사히 도착한 것은 말 그대로 기적이었다. 내가 어떻게 그 차를 집까지 몰고 올 수 있었는지 지금도 수수께끼다.

"그거 기억나? 내가 너무 취해 기차에서 잠 들었다가 아침 7시에 깨어났는데 전혀 모르는 곳에 도착해 있었잖아? 머리가 깨질 듯 아프고 날은 차가운데 돈은 하나도 없었어. 집에 돌아가는데 하루가 꼬박 걸렸지."

이게 재미있다고?

"피터가 일방통행로를 역주행했던 때를 기억해? 그는 너무 취해 그런 사실을 알지도 못했지."

이게 재미있다고?

"그래, 그날 저녁 파티에서 질이 닉의 무릎에 토한 건 또 어떻고?"

너무 웃긴다고?

"그래, 하지만 이건 더 재미있지. 그때 왜 진짜 추운 날 톰이 몇 시간 동안 알몸으로 가로등 기둥을 안고 수갑을 차고 있었잖아?"

포복절도하겠다고?

술꾼들은 누구의 이야기가 더 재미있는지를 두고 경쟁한다. 화장실이 어디 있는지 잊어버려 엉뚱한 곳에서 볼일을 보거나 배우자의 부모 앞에서 토한 일이 적어도 한 번은 있었다고 해야 술꾼 대접을 받는다. 심지어 베란다에서 떨어져 갈비뼈가 부러졌다거나 집에 가는 버스나 기차에서 졸다가 깨어보니 들판의 소똥 위에 엎어져 있었다고 해야 진정한 술꾼이라는 말을 듣는다.

숙취로 출근을 못하거나 점심시간에 너무 마셔 동료나 고객을 무례하게 대하다가 직장을 잃은 적은 없는가? 새벽 3시에 술에 취한 채 외로움에 겨워 연락처에 있는 모든 번호로 전화를 건 기억은? 섹스 도중에 잠든 적은? 이러한 이야기가 없으면 술꾼들로부터 동료 대접을 받지 못한다. 그처럼 음주자들은 가능하면 언제든 자신의 취중 기행을 웃음거리로 만들어 정당화하려 한다. 그러나 그 모든 일을 웃어넘길 수는 없다. 어떤 식으로든 그에 따른 대가를 치러야 하기 때문이다.

그렇다고 내가 유머 감각을 잃었다는 것은 아니다. 그중 일부는 정말 웃기고 재미있다. 그러나 재미로 따지자면 다른 사람이 미끄러져 넘어지는 것을 구경하는 것도 웃긴다. 언젠가 내 친구는 창밖을 보려 하다가 유리가 너무 깨끗해 유리창이 없는 줄 알고 얼굴을 내밀려 했다. 다치진 않았지만 섬뜩한 이야기라 재미있다고 할 수는 없다. 그런데도 이 이야기를 정색하고 하기가 어렵다.

나의 요점은 알코올 중독이 전혀 웃기는 일이 아니라는 것이다. 우리가 음주 탓으로 벌어진 사건에 관해 듣고 웃는 것은 그 이야기가 자기 제어력을 잃은 사람을 묘사하기 때문이다. 하지만 그런 이야기는 음주를 정당화하려는 허울의 일부일 뿐이다. 헤로인 중독자는 정맥을 못 찾아 동맥에 주사바늘을 꽂았다고 농담처럼 이야기한다. 그게 재미있다고? 또 어떤 술꾼은 완전히 인사불성 되었을 때 자기 토사물에 질식할 뻔했다고 자랑한다. 그게 재미있는가? 술에 관한 이야기는 진실성이 떨어진다. 그 사건을 거의 기억하지 못하는 사람이 하는 과장된 이야기다. 그들은 나중에 나타난 결과를 보고 그 과정을 상상으로 지어내거나 다른 사람들의 이야기를 나름대로 각색해서 전달할 뿐이다.

술에서 자유로워지면 우리가 가진 이 소중한 삶의 모든 순간, 모든 부분, 모든 것을 정확히 기억할 수 있다. 그것이 비음주자가 가진 크고 중요한 이점이다. 그뿐 아니다. 모든 상황을 맑은 정신으로 판단하고 제어할 수 있다는 사실이 무엇보다 중요하다.

맨정신의 기쁨

술에서 진정코 자유로워진다면 무엇보다 늘 맑은 머리로 지낼 수 있다는 것이 큰 기쁨이다. 즐거운 순간에는 술에 취했을 때 느끼는 것과 달리 그것이 진정한 즐거움이라는 사실을 안다. 데이트나 모임, 회식을 하나도 빠짐없이 다 기억한다. 모든 대화, 모든 사건, 매일의 모든 순간을 생생하게 기억한다. 아침에 일어나면 깨어 있고 활기차게 느낀다. 나는 술을 완전히 끊은 뒤 진정한 자신감과 용기를 찾았다. 이제는 아침에 일어나면 더는 전날 밤 내가 어떤 행동을 했는지 궁금해할 필요가 없다. 술을 마시지 않으니 숙취도 있을 리 없다. 특히 그 점을 강조하고 싶다. 나는 숙취에서 완전히 해방되었다!

아침이면 언제나 생생하고 거뜬하며 활기차다. 지구에 머무는 동안 나에게 주어지는 소중한 나날을 내가 원하는 대로 충분히 활용할 수 있다. 어디든 내 차를 운전해서 갈 수 있다. 술을 마시지 않거나 절제하려고 의지력과 자제력을 발휘할 필요 없이 매일 저녁 마음 놓고 외출할 수 있다. 새벽까지 춤을 추고도 다음 날 아침 기분 좋게 다시 하루를 시작할 수 있다. 힘들여 번 돈을 내 입에 독약을 털어넣는데 쓰지 않아도 된다. 그 독약이 내 삶의 많은 면을 지배했지만 이제는 그에 의지하지 않고 삶을 즐기고 스트레스에 대처할 수 있다. 술에 취해서 저지른 어리석은 행동을 기억하지도 못하면서 사람들에게 사과할 필요도 없다.

또 그토록 소중한 시간이 갑자기 많이 생겼다. 이제는 술에 절어 있거나 술기운을 없애려 애쓰면서 시간을 낭비할 필요가 없다. 지금은 나의 매일매일이 다음 날만큼이나 소중하다. 경제적 여유도 생겼고, 건강도 훨씬 좋아졌으며, 마음도 평온해졌다. 자존감과 용기, 자신감이 나를 지탱해준다. 이 모두 알코올 중독에서 해방된 삶이 주는 혜택이다. 가장 큰 이점은 정신적으로나 신체적으로 영원히 자유롭다는 사실이다.

언젠가 한 사람이 나에게 이렇게 물었다.

"술이 공짜이고 자신이나 다른 사람에게 아무런 해를 끼치지 않는다면 다시 술을 마시겠어요?"

나는 주저 없이 답했다.

"다시는 마실 일이 없거든요. 수백만 년이 흐른다 해도 마시지 않을 겁니다."

그가 다시 물었다.

"잘못 들은 거 아닌가요? 술을 공짜로 마실 수 있고 술이 건강에 해롭지도 않다면 다시 마시겠느냐고요."

나의 답은 똑같았다. 술에 대한 생각은 밤과 낮, 흑과 백처럼 명확하게 구분된다. 술꾼들은 매일 정신적으로나 신체적으로 술의 노예이면서 그런 사실을 인식하지 못한다. 인생을 즐기고 삶의 스트레스에 대처하려면 술을 마셔야 한다는 생각뿐이다. 다음 번 술을 마실 때까지 버티려고 일하며 사는 게 전부다. 그들은 진정한 자유와 선택권을 잃었다는 진실을 깨닫지 못한다.

과거 나는 늘 나의 선택과 결정으로 술을 마신다고 말하고 다녔고, 실제로도 그렇게 믿었다. 하지만 스트레스에 대처하고 삶을 즐기기 위해 반드시 술을 마셔야 한다면 그것은 선택권을 갖고 행사하는 게 아니라 술의 노예라는 뜻이다. 그런 의존에서 벗어나는 것이 완전 금주의 가장 큰 이득이다. 대다수 음주자는 사회가 '알코홀릭'이라는 꼬리표를 붙인 사람들만이 음주의 제어력을 잃은 상태로 알코올에 의존한다고 생각한다. 사회적으로 길들여지고 세뇌된 결과다. 술을 마시지 않으려 제어력과 의지력을 행사해야 한다면 그 자체가 술에 의존하고 있다는 뜻이다. 백해무익한 술에 대한 제어력을 행사하려고 자신의 갈망과 끊임없이 전투를 벌여야 할 이유가 어디 있는가? 술이 아무리 공짜라 해도 내가 술에 눈길조차 주지 않으려는 이유가 바로 그것이다.

술에 절어 살던 시절엔 술집에서 먼저 몇 잔 걸친 뒤 파티에 갈 때마다 그곳에 누가 있는지가 아니라 술이 아직 남아 있을까를 가장 먼저 생각했다. 내가 선호하던 마약인 술이 없다면 그 자리를 즐길 수 없다고 생각했다. 사람들을 처음 만나는 자리에 가면 술을 먼저 마셔야 그들과 이야기를 나눌 수 있었다. 참석하면 술을 마실 것이라는 사실을 알기 때문에 그 자리에 가지 않은 적도 많다. 유혹을 피하려고 집에 머물렀다. 술이 당기지 않는다면 가서 마시지 않으면 그만 아닌가? 나는 왜 그러지 못했을까? 제어력을 잃고 알코올에 의존하며 술의 노예가 되었기 때문이었다. 어떤 자리에 참석할지, 또 그 자리를 즐길지 말지를 내가 아니라 술이 결정했다.

더는 알코올에 의존하지 않게 되는 것보다 더 신나는 일은 없다. 나는 그동안 나에게 아무런 유익도 주지 못하는 약물에 기대어 살았다. 진짜처럼 보이는 세상에 갇혀 있었기 때문에 현실을 바로 보지 못했다. 외부에서 보면 너무나 명확하지만 스스로 현실이라고 착각하는 허구의 세계에 갇혀 있으면 현실을 알 수 없다. 코미디언이자 배우인 짐 캐리가 연기한 할리우드 영화 〈트루먼 쇼〉가 바로 그런 상황을 충격적으로 풍자했다.

트루먼 쇼

이 영화를 본 적이 없다면 내가 한번 설명해보겠다. 어설프더라도 참고 읽어주기 바란다. 영화 속에서 할리우드가 이전엔 듣도 보도 못한 드라마를 제작한다. 다른 드라마와 차이점은 전 세계의 사람들이 주인공 트루먼(짐 캐리가 연기했다)의 모든 삶을 하루 24시간 지켜본다는 사실을 트루먼 자신은 모른다는 것이다. 할리우드는 그 드라마를 '트루먼 쇼'라고 이름 붙였다.

그의 집, 그의 자동차, 그가 가는 모든 곳에 카메라가 있다. 트루먼만 모를 뿐 그의 세계는 전부 다 실제가 아니라 연출된 것이다. 심지어 바다와 하늘까지도 소품으로 꾸며졌다. 아내를 포함해 그의 가족 모두 진짜 가족이 아니라 배우로서 자신이 맡은 역할을 연기한다. 그의 직장과 집도 거대한 촬영 세트장의 일부다. 타인의 삶을 하루 24시간 실시간으로 몰래 지켜보는 관음증적 흥미를 선사하는 드라마다.

역대급 최고 인기 TV 드라마로서 제작진은 가능한 한 오래 끌어가려고 모든 수단을 동원한다. 그들은 트루먼의 존재를 제어함으로써 거액을 벌어들인다. 제작진이 그 환상을 유지할 수 있다면 트루먼은 생을 마감하는 날까지 그 사실을 모를 것이다. 〈트루먼 쇼〉에는 실제 드라마처럼 다음 에피소드를 기획하고 대본을 쓰는 작가들이 있다. 트루먼은 자신이 사는 세계가 실제라 믿고 모든 결정을 자신의 선택으로 내리고 실행한다고 믿는다. 그럴 수밖에 없다. 그는 자신의 삶이 조종당하고 있으며 자신의 운명이 대본 작가의 손에 달려 있다는 사실을 꿈에도 모르기 때문이다.

그러나 제작진은 한 가지 만일의 사태에 대비하지 못했다. 트루먼이 세계를 탐험하고 싶어한다는 것이었다. 드라마는 트루먼이 태어나면서부터 30년 동안 진행되어 왔다. 이제 그는 삶이 이게 전부가 아니라는 사실을 깨닫고 자신의 지평선을 넓히려 한다. 제작진으로서는 큰 문제다. 그 세트장에는 여행할 곳이 없다. 트루먼은 세계 속에 만들어진 또 하나의 세계에 살고 있지만 그 사실을 모른다. 바다가 세트로 꾸며져 세트장 끝자락 너머에는 존재하지 않지만 트루먼이 그 사실을 어떻게 알겠는가?

제작진은 배를 이용한 그의 세계 탐험을 막으려 온갖 수단을 동원한다. 심지어 트루먼이 어렸을 때 아버지가 낚싯배 전복으로 사망한 것으로 설정해 트루먼이 자신의 잘못을 탓하며 바다를 두려워하도록 만든다. 하지만 그의 아버지는 그 드라마에 나오는 다른 모든 등장인물들과 마찬가지로 배우로서 아버지 역할을 연기했을 뿐 실제는 멀쩡히 살아있다.

트루먼은 배 대신 비행기로 여행하려고 계획을 바꾼다. 그러나 여행사를 찾아갔을 때 추락한 비행기 잔해를 보여주는 사진들이 전시되어 있어 항공 여행도 포기한다. 그의 아내(역시 아내 역할을 하는 배우이지만 트루먼은 진짜 아내인 줄 안다)는 세계 탐험을 그만두고 아이를 낳고 가정을 꾸리자고 계속 조른다. 긴 이야기를 짧게 줄이자면 여러 우발적 사건으로 트루먼은 자기 세계가 겉보기와 다르다는 사실을 점차 알아채기 시작한다. 대안을 찾지 못한 그는 마침내 배를 타고 바다를 건너기로 결심한다. 그러자 감독은 당황해서 폭풍을 연출한다. 실제로 트루먼은 죽을 뻔한다. 하지만 제작진은 그가 세트장을 떠나도록 할 수도 없지만 생방송되는 상황에서 그를 죽게 할 수도 없다.

결국 그의 배는 세트장 끝에 도달한다. 트루먼은 파란 하늘에 흰 구름이 그려진 세트 벽을 두드리며 절망하고 분노한다. 그 순간 그의 인식이 달라지기 시작한다. 그는 벽에 설치된 계단을 발견한다. 그 계단을 올라가 문을 여는 순간 이전에는 존재 사실을 몰랐던 완전히 새로운 세계를 본다. 문 너머에 존재하는 진짜 세상이다. 그러나 그에겐 여전히 두려움이 있다.

트루먼은 자신의 세계만 알았지 세트장 밖에 있는 진짜 세계는 몰랐다. 환상은 깨졌으나 어디선가 "세트장 밖에 나가도 여기 없는 것은 없다"는 목소리가 들린다. 바깥세상도 별 것 없다는 말이다. 드라마 연출자의 목소리다. 그는 자신의 소중한 드라마를 계속 진행시킬 목적으로 트루먼이 세트장을 떠나지 못하도록 설득한다. 트루먼은 두렵긴 하지만 다른 대안이 없다. 모든 게 허구인 세계에서 여생을 보내는 것은 진정한 삶이 아니라고 판단한다. 잠시 망설이다가 카메라를 바라보며 자신만만하게 외친다.

"안녕히 계세요. 다시 못 볼 테니 미리 밤 인사까지 다 할게요.

좋은 오후, 좋은 저녁, 좋은 밤 보내세요. 안녕~~~!"

그 순간 그의 인생과 운명이 바뀌며 이제 자기 삶의 대본을 자신이 직접 쓰게 된다. 30년 동안 믿었던 모든 것이 가짜였다. 자기 삶의 모든 것이 진짜라고 확고히 믿는다 해서 반드시 그게 진짜는 아니다. 외부 사람들은 그 전부가 가짜라는 사실을 안다. 하지만 그 인위적 세계 안에 갇혀 사는 한 사람에게는 진짜처럼 보인다. 나중에 나오는 인터뷰에서 연출자는 트루먼이 진실을 알기까지 그토록 오래 걸릴 것이라고 생각한 이유를 이렇게 설명한다.

"우리는 우리에게 제시되는 세계를 그대로 받아들인다. 그게 우리다."

옳은 말이다.

나도 그토록 오랫동안 술이 가져다준다고 생각되는 모든 좋은 것을 진짜라고 확고히 믿었다. 내가 완전히 속은 것이었다. 나만 그런 것도 아니다. 영화에서는 트루먼 혼자서 기만당하고 조종당하며 환상 속에서 살아간다. 그러나 술과 관련해서는 전 세계 수십억 명이 기만당하고 조종당하며 환상 속에서 살아간다. 나는 술의 덫에서 탈출한 뒤에야 완전히 새로운 세상이 있다는 사실을 깨달았다.

그 새로운 세상을 발견하면 여러분은 밖에서 그냥 구경만 하겠는가? 아니면 다른 모든 사람도 그 세상을 올바로 보고 해방되어 자유를 찾도록 해주려 노력하겠는가? 아마도 그들이 속아서 덫에 빠졌다는 사실을 깨달을 수 있도록 해주려 애쓸 것이다. 그게 지금의 내 심정이다. 지금 나는 진짜 현실을 너무나 분명하게 볼 수 있다. 이 책은 사회적으로 길들여지고 세뇌당해 받아들이게 된 인식을 뛰어넘을 때 명확히 드러나는 진실을 여러분이 볼 수 있도록 도와주는 안내서다.

술을 완전히 끊으면 자기 삶의 대본을 직접 쓸 수 있다. 그만큼 좋은 소식이 있을까? 자기 인생의 실질적 주인이 된다는 말 아닌가? 우리 사회는 지금까지 머물렀던 세계를 벗어나면 폭풍에 휩쓸린다고 겁을 주지만 그것은 세뇌와 길들이기일 뿐 실제 현실은 그렇지 않다. 〈트루먼 쇼〉에서처럼 세트장 벽에 그려진 하늘에 문이 있고 그 문을 통과하면 완전히 새로운 세계가 펼쳐진다. 그 문의 열쇠는 여러분의 머릿속에 있다. 여러분은 각각 자기 '드라마'의 주인공이다. 발목을 잡는 것은 단 하나, 두려움뿐이다. 나는 벌써 오래전에 그 덫에서 탈출할 수도 있었으나 두려움이 계속 나를 그 안에 잡아두었다. 그 두려움은 술이 만들어내고, 태어나면서부터 사회로부터 길들여진 거짓된 지각이었다.

그 거짓 지각 너머를 볼 수 있는 또 다른 방법은 잠시 정신적으로 덫 밖으로 나가 자신이 인간인지 생쥐인지 자문하는 것이다.

인간인가 생쥐인가?

과학자가 생쥐를 우리에 넣고 먹이와 물, 그리고 액상 마약을 넣어준다. 마약은 금속 깔때기에 들어 있어 옆면에 달린 버튼을 누르면 조금씩 흘러나온다. 생쥐가 마약을 먹으려면 코로 버튼을 눌러야 한다. 먹이도 있고 물도 있지만 생쥐는 호기심에서 버튼을 누른다. 처음으로 마약의 맛을 본 생쥐는 곧바로 꽤액~ 비명을 내지른다. 마약의 독성으로 몸이 끔찍하게 반응한다. 사람이 처음 마약을 할 때와 똑같다.

그 다음 과학자는 먹이와 물을 우리에서 꺼내고 마약만 남겨둔다. 생쥐는 어쩔 수 없이 버튼을 눌러 액상 마약을 마신다. 마약 효과가 점차 줄어들자 생쥐는 다시 버튼을 누른다. 이번에는 반응이 처음과 사뭇 다르다. 소리도 지르지 않고 별다른 증상도 보이지 않는다. 생쥐는 실제로 이전보다 몸 상태가 더 낫다고 느낀다. 마약이 처음의 역겨운 반응을 순간적으로 억제하기 때문이다. 생쥐는 모르지만 마약은 생쥐의 중추신경계를 서서히 파괴한다. 마약 효과가 사라지기 시작하면 생쥐는 다시 버튼을 누른다. 마약을 마시고 나면 바로 조금 전보다 몸 상태가 더 낫다고 느낀다.

그 단계에서 과학자가 먹이와 물을 다시 우리에 넣어준다. 그러면 생쥐는 먹이를 조금 먹고 물을 한 모금 마시더니 곧바로 다시 버튼을 누른다. 시간이 더 지나자 생쥐는 먹이와 물을 완전히 무시하고 계속 버튼만 누른다. 곧 생쥐가 몸을 심하게 떤다. 버튼을 누르면 떨림이 멈춘다. 마약이 신경계를 다시 마비시키기 때문이다. 몸이 다시 떨리면 생쥐는 어떻게 하겠는가? 버튼을 누른다. 생쥐는 몸 상태가 더 좋아졌다고 느낄까? 그렇다. 하지만 바로 전보다 약간 더 나을 뿐이다. 그러나 마약을 몰랐을 때만큼은 좋지 않다. 불쌍한 생쥐는 중추신경계가 서서히 파괴되는 것을 모른다. 생쥐는 자신에게 마약이 도움이 된다고 믿는다. 몸을 많이 떨수록 생쥐는 버튼을 더 많이 누른다. 버튼을 많이 누를수록 생쥐는 몸을 더 떤다. 생쥐는 마약에 강한 내성을 발달시켜 이제는 버튼을 누를 때도 여전히 몸을 떤다. 바로 전보다 약간 덜 떨 뿐이다. 결국 생쥐는 계속 버튼을 누르다가 죽는다.

마약 테스트에서 흔히 사용되는 실험이다. 개인적으로 나는 이러한 실험을 용납하지 않는다. 하지만 이 실험을 목격했을 때 생쥐의 반응이 내가 알코올에 중독되었을 때 하던 행동과 똑같다는 생각이 들었다. 우리도 술이라는 마약의 버튼을 두어 번 누르고 나면 사실상 생쥐와 같아진다. 또 생쥐가 그랬듯 우리도 버튼을 계속 누르는 동안은 중추신경계가 망가지는지 전혀 모른다. 마약이 원래 그렇다. 실제 효과에 반하는 효과를 내는 듯 보인다는 뜻이다. 알코올이 나의 신경계를 마비시키면서 나는 술 없이는 즐길 수도 없고 자신감을 가질 수도 없다고 믿었다. 그런 불안정감은 다른 이유가 있는 게 아니라 액상 마약인 알코올이 초래한 것이었다. 이제 나는 우리에서 벗어나 밖으로 나온 상태이기 때문에 그 사실을 명확히 알 수 있다.

이 책의 목적은 여러분이 술의 덫이라는 우리 밖으로 나와 실제로 어떤 일이 벌어지는지 확실히 보고 알 수 있도록 해주는 것이다. 만약 생쥐가 실상을 알 수 있다면 그처럼 버튼을 계속 누르다가 죽지는 않을 것이다. 생쥐는 자신의 행동을 분석할 이성적 능력이 없다. 하지만 인간은 그럴 능력이 충분하다.

그렇다면 이제 진짜 용기를 찾아야 할 때다.

술병을 버려야 용기를 되찾는다

과학자가 생쥐의 행동을 관찰하듯 술이 백해무익하다는 사실을 알려면 주변의 취한 사람들을 잘 살펴보기만 하면 된다. 하지만 과거 나는 과학자가 아닌 생쥐로서 계속 버튼을 누르며 술에 절어 살았다. 나는 알코올의 세계를 믿었다. 세계 안에 들어 있는 가공의 〈트루먼 쇼〉 같은 세계, 가짜 두려움을 일으켜 탈출이 불가능하다고 생각하도록 세뇌시키는 세계, 술 없이는 인생을 즐기지도 못하고 스트레스에 대처하지도 못한다고 믿도록 속이는 세계였다. 나는 술병은 들고 있었지만 진정한 용기와 자신감은 잃었다. 그러다가 마침내 술병을 버리고 나자 용기와 자신감을 되찾을 수 있었다.

완전한 금주의 큰 기쁨 중 하나는 스트레스를 주는 어떤 순간도 흥미진진한 도전이 될 수 있다는 사실이다. 여러분도 이제 알듯이 알코올은 스트레스를 풀어주는 게 아니라 오히려 유발한다. 술은 신체적으로, 정신적으로, 정서적으로, 경제적으로 스트레스를 일으킨다. 이제 나는 신체적으로, 정신적으로, 정서적으로, 경제적으로 이전보다 훨씬 나은 상태에 있다. 따라서 어려운 문제가 닥쳐도 타조처럼 모래 속에 머리를 파묻고 못 본 체하지 않고 그 스트레스에 용감하게 대처한다. 아니, 대단한 스트레스도 별로 없다.

알코올의 지배에서 벗어나 자유를 찾으면 진정한 용기와 자신감을 되찾아 무슨 일이 닥쳐도 이전보다 훨씬 더 잘 대처할 수 있다. 스트레스는 당면 문제에 대응할 만큼 스스로 강하지 못할 때 독이 된다. 알코올 같은 마약의 노예가 되면 술이 필요 없는 사람보다 정신적으로나 신체적으로 훨씬 더 허약해진다.

지금 나는 몸과 마음이 평온하고 스트레스 없이 지낼 수 있어 더할 나위 없이 좋다. 알코올의 효과도 없고, 술에 따른 증상을 극복하려 애써야 하는 스트레스도 없으며, 술을 마셔야 한다는 강박관념에서 느끼는 죄책감도 없고, 언제 다시 마실까 생각해야 하는 스트레스도 없다. 그렇다고 술을 끊으면 스트레스를 다시는 받지 않는다는 뜻은 아니다. 음주자든 비음주자든 누구에게나 맑은 날도 있고 궂은 날도 있다. 그러나 술을 끊으면 신체적으로나 정신적으로 훨씬 더 강해지기 때문에 위기에 더 잘 대처할 수 있다. 누군가 내 차를 들이받는다면 나는 "괜찮아요. 난 비음주자이거든요"라고 말하지 않는다. 나도 화가 난다. 하지만 차이가 있다. 지금은 그런 상황에 훨씬 더 잘 대처한다. 그런 일을 당하면 이제는 술 대신 카센터에 의존한다. 그처럼 생쥐가 아니라 과학자가 되는 게 더없이 좋은 일이다.

과학자로서 생쥐의 우리 밖에 있으면 모든 상황이 명료하게 보이기 시작한다. 생쥐는 약간의 상태 개선이 진짜 좋아지는 것으로 착각하고 오로지 마약의 끔찍한 독성 효과를 끝내겠다는 일념으로 버튼을 계속 누른다. 사람이 술을 계속 마시는 것도 마찬가지 이유에서다. 사람의 경우 자신감이나 용기 또는 자존감이 결여되는 것이 큰 문제다. 어색함, 불안감, 집중력 결여, 스트레스, 지루함, 박탈감을 억제할 목적으로 술을 마신다. 또 술 없이는 즐길 수 없는 자신의 상태를 끝내기 위해 마실 수도 있다. 하지만 그 모든 상태를 애초에 술이 초래한다. 술은 그 문제를 진정으로 해결하거나 완화해주지 못한다. 다만 술이 도움이 된다고 사람들이 느낄 뿐이다. 열린 마음으로 보면 모든 게 너무나 분명히 드러난다. 술이 긴장을 풀어준다고 느끼는 것은 그런 상황에서 마시기 때문이다. 술이 행복하게 해준다고 느끼는 것은 행복한 상황에서 마시기 때문이다. 중요한 것은 언제나 상황이지 술이 아니다.

술은 오랜 세월에 걸쳐 서서히 나의 용기와 자신감을 조금씩 무너뜨렸지만 나는 그런 사실조차 모르고 늘 그 반대라 생각했다. 나는 인생을 즐기려면 술이 반드시 필요하다고 믿도록 사회적으로 길들여졌다. 또 술이 긴장을 풀어주고, 용기와 자신감을 준다고 믿도록 세뇌 당했다. 이제 나는 분명히 안다. 음주자는 술을 마신다고 행복해지거나 느긋해지거나 자신감이 커지는 게 아니라, 오히려 술을 마시지 않으면 아주 비참하고 불안정하고 스트레스를 많이 받는다는 사실 말이다. 알코올이 그 모든 환상을 만들어낸다. 또 집요한 세뇌 탓에 우리는 그런 환상이 진실이라 믿는다. 아주 교묘하고 영악한 속임수다.

영국에는 어린이나 종교인을 제외하면 술을 마시지 않는 사람이 거의 없다. 하지만 아주 드물게 술을 마시지 않고도 파티에서 재미있게 지내거나 와인 잔을 들지 않고도 따뜻한 욕조에서 목욕을 즐기는 사람들이 있다. 그들을 잘 살펴보라. 그들은 어려운 일이 닥쳐도 자신감과 용기를 보인다. 술을 마시는 사람이 그런 상황에 놓인다면 그들보다 더 행복하지도 느긋하지도 못할 것이다. 용기와 자신감이 그들보다 크게 떨어진다는 사실은 말할 필요도 없다.

알코올은 중추신경계의 기능, 그리고 용기와 자신감, 자존감을 억누른다. 따라서 술을 마실 필요가 없는 사람이 언제나 쉽게 승리한다. 그들이 느끼는 행복이 진정한 행복이다. 그들이 보이는 느긋함이 진정한 느긋함이다. 그들이 갖는 자신감이 진정한 자신감이다. 그러나 술을 마실 때의 행복과 느긋함, 자신감은 전부 가짜다. 왜 음주자는 술이 필요하다고 느끼고 비음주자는 그렇게 느끼지 않을까? 알코올이라는 마약과 세뇌 때문이다. 알코올은 두려움과 불안정감을 초래한다. 또 그런 느낌이 중독을 부른다. 술을 마시는 사람은 술이 필요 없기를 간절히 바라지만 두려움과 불안정감에서 벗어나려 술을 마신다. 하지만 술은 그런 느낌을 허구로 줄여줄 뿐이다.

우리는 많은 것을 두려워하지만 세뇌에 의해 믿게 된 가장 큰 두려움은 '알코올 중독에서 진정으로 자유로워질 수 있는 사람은 없다'는 터무니없는 생각이다. 다시 한번 반복한다. 이 모든 두려움과 불안정감은 알코올이라는 마약 그 자체와 우리가 태어나면서부터 당해온 사회적 세뇌와 길들이기가 합동으로 만들어낸 것

이다. 세뇌당한 것을 제거하고 몸에서 알코올이라는 독소를 제거
하면 모든 두려움은 즉시 사라진다. 술을 알기 전에는 그런 두려
움이 없었다. 완전히 끊은 뒤에도 없을 것이다. 오직 술을 마시는
사람만이 그처럼 말도 안 되는 두려움을 갖는다. 나는 이제 그런
두려움이 없다. 예전에 내가 술을 마신 것은 바로 그 전에 마신 술
의 해로운 효과 때문이었다. 말하자면 나는 실험실의 생쥐였다.
그러나 술이 만들어낸 환상에 빠져 나는 내가 생쥐가 아니라 인간
이라고 생각했다.

술을 마시지 않는 사람들이 누리는 이점은 책 한 권을 다 채우
고도 남을 정도로 많다. 간단히 말하면 그들은 완전히 다른 세상
에서 산다. 돈과 건강, 용기, 자신감, 자존감, 정신적이고 신체적인
활력, 행복이 넘치는 세상이다. 술을 적게 마시려고 또는 마시지
않으려고 자제력과 의지력을 동원하며 애써야 하는 스트레스도
없다. 물론 애정 생활도 더 낫다. 그들은 진정한 자유를 누린다. 지
금의 내 상태가 그렇다.

하지만 AA 같은 금주 단체는 그런 진정한 자유를 누리기는 불
가능하다고 믿는다. 그들은 술을 끊을 수는 있지만 성공한다 해도
평생 회복 중인 상태로 지낼 수밖에 없다고 말한다.

끝없는 회복 과정이라는 헛소리

'알코홀릭'의 증상 중 하나가 술을 끊어도 여생을 '회복' 중인 상태로 지내야 하는 것으로 알려져 있다. 잭 머미(Jack Mumey)는 〈맨정신의 기쁨〉(The Joy of Being Sober)에서 '알코홀릭'은 일반 사람들과 다르며 그 '질병'을 가족에게서 물려받아 유전자에 들어 있다고 상당히 단정적으로 말한다. 또 그는 책 전체를 통해 회복 과정이 어렵고 길며, 무엇보다 '끝이 없다'고 주장한다. 그는 책 서두부터 그렇게 말한다. 그런데도 제목은 엉뚱하게도 '맨정신의 기쁨'이란다. 앞뒤가 맞지 않는 느낌이다.

그 책만이 아니다. 사실상 술에 관한 모든 책이 그렇게 말한다. 완전히 회복하려면 도대체 얼마나 걸린다는 말일까? 글쎄… 거기에 문제가 있다. 끝내 회복할 수 없다는 말로 들리기 때문이다. 소위 '알코홀리즘' 전문가들에 따르면 그때그때 매번 의지력을 발휘하면서 단지 만족할 정도 수준의 생활만 가능하다. 그렇다면 왜 완전한 회복이 불가능할까? 이 질병에는 완치 가능한 치료책이 없기 때문이라고 그들은 말한다. 그렇게 말하는 '전문가'들을 대면해서 도대체 어떤 질병을 말하는 것인지 물으면 그들은 한마디로 '알코홀리즘'이라 답한다.

'알코홀리즘'이라는 질병의 원인이 무엇인지 물으면 그들은 확실치 않다며 아무튼 일단 이 질병에 걸리면 완치 가능한 치료책이 없다고 되풀이한다. 그러면서 원인을 발견하면 완치 가능한 치료책을 찾을 수 있을 것이라고 덧붙인다. 원인을 발견한다고? 도대체 무슨 말인가? 술이 이 질병의 원인이라는 것을 알려면 상식 학사 학위라도 필요하다는 얘긴가? 어떤 사람이 헤로인을 자주 주사하거나 담배를 피운다면 그들의 중독 원인이 확실치 않다고 말하는 사람이 있을까? 말도 안 되는 이야기다. 누가 봐도 명확하지 않은가?

알코올에 대한 화학적 중독은 그 자체가 질병이다. 나도 동의한다. 이 질병을 '알코홀리즘'이라 부르고 싶다면 그래도 좋다. 이 질병은 알코올을 섭취하는 동안, 다시 말해 술을 마시는 동안 계속 악화된다. 알코올 섭취를 중단하면 질병도 끝난다. 술을 마시는 동안 몸이 스스로 치유하려 최선을 다하면서 '회복' 과정은 계속 진행된다. 그러다 술을 끊으면 '회복' 과정은 저절로 끝난다. 알코올을 몸과 마음에서 완전히 제거하는 순간 이 질병은 완전히 사라진다. 이를 이해하기가 진짜 그토록 어려운가?

그러나 그들은 이렇게 고집한다.

"알코홀릭은 실질적 완치가 불가능하며 평생 회복 상태로 지내야 한다."

왜 그런지 물으면 그들은 단 한 잔만 마셔도 이 '질병'이 재발하기 때문이라 말한다. 만약 완치가 불가능하다면 술을 끊어도 이 질병은 계속 남아 있어야 한다. 그런데 한 잔 한다고 이 질병이 어떻게 재발한다는 말인가? 애초에 끝낼 수 없는 것을 어떻게 다시 시작할 수 있단 말인가? '전문가'들의 논거 자체가 어불성설이다. 그들의 논리를 그대로 따르자면 지구상의 모든 사람은 예를 들어 '헤로이니즘'이라는 질병을 갖고 태어났다고 말할 수 있을 것이다. 만약 어떤 사람이 헤로인을 사용하기 시작하면 그는 당연히 계속 더 많이 사용하고 싶어진다. 헤로인은 그를 정신적으로, 신체적으로 망치며, 그의 삶에서 모든 분야에 영향을 미친다.

그러나 헤로인이 그의 몸과 마음을 장악하면 문제는 헤로인이 아니라 바로 그 자신이다. 그가 '헤로이니즘'이라 불리는 이 질병을 타고 났다는 사실에 문제가 있다. 그들 말대로라면 그렇다. 하지만 이게 어떻게 말이 되는가? 제 정신을 가진 사람이라면 누가 그런 헛소리를 믿겠는가? 회복은 당사자의 유전자나 성격 또는 특성과 아무런 상관이 없다. 회복이 어려운 것은 술이라는 의존할 지지대를 빼앗기고 진정한 즐거움을 놓치고 있다고 믿기에 생기는 정신적 박탈감 때문이다. 복잡하게 생각할 필요 없다.

어떤 사람이 모래늪에 빠졌다가 구조되었는데 나중에 구조자들이 그에게 이렇게 말한다고 상상할 수 있겠는가?

"당신은 진정으로 자유로워진 게 아닙니다. 당신은 현재 '회복' 과정에 있습니다. 그 과정이 평생 지속될 겁니다. 늘 모래늪에 다시 뛰어들고 싶은 생각이 들어 상당히 힘들 수 있습니다. 매일 자신과 끊임없이 싸워야 합니다. 하지만 모래늪에 다시 뛰어들 수는 없다는 사실을 알아야 합니다. 빠져 죽을 거니까요. 매일매일 오늘 하루 동안 단단한 이 땅에 머무를 것이라고 자신에게 다짐해야 합니다. 매번 그렇게 자신과 싸워야 합니다. 반드시 기억하시기 바랍니다. 한번 모래늪에 빠진 사람은 늘 다시 빠지기 쉽습니다."

그러면 구조된 사람은 이렇게 말할지 모른다.

"이제 나는 모래늪에 뛰어들면 죽는다는 사실을 알면서도 뛰어들기를 갈망하며 평생을 살아야 한다는 거네요. 절망적 상황에 빠진 것 같아요. 모래늪은 뛰어드는 사람 모두를 그렇게 만드나요?"

그들의 답변은 아마도 이럴 것이다.

"아닙니다. 안타깝지만 문제는 당신이지 모래늪이 아닙니다. 그건 당신 유전자에 들어 있습니다. 당신은 모래늪에 뛰어드는 사람으로 태어났습니다."

말도 안 되는 소리처럼 들리지만 평생 '회복' 과정에 있으면서 시달려야 한다는 발상도 말이 안 되기는 마찬가지다. 여러분은 이렇게 물을지 모른다.

"모래늪에 빠지면 어떻게 되는 줄 잘 알고 있고, 또 이미 구조되어 자유를 누리고 있는데 왜 평생 모래늪에 다시 뛰어들기를 갈망하며 살아야 하나요?"

아주 좋은 질문이다. 어떤 질병에서 완치되었는데 그 질병에 다시 걸리고 싶어할 이유가 어디 있는가? 왜 굳이 질병에 걸리고 싶어하겠는가?

여기서 말하는 '회복'이란 약물을 끊으려고 의지력을 사용하는 방식일 뿐이다. 그 이상도 이하도 아니다. 다른 마약의 경우는 이를 '의지'라 하고, 알코올의 경우는 '회복'이라 부른다. 왜 그럴까? 우리가 알코올 섭취는 '정상적' 행위인데 알코올 섭취를 스스로 제어할 수 없는 사람은 정상이 아니라고 믿도록 세뇌 당하고 사회적으로 길들여졌기 때문이다. 논리적으로 알코올 섭취를 스스로 제어할 수 없는 사람은 질병을 갖고 있다고 말할 수밖에 없다. 하지만 내가 이미 자세히 설명했듯 '정상적 음주자'는 없다. 스스로 음주를 제어할 수 있는 사람이 없다는 말이다. 음주는 한마디로 마약 중독이며 마약 중독은 그 자체가 질병이다. '정상적 음주자'라 불리는 사람들 모두 이미 그 질병을 갖고 있다. 본인이 깨닫지 못할 뿐이다. 깨달은 사람은 곧바로 '알코홀릭'이라는 꼬리표가 붙는다.

의지력을 사용하기가 그토록 어려운 것은 술을 끊는 사람이 스스로 큰 희생을 감수한다고 믿기 때문이다. 그는 쾌락과 즐거움을 주면서 힘들 때 기댈 수 있는 좋은 지지대를 포기하고 있다고 확신한다. 따라서 "다시는 술을 마시지 않겠노라"고 마음먹는 순간 엄청난 심리적 박탈감이 엄습하기 시작한다. 논리적으로 생각해 보라. 다시는 술을 마시지 않지만 자신이 진정한 즐거움을 놓치고 있다고 계속 믿는다면 박탈감은 하루이틀이 아니라 평생 그를 괴롭힐 것이다. 그것이 바로 우리 사회가 말하는 '회복' 과정이다. 다시 말해 기다림과 의심, 불확실성이다. 그러니 '정상'이 아니라는 말을 들은 뒤 술을 끊은 사람이 비참하게 느끼는 것은 너무나 당연하다. 그런 앞날을 내다보면 중독에서 벗어나 자유로워지고 싶은 의욕이 꺾일 수밖에 없다.

'전문가'들도 이러한 회복이 어느 부위에서 일어나며 어떤 증상이 따르는지 잘 모른다. 그들은 진전섬망을 이야기하겠지만 그 대부분도 정신적 박탈감에서 초래된다. 게다가 그런 증상이 나타난다 해도 며칠이면 끝난다. 그렇다면 그 후에는 무슨 문제가 있다는 말일까? 그건 순전히 심리적이며, 박탈감에서 비롯될 뿐 그 이상도 그 이하도 아니다.

수년 동안 술을 끊었지만 여전히 술을 갈망하는 사람이 있는 이유도 그로써 설명된다. 담배를 끊은 뒤로 담배를 갈망하지 않는 사람은 수없이 많다. 하지만 술은 다르다. 영국 성인 인구의 약 80%가 술을 마시며 세뇌에 따른 환상을 믿는다. 또 술을 마시지 않는 20%도 대부분 불만에 찬 금주자, 다시 말해 음주 전력자들이다.

나는 오래전에 참석했던 AA 모임에서 암울하고 비참함을 토로하는 장황한 이야기들을 수없이 들었다. 다시 강조하지만 AA는 실제적으로 수많은 사람에게 도움을 주고 있다. 또 그들의 모임이 전부 다 암울하지는 않다. 일부는 아주 재미있기도 하다. 하지만 나는 매주 모임에 나가 자기 이름을 대고 술을 더는 마시지 못하는 신세타령을 늘어놓을 필요는 없다고 믿는다. 그들이 매주 다른 곳에 가서 목청껏 "술을 끊으니 너무 좋아!"라고 외치는 게 훨씬 낫지 않을까?

내가 참석한 AA 모임에서 첫 발언자는 일어서서 이렇게 말했다.

"제 이름은 존입니다. 저는 알코홀릭입니다."

그런데 들어보니 그는 지난 20년 동안 술을 끊은 사람이었다. 20년이나 지났는데도 그는 하루도 '그것'을 그리워하지 않은 날이 없다고 말했다. 무엇을 그리워한단 말인가? 그리워할 게 아무것도 없다. 술이 즐거움을 주고 기댈 수 있는 지지대가 된다는 것은 자연적 두려움이 사라지면서 오랜 세월 술 광고에 노출되고 사회적 길들이기와 세뇌 당한 결과로 생긴 환상일 뿐이다. 그 불쌍한 사람은 지난 20년 동안만이 아니라 죽을 때까지 다시는 술을 마시지 않기를 바라면서도 못내 술을 그리워하며 애통해 할 것이다. 그야말로 터무니없고 끔찍한 삶 아닌가?

언젠가 코미디언이자 배우, 가수인 프랭크 스키너(Frank Skinner)의 탁월하고도 아주 재미있는 자서전을 읽었다. 그 책에는 술을 끊은 사람이 정신적으로 술에서 자유로워지지 못해 영원히 '회복' 상태에 머문다는 것을 예시하는 대목이 있다. 공연이 끝나면 그는 때때로 이러한 질문을 받았다.

"공연할 때 행복했나요?"

그의 답변은 이랬다.

"아뇨. 1986년 9월 24일 이후 행복한 적이 없어요."

그날 그는 마지막으로 술을 마셨다. 나는 스키너를 좋아한다. 그는 진짜 웃기며 그의 풍자는 아주 예리하다. 하지만 그 대목을 읽고는 참 안타깝다고 느꼈다. 그는 '회복' 과정에 계속 머무는 수많은 다른 사람들처럼 절망적 상황에 놓여 있었다. 지속되는 '회복' 상태에서 술을 다시는 입에 대지 않기를 바라면서도 술을 마실 수 있기를 갈망하며 여생을 보낼 것인가? 아니면 좌절감에 굴복해 실험실의 생쥐 신세로 돌아갈 것인가? 어느 쪽을 선택해도 절망적이다. 그런 진퇴양난인 상황에서 스키너는 그나마 차악이라고 믿는 '회복'을 선택했다.

2주 동안 술을 끊은 사람도 그런 정신적 박탈감으로 괴로워한다. 짧은 시간이지만 음주를 '포기'하려면 엄청난 의지력과 자제력, 제어력을 발휘해야 한다. 그들도 지속적 '회복' 과정에 있는 걸까? 사실 그들도 AA 모임에 나가는 사람들과 똑같은 정신적 박탈감에 짓눌린다. 그런데도 그들은 이를 두고 '회복' 과정이라 말할 수 없다. 그렇게 말했다가는 '알코홀릭'의 꼬리표를 달게 될 뿐 아니라 알코올도 마약이며 자신은 그 마약에 중독되었다는 사실을 스스로 인정한다는 의미가 되기 때문이다.

나는 술을 끊기가 쉬우며 더 중요하게는 남은 생애 내내 끊은 상태를 유지하며 행복을 누리기도 쉽다고 이 책을 통해 여러 차례 강조했다. 사람들이 그 말을 믿지 않는 것은 세뇌 탓이다. 대다수는 주변에서 잘못된 방식으로 금주를 시도하다가 비참하게 느끼는 사람들을 보면서 진정한 자유를 얻기는 아주 어렵거나 불가능하다고 믿게 된다. 실제로 완치될 수 없는 병에 걸렸다고 넋두리하는 금주자들이 많다. 2주 동안 술을 끊는 사람은 하루하루 술을 마시지 않은 일수를 센다. 그러면서 술을 마시지 않기 때문에 외출하고 싶어도 나갈 수 없다고 한탄하며 정상적 삶을 포기한다.

그에 따라 술 없이는 인생을 즐길 수 없다는 잘못된 믿음이 굳어진다.

운전하느라 하루 저녁 술을 마시지 못한 사람은 재미가 너무 없는 저녁이었다고 말한다. 술을 끊으려는 사람이 그 말을 들으면 '단 하루 못 마셔도 그런데 앞으로 영영 못 마신다면 완전히 지옥 아닐까?'라고 생각하게 된다. 만약 술을 끊으려는 여러분이 세뇌에 따라 자신이 '알코홀릭'이라 믿는다면 진정한 자유를 얻을 수 없다는 사실을 빤히 알면서 금주를 시도해야 한다. 그것이 중독을 지속시키는 두려움의 근원 아닌가? 앞으로 계속 즐거움을 빼앗긴다는 두려움 말이다. 그러면 당연히 사람들은 금주를 시작하면서 흥분과 기쁨, 자유를 느끼지 못한다.

우리는 결코 자유로워질 수 없다거나 맨정신은 '정상'이 아니라고 믿도록 너무 심하게 세뇌당한 나머지 진짜 큰 희생을 해야 한다는 생각에 비참함과 암울함 속에서 금주를 시작하게 된다. 그러면 술을 끊어도 기쁨이 없다. 최악의 노예 상태에서 방금 해방되면서 질병의 악화를 차단했지만 다시는 고통당하지 않을 것이라는 보장이 없다고 생각하기 때문이다.

여기서 여러분에게 중요한 질문을 하겠다. 종신형을 선고받고 27년 이상 수감 생활을 한 넬슨 만델라는 어느 시점에 진정한 자유로움을 깨달았을까? 교도소에 다시 돌아가지 않고 완전히 자유롭다고 느꼈을 때가 언제였을까? 석방된 지 1년 뒤, 아니면 몇 달 뒤, 아니면 일주일 뒤, 아니면 하루 뒤, 아니면 교도소 문을 나서는 순간? 당연히 자유의 몸이 된 순간에 깨달았을 것이다. 그가 수감 생활을 그리워했을까? 그럴 리 없다. 하지만 술을 끊은 사람은 언제 이렇게 말할 수 있을까?

"소식 들었어요? 내가 해냈어요. 난 자유의 몸이에요. 다시는 술을 마실 필요가 없어요. 너무 좋아요!"

어느 시점에 자유를 즐기며 술에 대한 갈망을 잊을 수 있을까? 적어도 자신이 큰 희생을 하고 있다고 믿는 동안에는 절대 그럴 수 없다.

물론 어떤 병에서든 자유로워지려면 먼저 병에 걸렸다는 사실을 알고 인정해야 한다. 그러나 그 병에서 벗어났을 때를 인지하는 것도 그 못지않게 중요하다. 노예 상태에서, 중독 상태에서, 또는 질병에 걸린 상태에서 벗어난 사람이 자신의 자유로움을 알지 못하는 것만큼 더 슬프고 안타까운 일은 없다. 문제는 사회가 술을 끊는 사람에게 삶의 즐거움을 포기하는 큰 희생을 감수해야 한다는 인상을 심어준다는 것이다. 그에 따라 사람들은 술을 끊으면서 자유를 자축하는 마음을 갖지 못하고 오히려 암울함 속에서 언제 모든 노력이 물거품이 될지 모른다고 불안해한다. 남은 생애 내내 술을 마시지 않는다 해도 그들은 늘 과거로 돌아갈지 돌아가지 않을지 두고 봐야 하는 상태로 살아간다.

금주자들이 겪는 트라우마는 알코올의 독소가 몸에서 빠져나가는 신체적 고통이나 유전자에 의해서가 아니라 정신적 박탈감에서 비롯된다. 어린아이가 장난감을 빼앗기는 상황과 같다. 흔히 사람들은 이러한 좌절의 비참함을 충분히 오래 겪으면 결국에는 "이제 끝났어. 난 자유야"라고 말할 수 있는 단계에 도달할 수 있다고 생각한다. 그러나 진정한 자유는 그런 식으로는 얻을 수 없다. 자신이 희생을 한다고 믿는 한 그 좌절은 영원히 지속된다. 다시 말해 세뇌당한 모든 것이 제거되지 않는다면 박탈감은 언제나 그대로 남아 있다.

이러한 상태는 결코 '회복'이 아니다. 하지만 술을 끊으면 정확히 무엇을 박탈당한다는 말인가? 술은 우리에게 어떤 좋은 무엇을 가져다줄 수 있는가? 아무것도 없다. 백해무익할 뿐이다. 술이 좋은 무엇과 즐거움을 가져다준다는 약속은 거대한 속임수다. 이전에 나도 3개월 간 술을 끊어봤지만 그동안 즐거웠던 게 아니라 끊임없이 넋두리만 늘어놓았다. 지금 돌아보면 그럴 필요가 전혀 없었다는 사실을 깨닫는다. 존재하지도 않는 무엇을 잃었다고 생각하며 침울해 하고 징징거렸을 뿐이다.

술의 지배에서 벗어나 진정한 자유를 누리려면 알코올 중독자로 태어나는 사람은 없다는 사실을 명확히 인식해야 한다. 태어날 때부터 커피를 좋아하거나 초콜릿을 좋아하는 사람이 없는 것과 마찬가지다. 사람들이 알코올에 중독되는 이유는 단 한 가지다. 세뇌와 길들이기다. 구체적으로 말하면, 우리를 세뇌시키는 광고와 선전이다.

광고와 선전의 위력

우리를 술의 덫에 빠져들게 하거나 술을 끊은 뒤에도 술을 갈망하게 만드는 광고와 선전의 종류는 두 가지다.

1. 상업적 직접 광고
2. 다른 음주자들

광고와 선전의 힘을 얕잡아봐선 안 된다. 광고는 언제나 효과가 크다. 영국에서만 주류업계가 매년 광고에 쏟아붓는 돈은 2억 파운드(약 3470억 원)가 넘는다. 여기에다 간접 판촉활동과 협찬까지 더하면 전체 마케팅 지출은 8억 파운드(약 1조 3890억 원)를 훌쩍 넘어선다.

술이라는 상품이 바로 오늘 이 세상에 처음 출시된다면 아무도 거들떠보지 않을 것이다. 알코올은 합법적 상품으로 인정될 수 없기 때문이다. 그 점은 확실하다. 사람들이 광고나 다른 음주자의 영향 없이 스스로 술을 마신다고 믿는다면 술에 관해 아무것도 모르는 나라에 가서 그곳 사람들에게 술을 팔려고 하는 상황을 상상해보라. 그들에게 술을 팔기는 어렵다기보다 거의 불가능하다.

술을 한 번도 접한 적 없는 사람들에게는 술을 팔 방법이 없다.

터무니없는 상품이지 않은가? 사람들을 혼란스럽고 바보스럽고 무례하고 호전적으로 만들고, 속을 메스껍게 하며, 전날 마신 술의 불쾌한 효과를 줄이려면 더 많이 마셔야 하는 이 기이한 액체 상품을 누가 그렇게 비싼 가격으로 구입하겠는가? 사람들이 '의식적'으로 이 상품을 선택할 가능성은 지극히 희박하다. 술을 자신의 선택으로 마시는 사람은 없다. 음주자는 술을 마실 수밖에 없어서, 또는 참담하게 느껴서, 또는 스트레스에 대처할 수 없어서 마신다. 그래서 술을 끊는다는 생각만 해도 그토록 끔찍하게 두려운 것이다. 하지만 진짜 그래야 할 이유가 있을까?

이 책의 서두에서 여러분에게 마음을 활짝 열라고 여러 차례 강조했다. 여러분이 마음을 열었다면 이제 나는 내가 방금 건네받은 이 새로운 마약을 여러분이 사용하도록 설득해보겠다. 잠시 알코올에 관해서는 잊기 바란다. 이것은 완전히 새로운 마약이다. 헤로인이나 크랙 같은 것으로 생각해도 좋다. 먼저 이 마약의 모든 단점을 열거한 뒤 장점에 대해서도 빠짐없이 설명하겠다. 마지막으로 여러분이 정직하게 답하기를 기대하며 질문을 하겠다.

먼저 단점부터 보자.

- 이 마약은 액체 형태(액상)이며 부패(발효)의 산물이다.
- 맛이 역겹다.
- 중독성이 아주 강해 한번 섭취하면 평생 중독 상태로 지낼

가능성이 크다.

- 평생 섭취한다면 10만 파운드 이상을 지출해야 한다.

- 효과가 아주 강한 독성 물질이다.

- 섭취할 때마다 뇌세포 수천 개가 파괴된다.

- 섭취한 다음 날이 되면 뇌가 쪼그라들 정도로 탈수 효과가 강하다.

- 모든 감각을 무디게 만든다.

- 멍하고 몽롱하게 만든다.

- 정상적인 대화가 불가능해지도록 만든다.

- 신체적, 정신적 반응을 지연시킨다.

- 효율적이고 효과적으로 소통할 능력을 손상시킨다.

- 말을 할 때 혀가 꼬부라지도록 한다.

- 자연적 두려움을 없애 외부 위험에 취약해지도록 만든다.

- 뇌와 입 사이의 검문소를 제거함으로써 어리석든 공격적이든 악의적이든 무례하든 상관없이 머리에 떠오르는 대로 발설하게 한다.

- 자신이 더 용감하다는 환상을 갖게 한다.

- 그런 환상을 경험하면 이 마약에 완전히 의존하게 되고 이 약 없이는 즐길 수 없게 된다.

- 몸이 이 마약에 대한 내성을 즉시 발달시키기 때문에 이전과 같은 환상 효과를 얻으려면 더 많은 양을 섭취해야 한다.

- 더 많이 섭취할수록 몸과 마음은 더 가라앉는다. 몸과 마음

이 더 가라앉을수록 더 많이 섭취하게 된다.

- 진정한 용기를 빼앗아간다.
- 진정한 자신감도 사라지게 만든다.
- 자존감을 잃게 한다.
- 평생 이 마약의 노예가 되도록 만든다.
- 궁극적으로 이 마약의 사용자는 인생을 망치게 되면서 이 마약의 노예가 된 것을 비관하며 자신을 경멸하는 단계에 도달한다.
- 이 마약은 독성이 너무 강해 몸이 최대한 이 물질을 신속히 제거하지 않으면 사망에 이를 수 있기 때문에 처음 섭취하면 구토를 포함해 심한 신체적 거부 반응을 유발할 수 있다.
- 이 마약은 강력한 마취제로서 수면을 유발한다. 사실 잠이 든다면 운 좋은 경우다. 대부분은 눈을 감고 싶지만 사방이 빙빙 돌아 메스꺼움을 느낀다. 그래서 눈을 뜨고 있으려 애쓰지만 잠이 쏟아져 그렇게 하기도 불가능하다.
- 나중에 깨어나면 머리가 깨질 듯 아프다. 탈수된 뇌를 통과하는 혈액의 충격 때문이다.
- 트럭에 치인 듯 온 몸이 얼얼하고 쑤신다.
- 이 마약의 효과가 사라지는 데는 최소한 3일이 걸린다.

지금까지 이 새로운 마약을 사용하는데 따르는 단점을 알아보았다. 이제 장점을 보자.

- 없다.
- 아무것도 없다.
- 하나도 없다.
- 전혀 없다.
- 눈 씻고 봐도 없다.

이제 여러분에게 질문하겠다. 이 새로운 마약을 사용하고 싶은 가? 원한다면 가격이 얼마 정도면 기꺼이 구입하겠는가? 솔직히 답해보라.

내가 성장할 때는 술이 이러한 식으로 광고되지 않았다. 불행하고 안타까운 일이지만 지금도 그렇고 앞으로도 마찬가지일 것이다. 왜 그럴까? 주류업은 세계적으로 아주 거대한 산업이다. 한마디로 그들은 우리의 돈을 원한다. 술은 미디어 광고가 지금도 허용되는 마지막 오락용 마약이다. 그래서 주류업계는 술 광고를 멈추지 않는다. 주요 국내외 스포츠대회 대부분은 주류업계 중 대기업이 협찬한다. 어느 곳이든 거대 광고판이 이 액상 마약을 선전한다. 고급 잡지는 전면 술 광고로 가득하다. 그 광고들은 맥주 마시는 '쿨한' 젊은이들, 와인 잔을 든 '우아한' 여성들, 위스키를 즐기는 '호쾌한' 사업가들의 이미지를 보여준다.

우리는 이 모든 헛소리와 거짓 이미지를 꿰뚫어 볼 수 있도록 깨어나야 한다. 그 광고들은 오로지 주류업계의 돈벌이를 위해 우리를 중독시키려는 의도로 제작된다. '쿨'하거나 '우아'하거나 '호쾌'한 것은 전혀 없다. 정부도 술이 상당한 수입원이라 광고를 금하지 않는다. 영국 정부는 술과 관련된 세수로 연간 수십억 파운드의 수입을 올린다. 술이 매년 약 9000명에 이르는 영국인들의 목숨을 앗아가고 수많은 이의 삶을 망가뜨린다고 알려졌는데도 정부는 술 판매를 허용하고 일정한 이득을 얻는다.

술 광고는 알코올이 우리의 애정 생활에도 도움이 된다고 선전한다. 한 광고는 두 젊은 여성이 뭐랄까 서로 아주 가까이 다가서는 모습을 보여주며 "여기에 보드카를 더하면 금상첨화"라 말한다. '최고급' 와인과 모닥불, 감미로운 음악, 꿀맛 같은 사랑의 행위를 담은 이미지가 우리를 향해 쏟아진다. 아주 로맨틱한 장면이다. 그러나 실제로는 거기에 술이 없어야 그 상황에서 모든 것을 기억하고 모든 감각과 순간을 제대로 느낄 수 있다. 술은 그 모든 것을 망친다. 알코올은 감각을 무디게 만들어 무엇도 느낄 수 없게 한다. 과음하면 남자들은 어떤 일이 벌어질지 빤히 안다. 아무리 로맨틱한 상황이라 해도 발기되지 않아 섹스는 물 건너간다. 어떤 때는 그 반대가 될 수 있다. 감각이 둔해지고 행위에 집중할 수 없어 아무리 애써도 절정에 도달할 수 없다. 남자라면 이 사실을 명심해야 한다.

이 책은 거짓말이나 광고가 아니라 실제적 현실을 다룬다. 그리고 인정하기는 싫지만 솔직히 말하자면 음주 시절의 나는 섹스를 했다는 기억조차 할 수 없는 때도 있었다. 또 어떤 때는 어느 정도까지는 생각나지만 그 다음에는 자명종 소리에 깨어난 것만 기억할 수 있었다. 아침 8시가 되어도 입 안은 모래 썹은 듯하고 내쉬는 숨에는 알코올 냄새가 진동했다. 그게 과연 로맨틱한가? 완전히 술의 덫에 빠졌던 나는 몇 잔 마시면 섹스가 훨씬 더 즐겁다고 믿었다. 하지만 말도 안 되는 소리다. 두 사람 모두 맨정신이고 모든 감각이 살아있을 때 최고의 섹스를 경험할 수 있다. 그렇지 않다는 사람도 있지만 그것은 그들이 사랑을 나눌 때마다 늘 술을 마셔 맨정신일 때 얼마나 좋을 수 있는지 잊어버렸기 때문이다.

음주는 결코 정상적이거나 자연스러운 행위가 아니다.

모든 TV 프로그램과 영화, 심지어 연극에서도 술을 사교적 오락으로 묘사한다. 그에 따라 술이 용기와 자신감, 긴장 완화와 행복을 제공한다는 환상이 지속된다. 그 이면의 진실은 절대 선전되지 않는다. 우리는 점심식사 때마다 저녁 때마다 음주를 정상적이고 자연스러운 행위로 묘사하는 광고 이미지에 매일 노출된다. 이처럼 부지불식간에 접하는 광고의 세뇌 효과는 매우 크다. 그에 따라 술이 뇌세포와 자신감, 용기를 파괴한다는 사실에도 우리는 무감각해진다. 결코 자연스럽지 않은 일이지만 사람들은 술을 마시는 것이 '정상'이라 믿게 된다.

특히 스포츠와 술은 떼려야 뗄 수 없는 관계다. 축구에는 맥주, 테니스에는 샴페인이 궁합이 맞다는 희한한 논리가 굳어졌다.

1998년 프랑스 월드컵 동안 영국 축구대표팀의 협찬사였던 칼링(Carling)은 모든 맥주 캔에 잉글랜드 국기(세인트 조지 십자가)를 인쇄했다. 2010년 남아공 월드컵에서도 그랬다. 맥주를 마시는 사람들이 영국이라고 하면 바로 칼링을 떠올리도록 만들겠다는 의도였다. 이것이 광고의 실질적인 힘이다. 게다가 주요 슈퍼마켓들은 맥주 15캔짜리 팩 세 묶음을 말도 안 되는 18파운드(약 3만 1000원)에 판매하는 대할인 행사로 고객들을 유인했다. 그러니 TV로 경기를 보면서 정신을 잃고 쓰러지거나 인사불성이 된 사람들이 얼마나 많았겠는지 상상해보라.

또 음주는 흔히 반항적 이미지로 선전된다. 광고주들은 언제나 우리에게 남들과 다른 존재가 되고 반항하며 사회를 향해 "내 멋에 산다", "꺼져버려!"라고 말하도록 부추긴다. 하지만 잘 따져보라. 성인 인구의 약 80%가 똑같은 행동(음주)을 하는데 무엇이 그리 특별하고 반항적인 게 있는가? 진정으로 특별하고 반항적이되고 싶다면 삶을 즐기거나 스트레스에 대처하기 위해 반드시 술을 마셔야 할 필요가 없는 사람이 되어야 한다.

술이 우리를 '상쾌하게' 해준다는 광고는 또 어떤가? 거짓말의 연속이다. 오래전의 한 광고는 마실 물이 고갈된 세계를 보여주었다. 뜨거운 태양이 내리쬐는 이곳에서 물이 최고 인기 상품이 되면서 물의 지하 밀거래가 기승을 부린다. 광고는 모든 사람이 갈증으로 죽어가는 거리를 한 건장한 남자가 걸어가는 모습을 보여준다. 그는 한 건물로 들어가 계단을 오른다. 한 미모의 여성이 그에게 맥주 한 잔을 따라준다. 광고는 이러한 문구로 끝난다.

'세계는 정신을 잃고 허둥대지만 맥주는 차분하고 상쾌하다.'

맥주는 차분하고 상쾌할지 모르지만 그 맥주를 마시는 사람은 그렇지 않다. 자신만이 아니라 가족, 집, 돈, 뇌세포, 자존감, 용기, 자신감, 그리고 어쩌면 목숨까지 잃을 수 있다. 특히 물이 없는 곳에서는 절대로 마셔서는 안 되는 것이 술이다. 알코올은 몸에 남아 있는 액체마저 모조리 빠져나가게 하는데 물 없이 술로만 어떻게 버티겠는가?

모든 술 광고를 이렇게 분석할 수 있지만 사실 그럴 필요도 없다. 여러분은 내가 말하고자 하는 요점을 정확히 안다. 아무튼 우리는 어디에서나 매순간 술 광고의 집중 포화를 받는다. 이 모든 술 광고의 메시지는 언제나 똑같다.

'우리의 임무는 당신의 중독 상태를 유지시키면서 당신이 가진 돈을 우려내는 것이다.'

여러분이 알아차리든 모르고 넘어가든 모든 술 광고는 여러분의 중독 상태를 유지할 목적으로 존재하며, 또 선호하는 브랜드를 바꾸도록 하려고 애쓴다. 그들은 병 모양이나 상표 이미지를 바꾸고, 같은 상품에 다른 이름을 붙여 새로워 보이게 한다. 이러한 직접 광고의 위력은 실로 대단하다. 그러나 애초에 우리를 술의 덫으로 유인한 것은 술 광고가 아니었다. 우리가 술 광고 포스터를 보고 술집으로 달려가 생애 첫 잔을 주문했을까? 그렇지 않다. 그렇다면 무엇이 가장 먼저 이 마약을 사용하도록 설득했을까? 어떤 마약이든 첫 시도를 유혹하는 것은 그 마약에 이미 중독된 다른 사람들이다. 우리를 술에 빠져들도록 유인한 것도 다른 음주자들이었다.

제1의 훼방꾼은 다른 음주자들

주류업계는 매년 술 광고에 엄청난 돈을 쏟아붓는다. 그 돈을 누가 대는가? 돈줄은 업계가 아니라 그들의 '영업 조직'이 쥐고 있다. 알코올 중독자들을 가리킨다. 그들이 업계의 최대 고객인 동시에 최대 영업 조직이다. AA 모임에 참석한다고 밝힌 코미디언 잭 디(Jack Dee)도 TV의 술 광고에 나왔다. 여러분이 만나는 음주자는 모두 주류업계를 위해 일한다는 사실을 명심하라. 그들은 자신이 그런 일을 한다는 사실을 모른다. 술을 끊고 술의 노예 신세에서 해방될 때 이러한 사실을 반드시 기억하라.

돌아보면 내가 바로 그런 일을 했다는 사실을 알게 된다. 나는 새로운 고객을 끌어들이는데 큰 공을 세웠다. 그것이 내가 맡은 역할이었다. 한번은 친구 한 명을 알코올에 중독시키려 무진 애를 썼다. 그녀는 한번도 술을 입에 댄 적이 없었고 술을 마실 생각도 전혀 없었다. 세뇌를 심하게 당한 나로서는 그런 그녀를 이해할 수 없었다. 우리가 만날 때마다 나는 이렇게 권했다.

"괜찮아. 한 잔 하자고. 뭐가 문제야? 자기는 술을 마시는 게 얼마나 좋은 건지 모르니까 그러는 거야. 한번 마셔봐."

심지어 나는 그녀가 술을 마시지 않는다고 짜증도 냈다. 잘 알듯이 일단 알코올에 중독되면 술 없이는 누구도 인생을 즐길 수 없다고 생각한다. 그러나 이제 술을 완전히 끊은 나는 과거 내가 술을 마셔야 인생을 즐길 수 있다고 믿었던 이유를 도저히 이해할 수 없다.

만약 여러분이 술을 끊은 뒤 박탈감에 시달린다 해도 다른 음주자들은 그런 여러분의 처지를 동정하지 않는다. 오히려 하나의 게임처럼 여러분이 술을 마시지 않고 얼마나 버틸지 두고 보자고 내심 생각하기도 한다. 여러분이 맥이 빠지고 초조해하고 침울해하고 술을 갈망하면 그들은 속으로 빙긋 웃는다. 하지만 술을 끊고 행복해하면 그들은 그런 모습을 보기 싫어한다. 알코올 중독자는 자신에게 술이 필요하다는 사실을 상기하게 되는 것을 좋아하지 않는다. 여러분이 술 없이 삶을 즐기고 스트레스에 잘 대처하는 것이 의도치 않게 그에게 술이 필요하다는 사실을 상기시킨다. 그들은 끊임없이 음주를 합리화함으로써 여러분을 다시 중독에 빠뜨리려 하기 때문에 늘 경계해야 한다. 이미 말했듯 담배를 끊으면 영웅이 되지만 술을 끊으면 괴짜 취급을 받는다. 안타깝지만 그게 현실이다.

그들은 흔히 이렇게 말한다.

"술을 끊으니 어때?"

"잘 되어가는 거야?"

"아직은 판단하기 이르지?"

"아직도 마시지 않고 버티는 거야?"

아마 남은 생애 내내 그런 질문을 받게 될지 모른다. 나도 술을 끊자마자 그런 소리를 계속 들었다.

"아직도 안 마셔?"

"이제 끊은 지 얼마나 되었지?"

"술 마시지 않고 지내기가 어때?"

도대체 뭐가 어떻다는 말인가? 내가 어떡해야 한다는 말인가? 누군가 운전면허 시험에 합격하면 일주일 뒤 그에게 전화를 걸어 "아직도 운전해?"라고 묻겠는가? 물론 그렇게 물을 사람은 없다. 하지만 사람들은 술을 끊고는 행복해질 수 없다고 믿도록 너무나 오랫동안 사회적으로 길들여지고 세뇌당했기 때문에 금주한 사람이 언제 유혹에 다시 굴복하는지 보고 싶어한다.

술에 진정한 혜택이 있다는 광고 메시지에 넘어간다면 술의 유혹에 굴복하게 된다. 여러분이 진정으로 자유롭다면 유혹에 넘어가지 않는다. 매력이 전혀 없는데 왜 유혹을 당하겠는가? 무엇을 포기하거나 희생했을 때만 그것을 다시 갖고 싶어 유혹에 넘어갈 수 있다. 그러나 명심하라. 술을 끊는다고 무엇을 포기하거나 희생하는 것은 결코 아니다. '무엇을 포기했다'는 표현은 희생을 의미한다. 그런데도 술을 끊은 사람들은 술에서 얻을 수 있는 소중한 무엇을 포기함으로써 자신이 큰 희생을 치렀다고 믿고 박탈감으로 고통을 당한다. 다시 말하지만 금주는 무엇을 포기하는 게 아니라 진행성 질병을 치료하고 중독을 중단시키는 행위다. 큰 희생을 감수하는 사람은 금주자가 아니라 음주자들이다. 그들은 술을 마심으로써 건강과 돈, 용기, 자신감, 자유를 포기한다. 그들 자신이 알든 모르든 그들은 마약 중독자이며, 따라서 진행성 질병을 앓고 있다. 그것은 부러워할 게 아니라 애석하게 생각할 일이다.

"술 마시지 않으니 어때?"라니? 그건 물으나 마나 한 질문이다. 마시지 않으면 당연히 모든 게 좋을 수밖에 없다. 진짜 필요한 질문은 거꾸로 음주자에게 이렇게 묻는 것이다.

"술 마시는 것 잘 되어가? 숙취나 기억 상실, 비용, 언쟁, 무기력증 같은 후유증이 좀 어때? 자신이 술의 노예라고 느껴? 음주 제어가 잘 되고 있어?"

음주자들은 그런 주제를 회피한다. 또 캐물으면 "숙취는 없어"라고 귀찮은 듯 말한다. 하지만 그 말은 알코올에 대한 내성이 강해져 숙취가 일상적 표준이 되었다는 뜻이다. 아니면 다른 마약 중독자처럼 마약 사용을 정당화하려고 거짓말을 하는 것이다.

대다수 음주자는 자신이 술을 마시는 핑계를 대려 애쓴다. 특히 술을 끊고 난 뒤 더는 술을 갈망하지도 않고 술을 마실 필요도 느끼지 않는 사람이 곁에 있을 때 기발한 음주 구실을 찾는다. 술은 변함이 없다. 단지 술 마실 핑계거리가 달라질 뿐이다. 청소년에게 술을 마시는 이유를 물으면 "술 마시는 게 즐거워요"라고 대답한다. 거짓말이다. 즐길 수 없는 게 술이다. 한 모금 마실 때마다 몸서리쳐지고, 많이 마시지 않아도 인사불성이 되기 쉽고, 다음 날이 되면 몸 상태가 엉망이라고 느낀다. 또 처음 마시면 토하기 쉽다. 그러면 '술 대신 레모네이드나 마실 걸' 하며 후회한다.

문제는 그들이 레모네이드를 마시면 어른이 되기 멀었다고 믿도록 사회적으로 길들여졌다는 사실이다. 따라서 술을 배울 때 그들은 무조건 "술 마시는 게 좋아요"라고 말한다. 처음부터 음주를 정당화하려 발버둥친다. 그런 정당화는 끊임없이 계속된다. 몇 주 뒤에 다시 그들에게 술 마시는 이유를 물으면 이제 "맛이 좋아요"라고 답한다. 그 말은 술맛이 더는 역겹지 않다는 뜻이다. 또 얼마 후에 다시 물으면 "용기와 자신감이 생기고 긴장 완화에 도움이 되며 행복하게 해줘요"라고 답한다. 그렇게 몇 달만에 술은 끔찍하게 느껴지고 맛이 역겹던 것에서 맛도 좋고 심리적으로 의지할 수 있는 것으로 변한다. 술 자체가 변하는 게 아니다. 술에 대한 인식이 달라지는 것이다.

음주를 정당화하려고 갖다 대는 핑계는 마실 때마다 달라진다. 하지만 술을 마시는 진짜 이유는 언제나 똑같다. 중독되었기에 마신다. 음주자들은 그럴 듯하고 논리적으로 들리는 핑계를 댄다. 하지만 한심하고 애처로운 변명일 뿐이다. 그들은 자신이 술을 끊는 게 너무 두려운 나머지 주변의 누군가가 금주에 성공했다고 하면 그를 다시 술로 끌어들이려 애쓴다. 예를 들어 술을 끊은 사람이 이렇게 말할 수 있다.

"자네 내 이야기 들었어? 난 이제 술을 마시지 않아도 괜찮아. 완전히 자유롭게 되었지."

그러면 그들은 그에게 슬며시 의심을 심어준다.

"끊은 지 얼마나 되었다고? 나 같으면 섣불리 그렇게 말하지 않을 거야. 단언하긴 너무 일러."

도대체 얼마나 지났는지가 무슨 상관이 있는가? 자유로우면 된 것이지 그런 상태가 된 지 얼마나 지났는지는 중요하지 않다. 그건 흔히 말하는 지속적인 '회복' 과정을 의미한다. 무슨 일이 일어나기를 기다리며 날짜를 세는 것 말이다. 하지만 무엇을 기다린단 말인가? "난 성공했어. 이제 술은 필요 없어. 난 자유야"라고 말할 수 있는 날이 오기를 기다리는 것일까? 진실은 이렇다. 술을 마시지 않은 첫날부터 그렇게 말할 수 있다. 그러면 그 첫날부터 진정으로 자유로워진다. 첫날 그렇게 말할 수 없다면 언제 그렇게 말할 것인가?

아무튼 술을 끊을 때 마시지 않은 일수를 셀 필요가 없다. 아무런 의미가 없다. 이것이 이 책이 제시하는 금주 방법의 아주 중요한 부분이다.

술에서 자유로워진 지 며칠이 지났는지 날짜를 세지 마라

술을 끊는 사람은 마지막 잔을 마셨다는 사실을 아는 순간부터 자유의 몸이다. 며칠 간 자유를 누렸는지 일수를 셀 필요가 없다. 그런 점에서 보면 술의 덫은 이 세상에서 가장 기이한 감옥이 틀림없다. 사람들이 석방된 후부터 날짜를 세는 유일한 감옥이다.

음주자들은 술을 끊은 사람을 보면 남들이 다 하는 좋은 무언가를 놓치고 있다고 실제로 믿는다. 세뇌의 힘이 그처럼 크다. 그래서 그들은 왜 당신이 술을 완전히 끊는지 이해하지 못한다. 그들의 눈에 당신이 이미 '알코홀릭'으로 보였다면 그들은 당신이 더는 술을 마실 수 없게 된 것을 안타까워한다. 하지만 그들이 깨닫지 못하는 점은, 좋은 무언가를 놓치고 있는 사람이 자신들이라는 사실이다. 사실은 여러분이 그들을 안타까워해야 한다. 좋은 무언가를 빼앗기고 있는 쪽은 그들이다. 의존하는 약물(술)에 대한 제어력을 발휘해야 하는 쪽도 그들이다. 술을 마시지 않는다면 빼앗길 게 전혀 없다.

> 술을 마시지 않는다면 빼앗길 게 전혀 없다.

상황의 현실에 초점을 맞추면 모든 게 명확해진다. 술을 끊은 일수는 아무런 상관이 없다. 좋은 무언가를 놓치거나 빼앗긴 쪽은 가련한 음주자들이다. 그들은 건강과 돈, 뇌세포, 기억력, 감각, 마음의 평온함, 용기, 자신감, 그리고 무엇보다 신체적·정신적 자유를 빼앗기고 있다. 그들은 마약 중독자다. 술을 끊은 당신은 그들을 있는 그대로 정확히 본 사람 중 하나다. 헤로인 중독자를 부러워하는 사람이 있는가? 그렇다면 알코올 중독자를 부러워할 이유는 어디 있는가?

부러워할 건 전혀 없고 측은해 할 건 너무 많다

무엇이 애초에 우리를 알코올 중독으로 유인했는지 항상 기억해야 한다. 바로 다른 음주자들이다. 우리가 좋은 무언가를 놓치고 있다고 확신하도록 만든 건 그들이다. 사람들이 산타를 믿도록 만드는 게 내가 해야 할 일이라면 나는 어린아이를 고용해 그 일을 맡기겠다. 환상을 실제로 믿도록 만드는 일에는 그 환상을 실제라고 믿는 사람이 적격이다. 음주자들은 환상을 실제라고 믿는 사람들이라는 사실을 잊지 말아야 한다. 자신이 세뇌 당한 것을 그대로 전달하는 음주자들의 힘을 과소평가해선 안 된다. 그들은 절대 다수다. 거리의 노숙자부터 대통령까지 모두가 술을 마시는 듯하다.

우리는 태어나면서부터 술을 마시도록 사회적으로 길들여졌다. 부모도 저녁식사를 하면서 열 살짜리 아이에게 작은 잔에 따른 와인 한 잔 정도를 마시게 해도 해롭지 않다고 생각한다. 그러나 "와인 한 모금 정도는 괜찮아"라는 말은 "헤로인을 약간만 하면 괜찮아"라는 말과 크게 다르지 않다. 둘 다 마약이고, 둘 다 중독성이 강하며, 둘 다 삶을 망가뜨린다. 둘의 차이라면 헤로인은 그 본질이 무엇인지 눈에 확실히 보이며, 미디어에서 사교 생활과 스트레스 해소에 도움이 되고 행복하게 해주는 약이라고 선전되지 않는 반면 술은 바로 그렇게 선전된다는 사실이다. 또 헤로인은 불법 마약이고 음주는 합법 마약이다. 게다가 헤로인은 실제 있는 그대로 인식되지만 술은 중독자의 관점에서 인식된다.

술의 주된 문제점은 헤로인과 달리 중독을 감지하기가 너무 어려워 자신이 중독자인지 모르고 살다가 생을 마치는 사람이 많다는 사실이다. 안타깝게도 자신이 알코올에 의존한다는 사실을 아는 사람들도 불치병 환자로 낙인 찍혀 사회적으로 소외당할까 두려워 그런 사실에 눈을 감는다. 여기서 불치병이란 앞에서 여러 차례 다뤘듯이 '알코홀리즘'으로 알려진 수수께끼의 질병을 가리킨다.

다른 마약 중독자들이 그렇듯 음주자들도 다른 사람만이 아니라 특히 자신에게 거짓말과 속임수로 자신의 음주를 정당화한다. 하지만 그런 핑계 때문에 본질이 흐려지게 내버려두면 안 된다. 음주자들이 무엇을 믿든, 또 어떻게 말하든 상관없이 그 본질은 그들이 중독자라는 변함없는 사실이다. 내가 오만해서 그런 말을 하는 게 아니라 그게 사실이기 때문에 있는 그대로 지적할 뿐이다. 그들은 중독의 덫에 빠진 것이 분명한 데도 그런 사실조차 인식하지 못하는 경우가 많다

그들은 마약에 중독되었으며, 서서히 그러나 확실히, 갈수록 악화되는 질병에 걸렸다. 그들은 제어력을 발휘해야 한다. 다시 말해 마약의 지배를 받는다는 뜻이다. 절대 잊지 말아야 할 것은 음주자들은 진정한 제어력을 가질 수 없다는 사실이다. 마약을 제어하려는 것은 스스로에게 가하는 고문이다. 궁극적으로는 마약이 중독자를 지배하게 된다. 그래서 그들은 중독 상태에 계속 머문다. 또 그들은 술을 제어할 수 있다고 잘못 믿기 때문에 술을 끊었다가도 다시 빠져든다.

이미 여러 번 말했지만 나는 술을 3개월 동안 끊은 적이 있다. 그러다가 술을 다시 마시게 된 것은 이제는 내가 술을 제어할 수

있기 때문에 해가 되지 않게 마실 수 있다고 생각했기 때문이었다. 하지만 바로 그게 문제였다. 술은 백해무익한데 그냥 마시지 않으면 되는 것이지 적게 마시려 애쓸 필요가 어디 있는가? 질병은 그냥 없애면 되는 것이지 제어하려고 애쓸 필요가 어디 있는가? 아무런 도움도 되지 않는 술을 적게 마시려고 의지력과 자제력을 발휘하려 애쓰면서 하나밖에 없는 삶을 허비할 필요가 어디 있는가?

진정한 즐거움을 놓치고 있다고 믿는다면 당연히 자신이 마음대로 할 수 있는 제어권을 가지려 할 것이다. 하지만 무슨 즐거움을 놓친다는 말인가? 그건 아니다. 우리를 애초에 중독으로 이끄는 것이 바로 그런 잘못된 믿음이다. 에이즈 바이러스(HIV)를 보유한 사람이 본격적인 에이즈 질병을 앓으려면 상당한 시간이 걸린다. 그렇다고 누가 그를 부러워하겠는가? 부러워하기는커녕 불쌍히 여길 것이다. 무엇보다 여러분은 대다수 음주자가 스스로 알든 모르든 술의 덫에 걸려들었다는 사실을 반드시 기억해야 한다. 그들은 갈수록 나빠지는 진행성 질병의 서로 다른 단계에 있을 뿐이다.

사람들은 때때로 나에게 이렇게 말한다.

"자신이 술의 덫에 빠졌다는 사실을 모른다면 술을 마시는 게 문제가 되지 않는다. 모르는 게 약이지 않은가?"

누군가 모래늪에 빠졌을 때 그가 모래늪이 어떤 것인지 모르며 심지어 자신이 모래늪에 빠진 것을 재미있게 여긴다고 상상해보

라. 그때 내가 가서 그의 동의 없이 그를 구조한다면 그는 좋은 재밋거리를 빼앗겼다고 화를 내며 즉시 다시 모래늪에 뛰어들려 할 것이다. 하지만 모래늪은 한번 빠지면 계속 빨려들어갈 수밖에 없는 덫이라는 나의 설명을 이해한다면 그래도 모래늪에 다시 뛰어들려 할까? 모래늪에 다시 빠지고 싶다는 생각이 잠시라도 들까? 구조되기 전에는 재미있다고 생각했겠지만 그런 설명을 듣고 난 뒤에도 그 재미를 빼앗겼다고 느낄까?

지금은 모래늪에 허리 정도까지만 빠졌지만 서서히 더 깊이 빨려들어가는 사람을 본다면 여러분은 그를 부러워하겠는가 아니면 불쌍히 여기고 구조하려 하겠는가? 물론 여러분은 구조하려 애쓰겠지만 그가 모래늪을 재미있는 놀이터라고 생각하는 한 도움을 원치 않을 것이다. 자신이 헤어날 수 없는 덫에 걸렸다는 사실을 깨달아야만 구조를 요청할 것이다.

이제 관점을 바꿔보자. 당신이 무시무시한 모래늪에 빠졌고 처음엔 몰랐지만 시간이 흐르면서 계속 깊이 빠져 들어간다는 현실을 올바로 인식하게 되었다고 상상해보라. 당신은 구조를 요청하지만 사람들은 도움을 주지 않고 당신이 자신들과 다르다는 말만 한다. 모래늪에 빠진 사람이 성인 인구의 80%에 이르지만 그들은 모두 잘 지내며 정상적 생활을 하는데 당신은 무언가 문제가 있다는 식이다. 따라서 구조를 요청하면 당신은 불치병에 걸린 사람으로 사회에서 영구히 따돌림 당하게 된다.

더구나 당신은 남은 생애 동안 언제나 비참하고 우울할 것이다.

다른 모든 사람이 하는 좋은 것을 당신은 하지 못하기 때문이다. 당신은 자신이 아래로 서서히 가라앉고 있다는 사실을 깨달았는데도 다른 사람들의 반응이 빠르다고 생각한다면 쉽게 구조를 요청할 수 없을 것이다. 그게 가장 큰 문제라고 나는 생각한다. 비유가 좀 생뚱맞지만 모래늪과 술의 덫은 상당히 비슷하다. 알코올중독자도 수치스러운 나머지 도움을 구하지 않는다. 도움을 구하면 일반 사람들과 달리 취급받게 된다고 세뇌당했기 때문이다. 음주자는 술이 원래 일으키는 두려움 외에 자신이 허약해진 상태로 평생 질병을 앓으며 살아가야 한다는 추가적인 두려움까지 떠안을 자신이 없다.

따라서 술을 끊는 사람이 명심해야 할 점은 이것이다. 다른 음주자들을 절대 부러워하지 마라. 부러워할 게 전혀 없다. 아무리 오래 금주했다 해도 그 사실만은 반드시 기억해야 한다. 음주에 관한 사실은 어떤 상황에도 변하지 않는다. 단지 음주가 우리에게 미치는 영향이 달라질 뿐이다. 여러분의 몸과 마음에서 알코올이라는 독을 완전히 제거하면 아쉬워할 게 전혀 없다는 사실을 명확히 알게 된다. 사람들은 술을 끊을 때 일종의 '애도' 과정을 거친다. 친한 친구를 잃었을 때의 애도 과정과 비슷하다. 그러나 진실은 이렇다. 소중한 무엇을 잃는 사람은 술을 끊는 사람이 아니라 음주자들이다. 동정이 필요한 쪽은 그들이다.

완전한 금주에 성공하기 위한 열쇠 중 하나는 다음 사실을 올바로 인식하는 것이다. 음주자들도 본심으로는 자신이 빠져 있는 술의 덫에서 벗어나기를 간절히 원한다. 나는 술을 끊은 이래 음주자 대다수가 나를 진정으로 부러워한다는 사실을 깨달았다. 내가 얻은 자유 때문이다. 그들도 알코올에 의존하지 않고 삶을 즐기며 스트레스에 대처할 수 있게 되기를 진심으로 원한다. 그들의 발목을 잡는 유일한 장애물은 두려움이다. 술을 끊는데 따르는 두려움을 가리킨다. 술 없이 무슨 재미로 사나? 술 마시지 않고 어떻게 사나? 나도 오랫동안 술을 마시며 그런 두려움 속에서 살았다.

음주자들을 잘 관찰해보라. 여러분이 진정코 술을 원하지도 필요로 하지도 않는다는 사실을 그들이 깨달을 때 그들은 그 문제를 계속 거론하며 속으로 의심한다. 그들은 자신도 음주를 제어하고 있고 많이 마실 필요도 느끼지 않는다고 고집한다. 또 그들은 술을 마실 때마다 마지막 잔이라고 말하며 그 잔을 마셔야 하는 이유를 정당화하려 애쓴다. 그러나 뭐라고 하든 그들은 끔찍한 노예 신세에서 해방된 여러분처럼 되고 싶어한다.

모든 마약 중독자는 거짓말을 한다. 심지어 자신에게도

여러분이 더는 술을 마실 필요성을 느끼지 않는다는 사실에 진정으로 행복해 하는 것을 보면 그들은 여러분을 초인간이라 생각할 것이다. 여러분 자신도 초인간처럼 느낀다. 그들은 여러분이 약간만이라도 불평하기를 기대한다. 실제로 불만에 차서 넋두리를 해대는 금주자들이 '알코올 중독은 평생 싸워야 하는 질병'이라는 환상을 고착시킨다.

따라서 음주자들을 부러워하지 말고 진실을 직시하라. 그러면 그들이 여러분을 부러워한다. 이는 속임수가 아니다. 대다수 음주자는 드러내지 않지만 여러분을 부러워하게 된다. 드러내지 않는다는 말은 인정하지 않는다는 뜻이다. 부러움을 인정하는 순간 제어력을 잃었다는 사실을 보여주기 때문이다. 그들은 그런 가식을 최대한 오래 유지하며 "난 스스로 음주를 제어하고 있어. 난 문제가 없어"라고 계속 말한다. 그렇게 오래 말하다 보면 실제로 자신이 그렇다고 믿게 된다. 하지만 진정한 제어력은 제어력을 더는 발휘할 필요가 없을 때 생긴다는 사실을 기억하라.

마약 중독자는 함께 있는 다른 사람이 마약을 하지 않는데 자기만 홀로 마약하기를 좋아하지 않는다. 그럴 때 그들은 심한 외로움을 느낀다. 그래서 "같이 할 거지?"라고 말한다. 음주자는 여러분에게 술을 권하려 애쓴다. 여러분을 다시 그들의 부류로 끌어들이려 온갖 수단을 다 동원한다. 대다수는 자신이 중독되었다는 사실을 모르기 때문에 자신이 여러분을 술의 덫으로 유혹한다고 생각하지 않는다. 하지만 그들은 의식적으로든 무의식적으로든 술이라는 마약을 여러분에게 먹이려 한다. 그들이 악의에서 여러분을 질병으로 유인하려는 것은 아니다. 다만 환상을 실제라고 믿고 알코올 중독이 질병이라는 사실을 몰라서 그렇게 행동하는 것이다.

사람들을 알코올 중독의 덫으로 유인하는 것은 바로 음주자들이다. 환상이 실제라고 믿는 사람만큼 그 환상을 홍보하는 일에 적격인 사람은 없다. 알코올 중독의 가장 슬픈 면이 이러한 사실이다. 사람들은 술에서 진정한 즐거움을 얻는다고 믿고, 자신이 음주를 전적으로 제어할 수 있다고 확신한다. 그들은 아침에는 술을 잘 마시지 않지만 다른 때는 언제든 술을 마시는 게 '정상'이라고 믿도록 세뇌당했다.

스스로 질병에 걸리도록 하는 것은 정상이 아니다

지금까지 나는 이 책에서 다음과 같은 말을 여러 번 반복했다. 마약 사용은 우리 스스로 제어할 수 없으며, 마약 사용자는 갈수록 더 많은 마약을 원하게 마련이다. 그런데도 언제든 자신이 원하면 술을 마시고, 원하지 않으면 마시지 않을 수 있다고 말하는 사람이 많다. 어떻게 그들은 음주를 할지 말지가 그처럼 자신의 선택에 달려 있다고 믿을까?

마시는 선택은 내가 한다고?

음주가 자신의 선택에 달렸다는 주장은 술의 덫 중에서도 가장 영악한 부분이다. 모든 사람이 여기서 혼동을 일으킨다. 모두에 게 똑같은 덫이라면 왜 우리 모두가 같은 속도로 빠져 들어가지 않을까? 왜 어떤 사람은 마음대로 제어할 수 있지만 어떤 사람은 그럴 수 없을까? 술을 마실지 말지 사람들이 마음대로 선택할 수 있다는 것이 음주에 관한 한 가장 큰 환상이요 집단 착각임이 틀림없다. 또 바로 여기서 사회가 말하는 '정상적인 사람'과 '알코올릭'이 구별된다.

술을 포함한 모든 마약은 한 번 사용하면 갈수록 더 많이 사용하게 된다는 것이 자연적 속성이다. 실험실의 생쥐처럼 버튼을 계속 누르는 상황으로 치달을 수밖에 없다. 그러나 생쥐와 달리 우리는 더 높은 의식을 가졌다. 술을 마시는 모든 사람이 '알코올릭'으로 불리지 않는 데는 한 가지 주된 이유가 있다. 제한이 가해지기 때문이다. 잘 생각해보라. 술을 한번 마시면 갈수록 더 많이 마시는 것이 자연적 현상이지만 모든 사람이 술을 점점 더 많이 마시지 않는 이유는 뭘까? 자신이나 사회가 마시지 말라고 강요하기 때문이다. 술을 마시는 모든 사람이 곧바로 '알코올릭'이 되지 않도록 막아주는 유일한 제한이 그것이다. 제한 요인에는 여러 가지가 있다. 돈, 건강, 가족에 미치는 영향, 운전, 근무, 다른 사람들의 비난, '알코홀릭'이 될 수 있다는 두려움, 자녀, 사회적 낙인, 알코올에 대한 신체적 거부감, 주취에 대한 혐오 등.

음주 제한 요인 중에서 특히 돈이 중요한 역할을 한다. 술은 아주 비싼 마약이다. 어떤 사람은 더 마시고 싶어도 돈이 충분하지 않아 호주머니 사정에 맞춰 절제한다. 평생으로 따지면 개인적으로 술에 10만 파운드를 지출하게 되지만 재미있는 것은 술을 처음 마실 때와 마지막으로 마실 때는 가장 싸구려 술을 마신다는 사실이다. 나는 예전에 값이 저렴하면서도 알코올 도수가 높은 맥주를 찾은 적이 있다. 적은 돈으로 더 많은 알코올을 섭취할 수 있기 때문이었다. 사람들이 맥주에서 독주로 옮겨가는 이유도 바로 그것이다. 마약이 원래 그렇듯 우리 몸은 알코올에 대한 면역과 내성을 발달시켜 같은 효과를 보려면 더 많이 섭취해야 한다. 그래서 적은 돈으로 더 많은 알코올을 얻는 방법을 택하게 된다. 어느 정도에 이르면 더 마실 돈이 없어 양을 제한하는 사람이 많다. 하지만 덫에 더 깊이 빠져들면 그런 제한도 사라져 오로지 술을 마시기 위해 식사도 하지 않고, 가족을 돌보지도 않고, 친구도 팽개치는 지경에 이른다.

건강도 또 다른 주된 제한 요인이다. 흔히 즐거움을 가져다준다는 술이 서구에서 두 번째 주요 사망 원인이다. 그런 이야기가 잘 거론되지 않는다 해서 현실이 달라지지는 않는다. 나도 체중과 복부 비만 문제로 가끔씩 절주를 해야 했다. 그처럼 술은 건강에 지대한 영향을 미친다.

과거 나의 음주 시절을 지금 외부자의 관점에서 돌이켜보면 매일 어느 정도의 의지력과 자제력을 발휘해야 했다는 사실을 깨닫는다. 그런 자제력은 대부분 나에게 강요된 것이었다. 그러나 속임수가 너무 교묘해 내가 스스로 절제하기로 선택했다고 믿게 되었다. 나에겐 그럴 능력이 없었는데도 그럴 수 있다고 믿었다. 나의 음주를 제한하는 요인은 아주 많았다. 일자리를 잃고 런던 남부의 빈 건물에서 불법 거주할 때는 호주머니에 남아 있는 돈만큼만 마실 수 있었다.

그러다가 다시 일자리를 가졌을 때는 급여의 한도 내에서 마셨다. 연애할 때는 우리 관계가 허용하는 한도 내에서 마셨다. 모든 게 그런 식이었다. 현실이 그렇다. 때로는 마시고 싶어도 마실 수 없다. 휴일이나 휴가, 명절 또는 운전하지 않을 때 사람들은 훨씬 더 많이 마신다. 경제적 사정이 여의치 않다면 불가능한 일이지만 대다수 음주자는 그렇게 한다.

사람들이 믿는 그대로 술이 진짜 효과가 있다면 술 마신 뒤 다음 날 아침에 일어나면 용기와 자신감, 행복이 충만해야 하지 않을까? 실제로 그런 경험이 있는가? 아닐 것이다. 우리는 그 모든 것이 거짓이라는 사실을 직감적으로 안다. 특히 아침에 술을 마시면 하루 생활이 엉망이 되며 즐거움이라는 환상조차 경험할 수 없다. 마실 때도 비참하고 마시지 않을 때도 비참하게 느낀다.

대다수 흡연자들은 아침에 일어나자마자 담배를 피워도 생활에 별 지장이 없다. 아침 흡연이 비정상적이라고 여겨지지도 않는다. 그러나 술은 향정신성 약물이라 자제가 필요하다. 알코올 중독자라 해도 다음 날 출근해야 한다면 그 전날 술을 마시지 않는 사람이 많다. 일 때문이든 자녀 때문이든, 건강이나 돈, 사업에 대한 걱정 때문이든 여러 제한 요인 때문에 한 주 내내 술을 마시지 않고 지내는 중독자도 있다. 형편상 어쩔 수 없다. 대다수는 그냥 받아들이고 살아간다. 신체적 금단 증상이 심하지 않는다면 그래도 별 문제 없다. 그러다가 주말이 오고 제한 요인이 사라지면 그들은 마치 내일이 없는 듯 마셔댄다. 그러나 바로 그 술 때문에 한 주 내내 기대했던 주말을 잃어버리고 만다. 이렇게 자신 있게 말할 수 있는 것은 내가 그런 경험을 숱하게 했기 때문이다.

"가끔씩 마신다"고 말하면서도 주말이나 휴일이 되면 인사불성이 되는 사람이 많다. 특히 휴가 때 음주자들의 진면목을 알 수 있다. 제한 요인들 때문에 평소에는 술 한 방울도 입에 대지 않다가 휴가 때가 되면 아침 10시부터 해변에서 맥주를 마시는 사람들이 적지 않다. 그래도 그만큼 일찍 일어난다면 다행이지만 대다수는 오후 1시가 되어야 해변에 도착한다. 전날 부어라 마셔라 했기 때문이다. 오후 1시라면 술을 마셔도 봐줄 수 있지만 그들이 잠에서 깨어난 시간을 따지면 1시간밖에 지나지 않은 시점이다. 하지만 시간이 무슨 상관인가? 마시면 마시는 것이다. 헤로인 중독자가 "오후 1시 전에는 헤로인을 하지 않아. 일어나자마자 주사할 필요는 없어"라고 말한다고 그를 달리 볼 것인가?

마약 중독자는 제약 요인 때문에 어느 정도 제어력을 발휘해야 한다. 이처럼 끊임없이 제어해야 한다면 사실상 마약의 노예라는 뜻이다. 거기서 완전히 벗어나는 것의 가장 큰 이점은 바로 그 자유다. 어떤 식으로든 제어가 필요하다면 그것은 완전한 자유가 아니다. 무엇이든 약물에 의존해야 한다면 완전한 자유가 아니다. 술을 마실 수 있는 시간인지 시계를 들여다봐야 한다면 완전한 자유가 아니다. 제약 요인 때문에 어느 수준에서 절제해야 한다면 완전한 자유가 아니다.

모든 마약 중독자는 거짓말을 한다. 음주자가 "하루 한 잔만 마신다"고 말하는 것도 거짓말이다. 500cc 잔에 위스키를 가득 채운 것을 한 잔이라고 우긴다면 할 말이 없지만 말이다.

음주자가 과음을 하지 않는 이유는 단 두 가지뿐이다.

1. 신체적으로 강하지 않아 몸이 한 번에 많은 독소를 처리할 수 없다.
2. 삶의 제약 요인이 많다.

대다수 음주자는 단 한순간에 술고래가 될 수 있다. 삶에서 아주 좋지 않은 일을 한 번이라도 당하면 음주량을 제어할 힘과 의지가 사라지면서 수문이 완전히 열려버린다.

폭음의 이유

여기서 내가 말하는 폭음자란 주중에는 제약 요인들 때문에 술을 마시지 못하고 참다가 주말만 되면 폭음하는 사람들을 가리키지 않는다. 그런 음주자들은 주말이 되면 평소의 3배를 마셔댄다. 여기서 내가 말하는 폭음자는 자신의 음주를 마음대로 제어하고 선택할 수 있다는 '인상'을 주는 사람들을 말한다. 몇 개월 동안 전혀 마시지 않다가 한꺼번에 엄청나게 마셔대는 사람들이 그 예다. 이러한 사람들은 주로 두 부류로 나뉜다.

1. 술의 실질적 혜택을 믿지 않지만 견디기 힘든 스트레스 상황에서 현실 도피를 위해 마시며, 마시지 않을 때는 술을 갈망하지도 않는 사람들
2. 술을 간절히 원하지만 억지로 참으며 일시적으로 금주하는 사람들

두 부류 모두 마시면 진짜 무섭게 마신다. 이 세상의 어떤 제약 요인도 그들을 막지 못한다. 아침부터 밤까지, 또 끝장 볼 때까지 마셔댄다. 실험실의 생쥐가 버튼을 계속 누르고 있는 식이다.
첫째 부류는 술을 마시지 않을 때는 음주의 실상을 바로 알고

마시려 하지 않는다. 하지만 상황이 너무 괴로워 견딜 수 없다고 생각될 때 현실 도피의 방편으로 폭음을 택한다. 그렇지 않으면 외인부대에라도 입대할 판이다. 헤로인이 불법이 아니라면 헤로인을 주사하고 현실을 잊으려 할지 모른다. 어떤 면에서는 알코올 중독과는 아무런 상관이 없다. 현실을 잊게 해준다면 무엇이든 상관없다는 식이지만 그들이 술을 택하는 것은 술이 처방이 필요하지 않고, 합법적이며, 어디서든 쉽게 구할 수 있기 때문이다.

그들은 알코올에 중독된 게 아니며 음주로서 즐거움을 얻을 수 있다고도 생각하지 않는다. 그들에게 술은 현실 도피의 수단일 뿐이다. 문제는 알코올이 기분을 가라앉힌다는 사실이다. 술은 그들을 더욱 우울하게 만들어 현실에서 도피해야 할 더 많은 이유를 만들어낸다. 폭음한 다음 날이 되면 기분이 더욱 우울해져 더 많이 마신다. 잊고 싶어했던 문제가 날이 갈수록 더 커지면서 마취제인 술을 더 많이 마시는 악순환이 이어진다.

그런 식으로 폭음하는 사람 중 다수는 그동안 술을 마시지 않으며 공들여 쌓아온 탑을 몇 주만에 완전히 무너뜨린다. 그러다 어느 날 갑자기 음주가 현실 도피의 수단이 되기보다 자신의 삶을 완전히 파괴하고 있다는 사실을 깨닫고, 아무리 힘들다 해도 현실을 받아들이기로 결심하고 바로 술을 끊는다. 이러한 부류는 매우 위험한 게임을 하고 있다. 만약 술이 '현실을 잊게 해준다'고 믿고 현실 도피 수단으로 폭음하는 경우가 늘어나다보면 궁극적으로 술이 만들어내는 모든 환상을 다 믿게 될 수 있다. 그러면서 폭음

시간이 늘어나고 술을 마시지 않고 보내는 시간은 줄어들게 된다. 이러한 부류는 드물지만 실제로 존재하기 때문에 그처럼 되지 않도록 경계할 필요가 있다.

폭음자의 두 번째 부류는 가장 흔하다. 3개월 끊었다가 3개월 마시는 식이다. 끊었을 때는 술을 갈망하며 비참하게 느끼고 즐거움을 빼앗겼다고 생각한다. 하지만 아무에게도 그런 느낌을 털어놓지 않고 오히려 술 마시는 사람들을 공개적으로 비난한다. 고결한 척하는 금주자가 되는 것이다. 그동안 그들은 늘 자제력을 발휘하면서 마시고 싶은 충동을 억누른다. 생각 전체가 그런 노력에 얽매인다. 그러다가 삶에서 무슨 일이 생겨 자제력이 약해지면 더는 마시고 싶은 충동을 억누르지 못한다.

그러면 그들은 붕괴하는 '댐'처럼 된다. 물이 가득 차 압력이 과다해지면 댐은 무너져 홍수를 일으킨다. 댐은 강해보이지만 한순간에 무너질 수 있다. 두 번째 부류의 폭음자도 그와 같다. 그들은 술을 마시지 않기 위해선 엄청난 자제력을 발휘해야 한다. 그 압력이 매일 쌓이면 술을 마시지 않겠다는 결의는 한순간의 스트레스나 대규모 파티에 바로 무너진다. 잠재의식적으로 그들은 그동안의 잃어버린 시간을 보충한다. 그들의 술에 대한 욕구는 술이 초래한다. 따라서 결심이 무너진 그 순간 많이 마실수록 그 다음엔 더 많이 마실 수밖에 없다.

술을 마실 때는 자신의 음주를 싫어하지만 마시지 않을 때는 자신의 금주를 싫어한다. 만족할 때가 없다는 뜻이다. 그래서 한동안 마시다가 그만두고 한동안 마시지 않다가 다시 마시기를 반복한다. 마실 때는 폭음한다. 그러다가 그들은 결심이 무너져 술을 다시 마시게 되었다고 괴로워하며 다시 마시지 않기로 결심한다. 하지만 마시지 않는 것도 괴롭기는 마찬가지다. 결국 괴롭더라도 계속 마시는 게 더 편해진다.

폭음자들이 한동안 술을 끊을 때면 술 마시는 사람들을 비난하며 자신은 아주 고결한 체한다. 무언가를 오랫동안 하다가 최근 들어 그만둔 사람이 똑같은 무언가를 하는 다른 사람들을 비난하는 것과 같다. 그처럼 자신의 과거를 잊고 다른 사람의 음주를 나무라며 고결한 체하는 사람도 두 부류로 나뉜다.

1. 술을 끊었지만 다시 마시지 않으려고 의지력과 자제력을 영구히 동원해야 하는 음주자들: 이들은 평생 '회복' 과정에 있으면서 늘 술을 갈망하며 자신이 금주함으로써 큰 희생을 하고 있다고 믿는다. 하지만 의지력이 약하다는 비난이 두려워 자신의 심정을 드러내지 않고 고결한 체한다.

2. 비음주자들: 정확히 말해 첫 잔을 마셔보고는 너무 역겨워 술에 적응할 생각을 아예 하지 않은 사람들이 여기에 속한다. 거의 모두가 살면서 최소한 한 번은 술을 입에 대지만 그 역겨운 맛과 끔찍한 신체 반응을 극복하기는 쉽지 않다. 그래서 술을 다시는 마시지 않는 사람들을 가리킨다. 그들은 술이 만들어내는 환상을 믿지 않기 때문에 알코올에 중독될 리 없으며, 사람들이 왜 술

을 마시는지 이해하지도 못한다. 그래서 독선적으로 보이기도 한다. 그러나 그들의 태도는 충분히 이해할 수 있다. 예를 들어 헤로인 중독자를 대하는 일반인의 태도와 다름없다. 하지만 그들 자신도 헤로인 끊기를 간절히 원한다는 사실을 알고 나면 섣부른 비난을 자제할 것이다. 음주자를 보는 금주자의 시각도 음주자가 속으로는 금주를 간절히 바란다는 진실을 정확히 알면 더는 독선적이되지 않을 것이다.

이 책을 읽고 금주에 성공한다면 여러분은 술을 끊어도 고결한 체하며 음주자를 비난하는 그런 부류가 되지 않을 것이라 장담한다. 술의 덫을 정확히 이해하고 나면 그 속으로 서서히 더 깊이 빠져드는 음주자들에게 진심으로 연민을 느낄 수밖에 없다. 자신도 이전에 그랬다는 사실을 잊지 않기 때문이다.

또 다시 반복하지만 알코올 중독을 지속시키는 것은 두려움이다. 그 두려움은 너무 힘이 강해 술을 완전히 끊는다는 생각조차 할 수 없게 만든다. 그래서 음주자들은 술을 단칼에 끊기보다는 서서히 줄여나가는 게 쉽다고 믿는다. 과연 그럴까?

절주가 금주의 디딤돌이 될 수 있나요?

노, 노, 노, 노, 노!

음주량을 조금씩 줄여가는 방법은 절대 통하지 않는다. 알코올 중독자는 사실상 매일 절주한다고 볼 수 있다. 마실 때마다 음주량을 늘리지 않으려 의지력과 자제력, 제어력을 최대한 동원하기 때문이다.

이러한 질문을 해보겠다. 다이어트를 하면 음식이 별로 소중하지 않다고 여겨지겠는가 아니면 훨씬 더 소중하게 여겨지겠는가? 과거 음주 시절 나는 언제나 술 다이어트를 하는 것 같았다. 음식 다이어트를 하려면 제어력을 발휘해야 한다. 술에 의존할 때도 마찬가지다. 따라서 나는 제어력을 사용해 술 다이어트를 하거나 더는 그럴 여력이 없어 다이어트를 포기하고 폭음을 하거나 둘 중 하나인 상태로 지냈다.

여러분도 여태껏 술을 줄여보려 무지 애썼을 것이다. 3개월 동안 술을 마시지 않고 버티려 난리를 치는 것도 전부 술을 덜 마시기 위해서다. 여러분은 의식적으로 술을 줄이겠다고 결심했을 때 그 과정이 즐거웠는가? 단기간 술을 끊었을 때 신이 났는가 아니면 오로지 얼마 후에 마실 술 생각만 머리에 가득했는가? 아마도 후자였을 것이다. 인생을 낭비하는 지름길이다.

여기서 다시 드링크라인 이야기로 돌아가 그들이 음주량을 줄이는 효과적인 전략으로 제시하는 조언들을 한번 살펴보자.

1. 늘 반복되는 일상을 바꿔보라. 술을 마시기 시작하는 시간을 조금씩 늦춰보라. 조금씩 더 늦게 술집을 찾는 방법도 좋다

몇 번을 생각해도 도저히 믿어지지 않는 말이다. 음주를 시작하는 시간을 늦추라고? 술집에 더 늦게 가라고? 이게 진짜 건설적인 조언이라고 하는 건지 의심스러울 정도다. 과거 내가 술을 마실 때 술집에 늦게 가면 영업 시간이 끝나기 전에 최대한 많은 술을 마시는 것이 목표였다. 술집에 가기로 했는데 다른 사람들이 아직 준비가 되지 않아 기다려야 했을 때도 많았다. 그때는 5분마다 시계를 보며 안절부절못했다. 술을 마시는 소중한 시간이 줄어든다는 생각 때문이었다. 여러분의 경험을 돌이켜보라. 술집에 늦게 가면 술을 적게 마시게 되던가? 술집 문이 닫히기 전에 최대한 많이 마시려 연신 들이켜지 않았는가?

2. 한 잔을 주문한 뒤 다음 잔을 주문할 때까지 충분한 시차를 둬라. 한 시간에 한 잔씩 마시는 것을 목표로 하라

굳이 언급할 필요가 없는 조언이다. 음주자들은 늘 그렇게 목표를 세운다. 하지만 비현실적이다. 두 번째 잔을 마시고 나면 술기운이 돌기 시작하면서 시간을 따지지 않는 게 통상적인 음주자의 현실이다. 또 한 시간에 한 잔만 마실 수 있다고 생각하는 순간 술

은 아주 탐스러운 금단의 열매가 된다. 스스로 안 된다고 다짐하면 갈망이 더 커진다. 결국 음주자는 제어력을 유지하려는데 따르는 고통을 감내해야 하는 동시에 다짐을 지키지 못하는 죄책감에도 시달린다.

3. 술을 마시는 동안 다트나 빙고게임, 또는 댄스 같은 활동을 하라

드링크라인은 절주만이 아니라 금주를 위한 전략에서도 똑같은 조언을 한다. 이러한 조언을 제시하고도 이 분야의 전문 단체로 여겨지는 게 참으로 놀랍다. 완전히 헛소리다. 한번 그렇게 해보라. 술 마시며 빙고게임을 하면 술을 줄일 수 있는지 말이다. 마지막 제안이 가장 한심하다. 댄스라고? 춤을 춘다고 어떻게 음주량이 줄어들 수 있는가? 몸을 움직이면 체온이 올라가고 목이 말라 술을 더 마시게 된다. 술은 갈증을 해소해주지 않고 탈수를 부른다. 그래서 다시 춤을 추면 갈증이 더 심해져 술을 더 마시게 된다. 게다가 술을 마시면서 춤을 추라고? 음주 댄스를 하라는 말인가? 또 잊지 말아야 할 게 있다. 다트를 잘 던지는 사람들의 불룩한 배를 한번 보라.

4. 저알코올이나 무알코올 음료를 마셔라

내가 왜 이 생각을 못했을까? 아니, 우리 모두가 왜 이 생각을 못했을까? 무알코올 음료를 마시면 모든 문제가 해결될 텐데 말

이다. 하지만 사람들이 그렇게 하지 않는 데는 다 이유가 있다. 술을 아는 사람이 무알코올 음료를 들고 서서 바보처럼 보이고 싶어하겠는가? 진짜 술을 마실 수 있는데 왜 그러겠는가?

5. 술 마시기 전에 무언가를 먹거나 우유라도 마셔라

과연 일리 있는 조언이라 생각하는가? 이러한 한심한 조언이 도대체 어떻게 술을 줄이는 데 도움이 되는지 모를 일이다. 무언가를 먹거나 위벽을 우유로 도배한다 해서 술을 덜 마시게 되지는 않는다. 오히려 그 반대다. 알코올이 뇌에 도달하는 시간이 늦어져 원하는 만큼 실컷 마실 수 있다고 생각하게 된다. 평소보다 더 많이 마시게 된다는 뜻이다. 나도 술 마시던 시절 먼저 우유를 마시고 술집에 간 적이 많았다. 하지만 술을 더 많이 마시기 위해서였다.

6. 일주일에 며칠은 쉬어라

우리에게 조언이 필요한 이유가 이게 아닌가? 우리는 일주일에 며칠은 술을 마시지 않고도 행복할 수 있는 '그 방법'이 알고 싶다.

7. 음주일기를 써라. 언제 얼마나 마셨는지, 술을 마시게 된 상황 등을 자세히 기록하라

음주일기라고? 말도 안 된다. 너무 취해 얼마나 마셨는지, 왜 마셨는지, 어떤 상황에서 마시게 되었는지 기억하지 못할 때도 많고 숙취가 너무 심해 일기를 쓸 엄두가 나지 않을 때도 많지 않은가? 또 만에 하나 일기를 쓴다면 진짜 맨정신에 쓰는 걸까?

8. 원샷 대신 조금씩 홀짝이고, 홀짝이는 사이에 잔을 내려놓아라

단번에 잔을 비우지 말고 한 모금 마시고 술잔을 내려놓고 조금 있다가 또 한 모금 마시고 술잔을 내려놓으면 진짜 음주량을 줄일 수 있을까? 그럴지도 모른다. 그런데 어떻게 원샷을 하지 않을 수 있는가? 바로 그 점이 참으로 궁금하다. 그래서 사람들이 빤한 사실 대신 실질적 도움이 되는 조언을 구하는 게 아닌가?

9. 술을 마셔야 한다면 낮에 일차로 끝내라

그렇다면 아침에 시작해서 해질 때까지 한자리에서 계속 마셔도 된다는 말인가?

10. 술을 조금이라도 줄였다면 자신에게 보상하라

그렇다면 축하주 한 잔 할까? 술이 보상이라고 믿는 음주자에게 자신에게 보상하라는 것은 결국 술을 더 마시라는 얘기 아닌가? 이런! 그건 진짜 아닌데…

술을 줄이는 방법을 조언한다는 발상 자체가 논리에 맞지 않다. 내가 계속 반복해서 강조하듯이 술은 마약이며, 마약은 스스로 제어할 수 없다. 제어하려 하면 갈망이 더 커질 뿐이다.

매일 저녁 두 잔 정도 마시고 주말엔 폭음하는 음주자라면 며칠 또는 몇 주 동안 술 없이 지내도 별 문제 없겠지만 절주하겠다고 마음먹고 자신에게 더 마시면 안 된다고 말하는 순간 '금단의 열매' 증후군이 생긴다. 전반적으로 볼 때 음주자는 아집이 세서 자신이 스스로에게 어떻게 하라는 말조차 듣고 싶어하지 않는다. 따라서 그들은 술을 마시지 말라는 내면의 목소리를 들으면 술이 천 배나 더 가치가 높아져 더욱 비참하게 느끼고 박탈감에 시달린다. 평소에는 며칠 동안 술을 마시지 않고도 별 탈 없이 잘 지낼 수 있지만 스스로 자신에게 술을 금하면 견디기 어려워진다.

다음 사실을 정확히 이해하고 명심하라. 누구든 술을 끊어도 언제든 원할 때 마실 수 있다. 내가 언제든 원할 때 마실 수 있듯이 말이다. 하지만 차이가 있다. 나는 다시 술을 마시고 싶은 욕구가 아예 없다. 헤로인도 원할 때 언제든 주사할 수 있다. 아무도 막지 않는데 왜 여러분은 그렇게 하지 않는가? 원하지 않기 때문이다. 원하면 무엇이든 할 수 있다. 선택은 여러분의 몫이다. 그러나 술을 마시면 선택권이 없어진다. 알코올이 선택의 자유를 빼앗아간다. 그것이 모든 마약의 본질이다. 음주는 취미도 아니고 습관도 아니며 오락도 아니고 진정한 즐거움이나 쾌락을 주지도 않는다. 음주는 마약 중독이다. 그 이상도 그 이하도 아니다.

중독은 심리적 현상이다. 그래서 알코올 중독자가 스스로 자신에게 마시면 안 된다고 말하면 비참하게 느끼고 박탈감에 시달린다. 우리가 진짜 물어야 할 질문은 이렇다.

"술을 마실 수 있지만 그게 무슨 의미가 있는가? 나에게 무슨 혜택을 주는가?"

답은 명명백백하다. 술이 우리에게 줄 수 있는 혜택은 전혀 없다. 음주는 아무런 의미 없는 행위다. 술을 마시면서 "더 마시면 안 돼"라고 스스로 말하거나 그렇게 생각하고 술을 줄이려 하면 박탈감이 커지면서 심리적으로 끊임없이 고문을 당하기 때문에 역효과가 난다.

술을 줄이려는 노력은 의식적으로 제어력을 강화함으로써 마시고 싶은 욕구를 억누르는 것을 의미한다. 오래 억누를수록 술에 대한 갈망이 더 커져 결국 다시 마시게 된다. 벽에 머리를 계속 박다가 중단하면 살 만하다는 생각이 들 것이다. 머리를 오래 박을수록 머리 박기를 중단하면 즐거움이 그만큼 더 커진다. 하지만 이는 악화되는 상황의 끝일 뿐 실제 즐거움이 아니다. 애초에 머리를 박지 않으면 되는데 왜 박는가? 그 질문은 술을 마시지 않으면 되는데 왜 마시는지 묻는 것과 같다. 도대체 술은 왜 마시는가? 마시지 않으면 왜 비참하게 느끼는가?

술을 줄이려는 노력은 술을 끊는데 도움이 되지 않는다. 술이 이전보다 훨씬 더 매혹적이고 귀중하다는 생각만 굳혀줄 뿐이다. 그러면 중독이 더 심해질 수 있다. 중독은 정신적이고 심리적인 문제이지 신체적 문제가 아니다.

오래 전 방송인 크리스 에반스(Chris Evans)는 자신이 진행하는 아침 라디오 프로그램에서 음주를 자주 화제로 삼았다. 알코올 중독인 그는 내가 들은 프로그램에서 매번 술에 관해 이야기했다. 한번은 그가 〈취하지 않고 술 마시는 법〉(How to Drink Without Getting Drunk)이라는 책을 소개했다. 에반스에 따르면 그 책은 저녁 파티에 가서 취하지 않으려면 다음과 같이 하라고 권한다.

와인을 맨 처음 한 모금 마시고 싶다는 생각이 들 때 참아라. 잔을 입에 댄 뒤 마시지 말고 냄새만 맡아라. 다음에 또 마시고 싶을 때는 와인 대신 물을 한 모금 마셔라. 세 번째로 마시고 싶을 때는 실제로 와인을 한 모금 마셔라. 그 세 차례의 과정을 계속 반복하라.

그러면 진짜 취하지 않고 마실 수 있다고? 재미있긴 하지만 참고 듣기 힘든 한심한 조언이다. 술 생각을 잠시도 떨칠 수 없게 만드는 방법이지 않은가? 그런데도 이러한 조언이 상당한 인기를 끈다니 정말 걱정스럽다.

명심하라. 절주는 완전한 금주를 위한 디딤돌이 결코 될 수 없다. 술에 관한 모든 게 그렇듯 이 역시 정반대 효과를 부른다. 술은 우리 스스로 제어할 수 없는 마약이다. 바로 그런 이유에서 무슨 일이 있어도 "좋아. 딱 한 잔만!"이라는 유혹에 넘어가선 안 된다. 그래야 술에서 영원히 자유로워질 수 있다.

"좋아. 딱 한 잔만!"의 유혹

이제 이 책에서 가장 중요한 단계에 도달했다. 금주의 성패를 좌우하는 가장 중요한 교훈은 이것이다. '딱 한 잔'은 없다. 술에서 완전히 자유로워지려면 이 교훈을 오해 없이 정확히 이해해야 한다. '딱 한 잔'을 거부하고도 박탈감이 없어야 한다는 뜻이다.

애초에 우리가 왜 알코올에 중독되었는가? 딱 한 잔만 해볼까 하는 생각이 발단이었다. 바로 여기서 술을 끊으려는 음주자 대다수가 발목이 잡힌다. 그들은 술을 마시는 사람에겐 딱 한 잔이란 건 없다고 믿는다. 자신이 딱 한 잔을 하면 그로써 멈추기를 원치 않는다는 사실을 잘 알기 때문이다. 그래서 그들은 그토록 큰 박탈감에 시달린다. 사실 누구에게도 딱 한 잔이라는 것은 없다. 그 이유는 유전자나 성격 또는 개성과는 아무 상관이 없다. 알코올은 마약으로서 마음 또는 정신에 영향을 미치기 때문이다. 한 잔으로 혜택을 얻을 수 있다고 믿으면 백만 잔으로도 혜택을 얻을 수 있어야 한다고 생각하게 된다. 헤로인도 딱 한 번이란 건 없다. 왜 그럴까? 성격이나 유전자 때문일까? 헤로인의 속성 때문일까? 명탐정 셜록 홈즈가 아니라도 그 답은 누구나 알아낼 수 있다.

때때로 음주자들은 나에게 이렇게 묻는다.

"당신에게 문제가 있는 게 아닌가요? 당신은 한 잔만 할 수 없다는 뜻인가요?"

그러면 나는 이렇게 답한다.

"물론 딱 한 잔만 할 수 있죠. 하지만 내가 그러기를 원치 않는다는 말입니다."

내가 그런 질문을 해도 사람들은 나처럼 답할 것이다. 음주자라면 누구나 딱 한 잔만 할 수는 있지만 그러기를 원치 않는다. 문제가 사람이 아니라 마약인 술이기 때문이다.

분명히 이해해야 할 점이 있다. 음주는 연쇄 반응을 일으킨다. 의식적으로 중간에 끊지 않으면 그 반응은 평생 지속된다. 알코올 중독은 완치하지 않으면 계속 악화하는 진행성 질병이다. 완치란 무슨 일이 있어도 '딱 한 잔만'을 사양하고도 박탈감 없는 상태를 가리킨다. 절대 재발시켜서는 안 된다. 우리는 딱 한 잔으로 즉시 중독될 수 있다. 하지만 그건 알코올이 신체적으로 중독성이 있기 때문이 아니다. 알코올이 신체적으로 중독성이 있다면 화이트와인 소스로 요리한 닭고기를 먹어도 중독될 것이다. 또 우리가 딱 한 잔으로 중독되는 것은 그 한 잔에서 오는 금단 증상이 견딜 수 없을 정도로 심하기 때문도 아니다. 그렇다면 왜 한 잔이 중독을 가져오는 걸까? 딱 한 잔에서 즐거움을 얻는다고 믿으면 수천 잔을 마시면 더 즐거우리라는 생각이 들기 때문이다.

나는 술을 완전히 끊고 자유를 얻은 지 7~8개월이 지났을 때 휴일날 한 친구와 술집에 갔다. 그 친구는 와인 한 잔, 나는 탄산수 한 잔을 주문했다. 우리는 술집에서 당구를 쳤다. 그 친구가 치는 차례라서 나는 무심코 잔을 들었다. 친구의 와인 잔인 줄 모르고 그냥 한 모금 마셨다. 마치 생애 첫 잔을 마시듯 맛이 역겨웠다. 다행히도 나는 다시 중독되지 않았다. 술을 마시고 싶은 생각이 조금도 없었다. 한 잔 마신 것은 단순한 실수로 끝났다. 그 끔찍한 맛을 영영 잊을 수 없었다. 하지만 아무리 맛이 역겨워도 어떤 즐거움을 얻는다고 한순간이라도 생각했다면 다시 중독에 빠졌을 것이다. 중독은 맛과 상관없다. 생애 첫 잔의 맛이 역겹다고 술을 더는 마시지 않는 사람이 있는가? 거의 없다. 알코올 중독은 마약 중독이다. 평생 그 사실을 명심해야 한다. 따라서 술에 관해 생각할 때마다 그 본질을 바로 알고 광고나 주류업계가 거액을 들여 사주하는 세뇌를 거부해야 한다. 술에 대한 실질적인 제어력을 되찾고 술은 마약이라는 현실을 있는 그대로 직시해야 한다.

금주를 시도하는 사람들은 술을 마시지 않아서 진정한 즐거움을 놓치고 있다고 생각할 때만 한 잔을 떠올리게 된다. 그러나 술은 진정한 즐거움은커녕 여러분을 위해 해주는 좋은 일이 손톱만큼도 없다. 내가 다음 말을 백만 번 되풀이하고 옥상에 올라가 소리 높여 외쳐야 한다면 기꺼이 그렇게 하겠다. 술을 끊는다고 포기하거나 희생하는 건…

조금도 없다!

아니, 있긴 하다. 모든 나쁜 것들 말이다. 두통과 숙취, 무기력, 구취, 복부 비만, 언쟁, 폭력, 격한 감정, 기억하지 못하지만 자신이 한 행동에 대한 후회, 현실 왜곡, 게으름, 스트레스, 채무, 택시

승차, 죄책감, 거짓말, 기만, 과음으로 인한 발기 부전, 기분 변덕, 면역체계 붕괴, 질병 저항력 약화, 뇌세포 파괴, 과체중 등. 아, 또 빠뜨릴 뻔했다. 가장 크게 포기해야 하는 것은…

매일 정신적·신체적으로 마약의 노예가 되는 치욕이다.

마약의 지배를 받고 마약이 시키는 대로 하며, 툭하면 멍한 좀비가 되는 상태만큼 끔찍한 질병은 찾아보기 힘들다. 하지만 술을 끊으면 이러한 질병을 '포기'하게 된다.

정리하자면 술을 끊는다고 포기해야 할 좋은 것은 조금도 없으며, 희생해야 할 소중한 것도 전혀 없다. 그런 사실을 올바로 안다면 술이 없다고 불안해하거나 비참하게 느끼지 않는다. 아울러 딱 한 잔만 더 할 필요가 있다는 생각을 그 무엇도 여러분에게 강요할 수 없다. 지금까지 그런 생각이 들었던 것은 알코올 중독을 유도한 바로 그 집요한 세뇌 때문이었다. 그러나 딱 한 잔의 유혹에 넘어가지 않고 진정한 자유를 평생 누리려면 호기심과 갈망에 관해서도 바르게 이해할 필요가 있다.

호기심과 갈망을 구분하라

호기심과 갈망의 차이를 아는 것이 술의 노예 신세에서 해방되는데 무엇보다 중요하다. 술을 끊고 싶거나 앞으로 술 생각 전혀 없이 여생을 거뜬히 보내고 싶다면 다음 내용을 자세히 읽기 바란다.

우리는 술을 알기 전에는 술이 필요하지 않았다. 그러다가 사회적 길들이기가 우리 마음에 서서히 스며들어 확고히 자리잡으면서 무언가 허전함을 느끼게 되었다. 친구들이 술을 배우기 시작하고, 부모들이 마시며, 우리의 영웅들도 마셨다. 그래서 우리는 술을 마시지 않으면 무언가 놓친다고 생각했다.

술이 무슨 좋은 것을 가져다주는지, 또 술을 마시지 않으면 놓치는 게 무언지 확실치는 않았지만 호기심이 발동하면서 마셔보고 싶은 충동을 느꼈다. 그것은 압도적인 갈망이 아니었다. 그 상태에서는 다음 파티에 술이 나오지 않는다는 이야기를 들어도 개의치 않았다. 그때는 아직 우리가 술을 마셔보지 않았고, 술에 대한 호기심은 있었지만 갈망은 없는 상태였다. 술이 없으면 인생을 즐길 수 없다는 두려움도 없었다. 갈망은 자신이 진정한 즐거움을 놓치고 있다고 생각할 때 시작된다.

나는 생애 첫 잔을 들기 전부터 술을 마시고 싶었다. 그래서 마시기 시작했다. 내가 술을 처음 마신 것은 알코올 금단 증상과는 아무 관련이 없었다. 술을 마시고 싶다는 욕구는 집단 세뇌의 영향으로 호기심이 발동한 결과였다.

술을 끊어도 세뇌는 여전히 진행되고 있지만 이제는 그들의 말이 전부 헛소리라는 사실을 알기에 세뇌의 영향을 받지 않는다. 술을 완전히 끊은 사람은 현실을 있는 그대로 파악하는 소수에 속한다. 그런 사실에서 그는 자신의 고유성과 자신감, 기쁨을 얻는다. 이 책을 다 읽고 나면 여러분은 알코올에 중독되지 않은 사람들보다 술에 대한 거부감이 더 커질 것이다. 술의 덫은 사방에 깔려 있다. 누구라도 언제든 걸려들 수 있다. 술을 마신 적이 없는 사람들도 술이 스트레스를 해소해주고 행복하게 해준다고 믿는다. 그들은 스트레스 해소와 행복을 느끼는데 술이 좋다는 헛소리를 어느 정도 믿지만 대개 이러한 태도를 갖는다.

'내가 해본 적이 없는 것을 그리워할 필요는 없다. 또 술에는 좋지 않은 면이 있다는 사실도 안다. 그러니 사양하겠다.'

그러나 술을 끊으려는 여러분은 이제 술이 여러분만이 아니라 어느 누구에게도 무언가 좋은 것을 절대로 가져다주지 않는다는 사실을 분명히 알아야 한다. 술은 변하지 않는다. 술에 대한 인식이 달라질 뿐이다. 애초에 무엇이 여러분을 중독으로 이끌었는지 정확히 이해하는 것이 매우 중요하다. 그래야 앞으로도 술의 유혹을 쉽게 피할 수 있다. 이 책의 목적은 여러분이 술을 쉽게 끊도록 도움을 주는 것에 더해 앞으로 평생 술에서 자유로워지기도 전혀 어렵지 않다는 사실을 보여주는 것이다.

1980년대에 나는 호기심에서 신종 마약인 엑스터시를 사용해보고 싶었다. 주변에서 모두 엑스터시를 사용하는 듯했다. 엑스터시를 사용하는 사람은 언제나 그 약을 팔려 했다. 이익을 목적으로 팔려는 게 아니라 약의 효과를 홍보하려 했다는 뜻이다. 돌이켜보면 내가 그 덫에 빠지지 않아 참으로 다행이다. 나는 엑스터시를 실제로 사용하진 않았지만 할 뻔했다. 내가 엑스터시를 사용하고 싶었던 것은 갈망이 아니라 순전히 호기심이었다. 그 차이는 매우 크다. 갈망은 무엇에 대한 최우선적 욕구다.

술을 다른 음주자들이나 주류업계가 말하는 대로가 아니라 실제 있는 그대로 본질을 정확히 파악하면 술에 대한 갈망은 다시는 고개를 들지 않는다. 질병이면서 당신을 노예로 만드는 그 무엇을 누가 갈망하겠는가? 나는 엑스터시를 사용하지 않았지만 원하면 사용할 수 있는 선택권이 있었다. 여러분도 원한다면 헤로인을 주사할 수 있는 선택권이 있는 것과 마찬가지다. 내가 만약 엑스터시를 사용했고 그 효과가 세뇌받은 것과 합해졌다면 나의 호기심은 갈망으로 바뀌었을 것이다. 바로 그때 나는 엑스터시에 중독되면서 선택의 자유를 잃어버렸을 것이다.

엑스터시를 한 알, 두 알, 세 알 또는 그 이상을 복용하지 않고서는 생활할 수 없다고 느끼는 사람이 적지 않다. 한번 상상해보라. 어떤 약에 완전히 의존해서 그 약 없이는 무엇도 즐길 수 없다고 느끼면 어떻게 되겠는가? 여러분도 음주자로서 얼마 전까지만 해도 바로 그런 상태에 있었다.

여러분이 평생 술에서 완전히 자유롭게 되기를 원한다면 다시 술에 호기심을 가질 수도 있다는 사실을 이해해야 한다. 이 호기심은 과거의 음주 때문에 생기는 것이 아니다. 또 갈망이 아니며 술을 마시고 싶은 진정한 욕구도 아니다. 단지 '행동 신호'일 뿐이다. 여러분에게 세뇌의 본질과 그 위력을 상기시키면서 자신을 다시금 가다듬을 것을 촉구하는 신호다. 그 과정을 통해 술의 노예 굴레를 벗어나 자유를 얻은 것이 얼마나 행복한가라는 사실을 기억하고 평생 그 자유를 누리며 기뻐할 수 있다.

그런 상태에서 한참을 지나면 술에 관한 기억을 완전히 지울 수 있다. 따라서 가끔씩 호기심을 통해 술과 자신의 과거를 돌아보고 지금 누리고 있는 자유를 상기하면 알코올 중독에 대한 세뇌와 환상에서 완전히 벗어나게 된다.

우리 몸은 언제나 외부에서 들어오는 음식과 화학물질, 먼지 등으로 오염된다. 생존을 위한 최종 병기인 우리 몸은 그런 오염물질을 제거하고 삶의 질과 생존을 도모하기 위해 모든 수단을 동원한다. 우리의 마음도 그처럼 오염된다. 따라서 마음을 오염시키는 독소를 제거하는 것이 우리의 임무다. 술 산업은 마약 산업이다. 그들은 도덕성도 없고 우리 삶의 질에도 전혀 관심이 없다. 여느 마약 판매자처럼 수익을 목적으로 모든 수단을 사용해 사람들을 술에 의존하게 만들려 안간힘을 쓴다. 그들은 여러분이 생쥐처럼 버튼을 몇 번만 누르면 곧바로 중독될 것이라는 사실을 안다.

주류업계는 세계적으로 매년 100만 명 이상의 고객을 잃는다. 술 때문에 생명을 잃는 사람들을 말한다. 따라서 업계는 새로운 고객을 최대한 많이 확보해야 한다. 어떤 마약이든 첫 번째 사용은 무료다. 종종 주류업계가 대학생 파티를 후원하는 것도 그 같은 맥락에서다. 그런 파티에서는 주로 한창때인 젊은이들이 고용되어 맥주를 공짜로 나눠준다. 업계는 술을 홍보하기 위해 멋진 젊은이들을 고용한다. 오랜 폭음으로 순환 장애가 생겨 다리를 절단한 사람들을 선택하지 않는다. 부어 있고 붉은 뺨과 모세혈관이 드러난 코를 가진 과체중의 중년 남자, 술 때문에 가족과 집, 일자리를 잃은 사람을 선택하지 않는다. 주류업계는 그런 사람들이 아니라 젊고 잘 생긴 젊은이를 내세워 환상을 판다. 그처럼 환상이나 겉모습은 팔 수 있어도 엄연한 현실을 속일 수는 없다. 결국은 우리 몸이 자동적으로 오염 물질을 제거하듯 마음도 세뇌를 통해 스며들려는 환상을 자동적으로 걸러내게 된다.

술을 끊으면 술과 관련된 사실들은 변하지 않지만 그 사실들이 미치는 영향은 완전히 달라진다. 당연하지만 몸이 1000배나 더 가뿐해져 더는 건강 걱정을 하지 않아도 된다. 음주에 드는 돈에도 신경 쓸 필요 없다. 무언가의 노예가 되어 지배를 받는 것에 관해서도 걱정할 필요 없다. 결국 왜 술을 끊었는지, 과거 술로 인해 얼마나 몸이 좋지 않았는지 잊어버린다는 뜻이다. 그러면서 술 이면의 진실도 잊게 된다. 그럴 때가 중요하다. 바로 그때 여러분은 그 진실을 다시 상기함으로써 술의 속임수 뒤에 무엇이 있는지 확고히 알고, 무언가를 놓치고 잃을 게 많은 사람들은 음주자들이라는 사실을 재확인해야 한다.

그렇다면 마시고 싶은 욕구와 싸우기 위해 늘 그렇게 해야 하는가? 그게 흔히 말하는 지속적 '회복' 상태라는 건가? 아니다. 현실에서 보면 그런 순간은 금세 사라진다. 어쩌면 오지 않을 수도 있다. 술을 마시고 싶은 진정한 욕구, 다시 말해 갈망에서 비롯되는 게 아니기 때문이다. 내가 이러한 이야기를 하는 것은 노파심 때문이다. 단지 여러분이 술의 덫을 정확히 이해함으로써, 만약 그런 일이 생겨도 걱정하지 않도록 하기 위해서다. 현실 확인 또는 행동 신호 정도로 생각하고 자유를 다시 즐기면 된다.

주변에서 보면 문제가 심각한 배우자를 둔 사람들이 있다. 그들은 오랫동안 정신적으로나 신체적으로 학대 당하지만 두려움에서 어쩔 수 없이 관계를 유지해간다. 어느 날 그들이 더는 참지 못하고 용기를 내 마침내 관계를 끊고 자유로워진다. 그러나 일단 자유의 몸이 되면 약간 허전하고 외롭게 느낄 수 있다. 그러면서 과거 좋았던 시절만 생각하고 함께 사는 동안 얼마나 괴롭고 힘들었는지는 잊어버리는 중대한 실수를 저지르기 쉽다. 그래서 헤어진 배우자에게 다시 연락하게 되면 곧바로 과거로 돌아간다. 그들은 다시 덫에 갇혔다는 사실을 깨닫지만 이번에는 헤쳐 나오기가 더 어렵다.

여러분과 술의 관계도 그와 비슷하다. 하지만 술에 관한 한 좋았던 시절이 전혀 없었다는 사실을 반드시 기억해야 한다. 술을 마시고 행복했다면 그것은 술 때문이 아니라 함께 있었던 사람들이나 파티, 축제, 명절 같은 상황이나 분위기, 아니면 자기 생일이었기 때문이다. 술이 행복을 가져다준다는 생각은 덫에서 벗어나지 못하게 하는 거대한 환상이다.

술을 끊은 뒤 어느 날 무료하고 지루하고 따분하다는 느낌을 가질 수 있다. 하지만 그건 술이 필요하다는 뜻은 아니다. 스트레스를 받을 수도 있다. 그 원인 역시 알코올 결핍이 아니다. 술을 마시든 마시지 않든 인생은 언제나 장밋빛은 아니다. 그러나 술을 끊으면 신체적으로나 정신적으로 그만큼 강해지기 때문에 좋을 때는 더 좋고 나쁠 때도 과거 술을 마실 때만큼 나쁘지는 않다.

책의 진도가 이만큼 나갔으니 이제 여러분은 술을 끊는다고 좋은 무언가를 포기하는 게 전혀 아니며, 어떤 희생도 하는 게 아니라는 사실을 확실히 알 것이다. 갈망은 순전히 심리적 현상일 뿐 신체적인 게 아니라는 사실도 잘 알 것이다. 또 박탈감에 시달리는 사람은 술을 끊은 사람이 아니라 계속 술을 마시는 불쌍한 음주자라는 사실도 확실히 알 것이다. 아울러 체내의 알코올 흔적은 3~10일 안에 완전히 사라진다는 사실도 충분히 이해했을 것이다. 여러분이 진정으로 마음을 활짝 열었다면 '알코홀릭'이라는 것은 없으며 모든 음주자는 똑같이 알코올 중독자라는 사실도 깨달았을 것이다. 여러분은 이 모든 것을 알았으니 이제는 술을 완전히 끊을 최적기가 언제인지 알아보자.

결단의 시간이 왔다!

이 지긋지긋한 알코올 중독을 완전히 끝내기에 가장 좋은 때는 정확히 언제일까? 서서히 악화되는 이 질병에서 벗어날 최적기는 어느 시점일까? 언제 중단하는 게 옳을까? 이것저것 따질 것 없이…

바로 지금이다.

술로 인해 삶이 서서히 망가지면 사람들은 술을 더 많이 마신다. 주변에서 그들에게 제어력을 잃었다며 술을 끊으라고 조언하면 그들은 더욱 불안하게 느낀다. 그러면 무엇에 의지할까? 결국 술이다. 언제 멈출 수 있을까? 무슨 일이 일어나고 있는지 실상을 바로 알지 못한다면 결코 멈출 수 없다. 더욱더 나빠지기만 할 뿐이다.

> 중독에서 벗어나지 못하게 하는 것은 두려움이다.

이 책을 읽는 여러분은 이제 음주자의 삶을 더는 살지 않겠다고 결심했다고 나는 믿는다. 그렇다면 쉽든 어렵든 어느 시점에서는 술을 끊어야 한다. 사람들을 중독에서 벗어나지 못하게 하는 것은 두려움이다. 따라서 이 가짜 두려움이 여러분을 여생 내내 덫에 가둬 두지 못하도록 막는 게 문제 해결의 가장 중요한 부분이다. 술이라는 마약의 본성은 기만이다. 여러분을 속이도록 만들어졌다는 뜻이다. 여러분의 문제는 술이 진정한 즐거움을 가져다주고 의지할 지지대가 될 수 있다고 믿는다는 사실이다. 여러분의 두려움은 술 없이는 인생을 즐길 수도, 스트레스에 대처할 수도 없다는 생각에서 나온다. 그렇게 생각하는 것은 그런 두려움을 뒷받침하는 증거를 갖고 있다고 믿기 때문이다. 단기간 술을 끊을 때 느끼는 불안과 비참함이 그런 두려움을 말해주는 증거다.

그러나 그 두려움은 모두 가짜다. 과거 단주나 절주 시도 경험 때문에 진짜로 보일 뿐이다. 그런 두려움은 알코올 중독이라는 질병의 본질을 이해하지 못하고 CAN'T(Constant And Never-ending Torture: 끊임없고 끝없는 고문) 증후군에 시달린 결과에서 비롯된다. 다시 말해 술이 만들어내는 두려움은…

실제처럼 보이는 가짜 증거다.

더 자세히 말하면, 사람들이 금주에 관해 느끼는 두려움은 거짓 증거를 만들어내는 술의 환상 효과 때문에 진짜처럼 보인다.

〈오즈의 마법사〉 이야기로 돌아가보자. 사악한 마법사는 실존 인물이 아니었다. 도로시와 양철 나무꾼, 허수아비, 사자를 두려움에 떨게 만들었던 그 무시무시한 큰 음성은 완전 가짜였다. 하지만 그들은 현실을 보지 못했기 때문에 그 소리가 자신들을 해칠 수 있는 누군가의 목소리임에 틀림없다고 믿었다. 그런 환상이 두려움을 만들어냈고, 그 두려움 때문에 참된 자신을 발견하지 못하고 앞으로 나아갈 수 없었다. 그러다가 우연히 발견한 버튼을 누르자 장막이 걷히면서 환상 생산기계를 작동시키며 마이크에 대고 말하는 작은 노인의 모습이 드러났다. 모든 게 조작이라는 사실을 알게 되자 그들의 두려움은 곧바로 사라졌다. 두려워할 게 없다는 사실을 알게 된 순간 앞으로 나아갈 수 있었다.

오즈의 마법사가 허상이듯 술을 끊으려는 우리가 갖는 두려움은 허구다. 술을 끊으면 두려워할 게 완전히 사라지는 반면 술을 계속 마시면 모든 것을 두려워하게 된다. 이것이 진실이다. 그렇다면 두려움에서 벗어나는 자유를 쟁취할 가장 좋은 시점은 언제인가? 술을 끊을 최적기는 언제인가? 답은 명확하다.

빠를수록 좋다.

운전면허시험과 비슷하다. 시험 전에는 초조하고 불안하지만 합격하고 나면 날아갈 듯 신난다. 괜히 떨었잖아? 이젠 그럴 필요 없어. 완전 자유야!

그렇다면 음주자는 어느 시점에 자신이 자유롭다는 사실을 알게 될까? 현실을 올바로 보는 순간이다. 마지막 잔을 비운 뒤 "이제 됐어. 이게 끝이야. 완전히 끝났어. 이제 난 자유야"라고 말하는 순간이다. 그렇게 하면 과거로 돌아가지도 않고 '회복' 과정에 들어갈 필요도 없이 진정한 자유를 누릴 수 있다.

자유로움의 최고 장점은 무슨 일이 일어나기를 기다릴 필요가 없다는 사실이다. 실제로 아무 일도 일어나지 않는다. 의심과 두려움은 기다림에서 비롯된다. 다시는 술을 마시지 않기로 결심하면 그걸로 끝이다. 곧바로 자유를 신나게 즐길 수 있다.

성공의 열쇠는 결단이다. 무엇을 기대하거나 '혹시나…' 하는 생각을 갖는 대신 다시는 마시지 않는다고 확신하는 것이다. 확고하게 결심하면 다른 가능성이나 의심을 쉽게 물리칠 수 있다. 앞으로 무슨 일이 있든 음주는 선택지에서 완전히 배제된다. 술에는 아무런 관심도 없어지면서 자유를 누릴 수 있다.

여기서 확실히 해야 할 점이 있다. 술을 다시는 마시지 않겠다는 결심은 인생에서 무엇보다 중요한 결단이다. 여생이 얼마나 길지, 또 그동안 매일매일 삶의 질이 어떨지가 바로 그 결정에 달려 있다. 어떤 사람은 나에게 이렇게 말한다.

"그럴 수도 있지만 다음 주에 버스에 치일 수도 있잖아요?"

물론 그렇다. 하지만 다음 주에 버스에 치일 수 있다 해서 차라리 지금 헤로인을 주사하고 고의로 버스 앞에 뛰어들겠는가? 그럴 리 없다. 실제로 버스는 우리 모두를 위협하며 다가온다. 하지만 그 마지막에 도달하기까지 하루하루 삶의 질이 중요하다. 진정한 용기와 자신감, 자유를 매일 누리는 게 중요하다.

나의 음주 시절 술은 내 마음속에 엄청난 두려움을 만들어냈다. 술을 마실 수 없다면 존재의 이유가 없다고 생각할 정도였다. 그러다가 스스로 나 자신을 감옥에 가두고 있다는 사실을 깨달았다. 두려움이 그 감옥이었다. 두려움이 너무 실질적이고 강해 허구일 리 없다고 생각했다. 그러나 그 두려움과 불안을 술이 만들어낸다는 사실을 깨닫자 다시는 마시지 않겠다는 결심을 하기가 너무나 쉬웠다. 마지막 잔을 비우기 전부터 나는 자유롭다고 느꼈다. 그리고 마지막 잔을 비우자 날아갈 듯 기뻤다.

그 전 몇 주 동안 나는 음주 습관을 돌이켜보며 저녁 시간의 즐거움이 술 때문이었는지 아니면 함께 하는 친구들 때문이었는지 자문했다. 또 나는 다른 음주자들을 지켜보았다. 그들은 새로운 한 주를 시작하는 월요일인데도 술을 마시며 술이 왜 필요한지 정당화하려 했다. 하지만 그런 핑계나 변명이 나에게는 아무런 소용이 없다는 사실을 알았다. 술을 끊기 직전에도 분명히 알 수 있었다. 마지막으로 술을 마신 뒤 다음 날 아침 머리가 깨질 듯 아팠지만 서서히 정신이 들면서 '난 이제 자유야!'라는 생각이 가장 먼저 떠올랐다. 그때 느낀 기쁨은 지금도 생생하다. 사실 몇 주 동안은 힘들 것으로 예상했다. 하지만 그렇지 않았다. 전혀 힘들지 않았다. 다시는 술에 의존하지 않겠다는 확고한 결심 덕분이었다. 자신과 맺은 금주 약속을 무슨 일이 있더라도 지키겠다고 마음먹으면 누구든 쉽게 술로부터 자유로워질 수 있다.

몇 번이나 반복했지만 술을 완전히 끊기는 이처럼 전혀 어렵지 않다. 그 '비결'은 다음 세 가지로 요약된다.

1. 다시는 술을 마시지 않겠다고 결심하라.

2. 방에 틀어박혀 침울하게 지내지 마라. 새로 얻은 자유를 자축하며 사람들과 어울려 즐겨라.

3. 술을 끊은 다음 첫 주 동안은 활력을 주는 영양분을 충분히

섭취하라.

그게 전부다. 아주 간단하다. 이 얼마나 쉬운 일인가? 술 끊기를 어렵게 만드는 것은 망설임과 후회뿐이다. 금단 증상은 하루보다 약간 더 오래 가는 숙취 정도다. 최근엔 알코올 내성이 강해져 잘 못 느꼈을지 모르지만 예전에 우리 모두 경험해본 수준이다. 자유로움의 기쁨과 행복감이 크다면 신체적으로 약간 불편한 정도인 금단 증상을 아예 모르고 넘어갈 수도 있다.

흔히 사람들이 금단 증상으로 일컫는 괴로움은 전부 마음속의 의심과 불확실성에서 비롯된다. 따라서 술을 완전히 끊은 뒤 적응 과정을 어려움 없이 즐기려면 행복한 마음 상태에서 금주를 시작하는 것이 매우 중요하다.

나는 처음부터 여러분에게 이 책을 끝까지 다 읽기를 권했다. 그래야 자유를 얻는 과정이 쉽고 즐거울 뿐 아니라 그 자유가 영원하다는 사실을 충분히 이해할 수 있기 때문이다. 이제 여러분은 술의 덫에 관해 충분히 이해했으니 하루 빨리 자유를 얻고 싶을 것이다. 하지만 잠시만 기다리기 바란다. 적응에 관해 더 자세히 알아야 성공 가능성이 더 커진다.

회복 기간이 아닌 적응 기간

흔히 사람들은 금주 후의 적응 기간을 두고 '금단' 기간이라 부른다. 하지만 그처럼 부정적으로 볼 문제는 아니다. '금단'이라는 단어 자체가 트라우마와 고통의 느낌을 준다. 우리 몸은 알코올을 갈망한 적이 없다. 술을 끊어도 그 사실은 변치 않는다. 우리 몸은 오히려 알코올이라는 독소를 제거하려 최선을 다한다. 우리를 살리기 위한 방책이다. 사실 신체적 금단 증상은 우리에게 이롭다. 몸이 스스로를 치유하는 방식이기 때문이다. 우리 몸은 먼저 소화관과 간에 있는 알코올 독소를 배출한다. 시간이 흐르면서 세포에 저장된 독소 전부를 내보낸다.

몸에서 독소가 제거되면 세뇌에 따라 우리 마음에 생긴 잘못된 믿음도 함께 사라진다. 과음하던 사람이 술을 끊으면 몸이 약간 떨릴 수 있다. 몸이 독소를 제거하는 과정에서 나타나는 증상이다. 독소 배출은 놀라울 정도로 신속하게 이뤄진다. 몸이 떨리는 증상조차 자가치유의 증거라는 사실을 정확히 알면 그마저 즐길 수 있다. 여러 번 언급했지만 술을 끊은 직후의 신체적 증상은 10일 안에 완전히 사라진다. 대다수의 경우는 3일이면 충분하다. 정신적 적응은 약간 더 오래 걸리지만 어떻게 보면 그것이 금주의 가장 즐거운 부분이 될 수 있다.

예를 들어 설명하겠다. 오래 사용한 자동차에서는 방향지시등을 조작하는 장치가 왼쪽에 있고 와이퍼 조작 장치는 오른쪽에 있다. 그런데 새 차를 구입하면 그 장치가 반대로 되어 있는 경우가 많다. 새 차를 운전하면서 방향지시등을 켠다고 왼쪽 장치를 조작하면 어떤 일이 벌어지는가? 와이퍼가 작동된다. 뇌가 오랫동안 그런 방식에 길들여져 자동적으로 그렇게 반응한 것이다.

그처럼 새로운 장치의 조작에 적응하려면 시간이 걸린다. 짧게는 일주일 길게는 3주 정도 걸린다. 그후에는 전혀 헷갈리지 않고 즐거운 마음으로 정확히 조작할 수 있다. 여러분이 정신적으로나 신체적으로 술의 덫에서 완전히 벗어났을 때도 그 같은 적응 기간이 필요하다.

여기서 질문 하나 하겠다. 여러분이라면 방향지시등 대신 와이퍼를 작동시키는 실수를 했을 때 와이퍼를 멍하게 바라보며 '큰일인데. 이 새 차를 운전하기 너무 어려워. 내가 적응할 수 있을까? 옛 차를 돌려달라고 해야 할까?'라고 생각하겠는가? 그렇지 않을 것이다. 그런 걱정이나 생각조차 하지 않을 것이다. 새 차를 운전하는 첫 날 거의 10분마다 방향지시등 대신 와이퍼가 작동해도 그냥 싱긋 웃을 것이다. 짜증을 내지도 않을 것이다. 왜? 뇌와 몸이 새로운 방식에 적응하기를 기대할 뿐 아니라 분명히 곧 적응하게 된다고 확신하기 때문이다. 그런 확신이 서면 의심은 사라진다. 그래서 짜증도 내지 않게 된다. 확신의 힘은 그만큼 강하다. 그런 확신이 있으면 마지막 잔을 비운 뒤 그 잔이 끝이 되기를 기대하기보다 완전히 끝이 되었음을 알게 된다. 그러기가 쉬울지 어려울지는 여러분의 생각에 달렸다.

여러분은 특정 시점에 술을 마시도록 길들여졌을 것이다. 술을 마시는 시점과 빈도는 술의 덫에 얼마나 깊이 빠졌는지에 따라 달라진다. 예를 들어 아침, 주말, 점심시간, 저녁식사 시간, 귀가 직후, 축하 행사 등 술을 마시는 시점은 사람에 따라 차이가 난다. 나의 요지는 여러분이 술을 끊어도 여전히 퇴근 후 귀가하고, 사람들과 어울리며, 식사를 하고, 아침에 깨어난다는 것이다.

그래서 뇌와 몸은 여러분이 허용하는 한, 또 우려하지 않는 한 금주 상태에 쉽게 적응할 수 있다. 이 점을 확실히 이해할 필요가 있다. 첫 몇 주 동안은 새 차의 방향지시등과 와이퍼가 헷갈리듯 새로운 상황에 생뚱맞게 반응하기도 한다. 그러나 성가시게 느끼지 않고 오히려 새 차를 운전하는 신선한 즐거움을 만끽할 수 있는 시간이다.

물론 가끔씩 '술을 마시고 싶다'는 생각이 들 수 있다. 하지만 걱정할 필요 없다. 그저 생각일 뿐이다. 우리는 떠오르는 생각 전부를 행동으로 옮기지 않는다. 생각나는 대로 행동했다가는 대다수가 교도소에서 살게 되지 않을까? 술을 마시고 싶다는 생각을 그냥 이해하는 것, 그 자체가 금주를 쉽고, 즐겁고, 영원하게 만들어준다. 술을 마시고 싶은 생각이 든다 해서 무언가 잘못된 게 절대 아니라는 사실을 명심하라. 새 차를 운전하면서 방향지시등을 켠다는 게 예전 차로 착각하고 습관적으로 잘못 조작해 와이퍼를 작동시킨 것과 마찬가지다. 그럴 수 있다며 웃어넘기면 된다.

술을 마시고 싶다는 생각이 들 때 자신에게 '난 마셔선 안 돼', '난 마실 수 없어', '나는 언제나 자유의 몸이 될까?'라고 말하면 불행하고 불만에 차 넋두리만 늘어놓는 금주자가 될 뿐이다. 그냥 술 마시고 싶다는 생각을 인정하며, 술을 끊은 상태에 적응하고 기뻐하면서 넘어가면 된다. 술을 끊은 지 2주 안에 그런 생각이 든다면 그 순간을 기뻐하며 즐길 수 있다. 이 단계는 자신이 이제 자유롭기 때문에 술을 마실 필요가 없다는 사실을 상기할 수 있는 시간이다. 이는 적응의 문제이지 의지력과는 상관없다. 두 가지를 혼동해선 안 된다.

의지력은 아직도 하고 싶은 것을 하려는 욕구와 끊임없이 싸울 때 필요하다. 의지력을 동원하고 있다는 생각을 잠시라도 하게 되면 의심이 시작된다. 의심이 생기면 불확실성이 고개를 든다. 불확실성은 또 다시 의지력을 소환한다. 아주 중요한 문제다. 술이 어떤 식으로든 도움이 된다고 여전히 믿는다면 술을 마시고 싶다는 생각이 들 때 마시지 않으려 의지력을 사용하게 되고 그러다 자칫 다시 모래늪에 빠질 수 있다.

술이 백해무익하다는 사실을 정확히 알 때는 술을 마시고 싶다는 생각이 들어도 의지력을 사용할 필요 없이 곧바로 단순한 생각일 뿐이라며 무시할 수 있다. 자신이 운전하는 차가 새 차라는 현실을 파악하고 잘못 작동시킨 와이퍼를 끄고 방향지시등을 제대로 켜는 식이다. 그렇다면 평생 그렇게 해야 할까? 전혀 그렇지 않다. 첫 2주 동안 여러 차례 그 과정을 반복하며 적응하면 정상 작동이 자동으로 몸에 배어 아주 즐겁게 느껴질 것이다. 의지력은 하고 싶은 것을 하지 않으려 애써야 할 때만 필요하다.

이 적응 기간에는 질병을 굶겨 죽이고 있다고 생각하라. 얼마 전까지 여러분은 노예였지만 이제는 주인이 되었다. 지배를 받는 입장에서 지배하는 입장으로 바뀌었다. 나는 술을 끊으면서 그렇게 생각했다. 그동안 나는 삶의 많은 측면을 장악한 질병에게 먹이를 더 주며 키우고 있었다. 세뇌를 당해 그 질병이 내 친구라 믿었다. 나는 그 질병이 인생을 즐기고 스트레스에 대처하는 데 큰 도움을 준다고 생각했다. 그러다가 마침내 그 질병이 내 생각과 완전히 정반대로 작동한다는 사실을 깨닫고 난 뒤에는 기꺼이 그 질병을 굶겨 죽이기에 나섰다. 의지력은 사용하지 않았다. 의지력은 그 질병에게 먹이를 줄 뿐이다. 나는 그 질병이 내 인생에서 영원히 사라지기를 원했다.

여러분도 금주 과정을 이러한 식으로 본다면 적응 기간이 힘들기는커녕 오히려 즐거울 것이다. 비참하고 불행하게 느낄 게 전혀 없다. 흔히 마약 중독자는 중독에서 벗어나려면 평생 의지력과 자제력, 제어력을 끊임없이 발휘해야 한다고 생각한다. 그러나 마약의 본성을 정확히 이해하면 의지력이나 자제력, 또는 제어력 없이 그 마약에서 자유로워질 수 있다.

언젠가 나의 고객 중 한 명은 금주 상담을 시작하면서 이렇게 말했다.

"선생님이 나를 2주 정도 미래로 옮겨 놓아줄 수 있으면 좋겠어요. 그러면 가장 힘든 상황은 끝나 있겠죠."

그러나 상담이 끝나자 그는 질병이 굶어죽는 것을 자신이 직접 확인할 수 있도록 적응 기간을 반드시 거치고 싶다고 말했다. 복수심에 불타 그 질병을 죽이고 싶어했다. 그는 가장 힘든 상황이 이미 끝나 더는 술이 필요하지도, 마시고 싶지도 않다는 사실을 깨달았다. "술 마시는 게 무슨 의미가 있어요? 전혀 없어요"라고 말했다.

여기서 유의해야 할 점 한 가지가 있다. 술에서 진정으로 자유롭게 되면 음주에 관해 더는 생각조차 하지 않아야 한다는 통념이다. 이 역시 오해다. 이 문제에 관해 올바로 이해하지 않으면 의심이 생길 수 있다. 술 생각이 나는 건 당연하다. 다만 그 생각의 관점과 태도가 중요하다.

술 생각이 나는 것은 정상이다

술을 끊으면 첫 몇 주 동안 음주에 관한 생각이 많이 난다. 하지만 무엇을 어떻게 생각하느냐가 중요하다. 나는 일주일 동안 술을 끊었던 적이 여러 번 있었다. 그때 내 머릿속에는 온통 술 생각, 또 다시 마실 수 있는 날에 관한 생각만 가득했다. 일주일 내내 박탈감과 정신적 괴로움에 시달리며 비참하게 느꼈다. 문제는 음주에 관한 생각 그 자체가 아니라 '술에 관해 내가 어떻게 생각하느냐'였다.

그후 마침내 술을 완전히 끊었을 때도 음주에 관해 생각했다. 하지만 관점이 완전히 달랐다. 정신적 괴로움도 없었고, 집구석에 틀어박혀 불평하지도 않았다. 술에 관해 생각할 때마다 오히려 자유로움을 느끼며 마냥 행복했다. 나 자신에게만이 아니라 모든 사람들에게 내가 더는 술이 필요하지 않다는 사실을 증명해보이고 싶었다.

술을 끊을 때 사람들이 하기 쉬운 실수는 술에 관해 생각하지 않으려 하고, 술 생각이 나면 큰일 난 듯 걱정하는 것이다. 무언가를 생각하지 않으려 애쓰면 그 무언가가 더 많이 생각나게 마련이다. 무엇을 생각하지 않으려 한다는 것은 이미 그것을 생각하고 있다는 뜻이다. 실험을 한번 해보자. 마이클 잭슨을 생각하지 않

으려 해보라. 그러면 무슨 생각이 나는가? 답은 빤하다. 나의 요지
는 이렇다. 술을 끊으면 당연히 술 생각이 나지만 중요한 점은 그
생각의 관점과 '무엇을 어떻게 생각하느냐'다.

넬슨 만델라가 27년 동안 옥살이를 하고 풀려난 뒤 감옥에 대
해 전혀 생각하지 않았겠는가? 그럴 리 없다. 석방된 지 처음 몇
주 동안은 감옥 생각이 아주 많이 났을 게다. 그렇다면 그가 감옥
을 생각할 때 은밀히 그곳을 그리워했을까? 누구도 그러지 않을
것이다. 그가 '아 그리워. 감옥으로 돌아가고 싶어. 내 생일날만이
라도 말이야. 돌아갈 수 없어 너무 안타까워'라고 생각했겠는가?
말도 안 되는 소리! 특히, 돌아간다면 그곳에서 평생 지내야 한다
는 사실을 안다면 치를 떨었을 것이다. 아마도 그가 감옥에 대해
생각할 때마다 그는 '아, 내가 자유의 몸인 게 얼마나 신나는 일인
가?'라며 남에게 통제 받지 않고 스스로 통제할 수 있다는 현실을
피부로 느끼고 크게 기뻐하며 안도했을 것이다.

지금 내가 술에 관해 생각하는 방식도 그와 다름없다. 나는 술
에 관해 많이 생각한다. 내가 하는 일이 술과 관련되어 있고, 알코
올 중독이라는 질병을 치유하는 것이 내 임무라 더 그렇다. 하지
만 술을 마시지 않아 좋은 무언가를 놓치고 있다는 생각은 하지
않는다. 따라서 나는 술과 관련해 아무런 문제가 없다. 그 사실과
이제는 늘 내가 자신을 제어하고 있다는 사실에 기뻐하며 감사한
다. 박탈감에 시달린다고 나 자신에게 거짓말을 하지 않는 한 음
주의 좋은 점을 놓치고 있다고 생각할 수 없다. 나는 술에 관한 속

임수와 사기극을 전부 다 알기에 그건 불가능한 일이다. 진실을 알고 나면 다시는 술이 만들어내는 환상을 믿지 않게 된다. 그때는 아무도 나를 달리 설득할 수 없다.

술 광고에서 설명했듯 현실의 여건으로 보면 술을 잊기는 거의 불가능하다. 술은 세계에서 가장 많이 광고되고 용인되는 마약이다. 영국만 놓고 볼 때 성인 인구의 약 80%가 알코올에 빠져 있다. 완전한 금주의 성공 여부는 음주에 대한 사람들의 태도에 달려 있다. 환상을 걷어내고 현실을 정확히 보면 술로부터의 자유보다 더 기쁘고 행복한 일은 없다고 느낀다.

술을 끊은 뒤 첫 몇 주 동안 술 생각을 한다 해서 걱정할 필요 없다. 아마도 인식하는 것보다 훨씬 더 많이 생각하겠지만 그 생각 자체는 문제가 되지 않는다. 그러나 술 생각을 하지 않으려 의지력을 동원하면 문제가 생긴다. 다시 반복하지만 알코올 중독자는 의식적으로든 무의식적으로든 거의 항상 의지력과 자제력, 그리고 어느 정도의 제어력을 발휘해야 한다. 특정한 제약 사항만이 음주자가 술을 더 많이 마시지 못하게 막고 바닥으로 추락하는 속도를 약간 늦출 뿐이다. 추락 속도는 음주자마다 다르다. 외부적인 제약 사항과 조건, 그리고 독약에 대응하는 몸의 능력이 다르기 때문이다. 그러나 그들이 향하는 방향은 똑같다. 바닥이다.

요즘 뉴스에 헤로인 이야기가 흔히 등장한다. 따라서 나는 헤로인에 관해서도 가끔 생각한다. 애처로운 헤로인 중독자들이 참으로 안타깝다는 생각이다. 지금 내가 술에 관해 하는 생각도 똑같다. 특히 대다수가 자신이 바닥으로 추락하고 있다는 사실조차 모른다는 사실이 더욱 서글프다. 이제 나는 술에 관해 생각할 때 '이토록 빤한 사실을 왜 좀 더 일찍 알지 못했을까?'라는 회한에 잠긴다. 알코올은 헤로인과 다름없는 마약이다. 그 진실을 깨닫고 자유를 얻었다고 안도하면 하루 종일 술에 관해 생각해도 아무런 문제가 되지 않는다. 아무리 생각해도 행복하게 느낄 수밖에 없기 때문이다.

술 생각 외에 사람들이 술을 끊을 때 하기 쉬운 또 다른 큰 실수는 무엇일까? 유혹 받는 상황을 의식적으로 피하려 하는 것이다.

유혹이 있다고 피하지 마라

어떤 상황이 술에서 자유로워진 여러분을 유혹하겠는가? 결론부터 말하면 여러분을 유혹할 수 있는 상황은 없다. 아예 존재하지도 않는다. 예를 들어 모래늪에서 구조된다면 다시 늪에 뛰어들 유혹을 느낄 수도 있다는 우려 때문에 특정 상황을 피해야 하는지 한번 생각해보라. 술의 덫이 무엇인지 정확히 알고, 술을 원하지도 필요로 하지도 않고, 자유로움에 안도한다면 어떤 상황에서도 유혹을 느낄 이유가 없다. 따라서 일반적으로 술의 유혹이 있다고 판단되는 어떤 상황도 피할 필요가 없다. 우리가 가진 모든 순간은 피하지 말고 음미해야 마땅하다.

나는 과거 3개월 동안 한시적으로 술을 끊었을 때 특정 상황을 피하려 애썼다. 음주 유혹을 느낄 수 있다고 생각했기 때문이었다. 그래서 외출과 약속을 최대한 줄였다. 그럴 때 나는 이전보다 더 비참하게 느꼈다. 음주의 즐거움을 놓치고 있다고 생각했다. 그러면서 술을 마시고 싶은 유혹을 어느 때보다 더 강하게 느꼈다. 하지만 유혹을 느낀다면 어쩔 수 없다. 술을 마시지 않음으로써 자신이 큰 희생을 하고 있다고 믿는다면 유혹을 받을 수 있는 상황을 피하라는 조언은 어차피 소용없다.

그렇다면 회식이나 파티 자리를 얼마나 오랫동안 피해야 할까?

AA 같은 단체에 따르면 영구히 피해야 한다. 끔찍한 일이 아닐 수 없다. 결국 술 없는 인생은 따분하고 지루하고 비참하다는 믿음을 재확인해주는 선언에 다름 아니다. 그러면 박탈감이 더욱 심해져 술을 마시고 싶은 유혹이 더 강해질 수밖에 없다. 그들은 이를 두고 영원히 지속되는 '회복' 과정이라 말한다. 하지만 나는 '하루하루가 살아가기에 힘든 궁핍 상황'이라 부르겠다. 한시적으로 술을 끊었던 3개월 동안 바로 그 괴로움을 겪었다. 어느 모로 보나 유혹을 부를 수 있는 상황을 평생 피하라는 조언은 터무니없다. 어떤 사람은 다음 날 아침 깨어나자마자 술을 마시고 싶은 유혹을 느낀다. 그렇다고 유혹을 피하기 위해 다시는 깨어나지 말라는 말인가? 물론 영원히 깨어나지 않으면 음주 문제는 완전히 해결되겠지만 말이다.

다시 강조하지만 술을 끊었다 해서 어떤 상황이라도 피할 필요가 없다. 아니, 피하지 말아야 한다. 술의 유혹이 있는 상황을 의식적으로 피하면 뇌에 잘못된 메시지가 전해져 술 없는 삶은 따분하다고 생각하기 시작한다. 사람들은 종종 이렇게 묻는다.

"술집에 가지 말아야 할까요?"

왜 그래야 하는가? 술을 끊었다고 술집에 가지 않는 것은 채식주의자가 스테이크의 유혹이 두렵다 해서 레스토랑에 가지 않는 것과 마찬가지다. 채식주의자는 어디를 가든 주변의 모두가 고기를 먹어도 고기에 유혹을 느끼지 않는다. 그들은 고기를 아예 원치 않기 때문이다.

따라서 술집을 포함해 어떤 상황이든 피할 필요가 전혀 없다. 여러분이 얻는 진정한 즐거움은 술이 아니라 함께 하는 사람들에게서 비롯된다는 사실을 명심하라. 그러나 예전처럼 늘 술집에 가고 싶지는 않을 것이다. 맨정신일 때는 술집의 솜털무늬 벽지와 꽃무늬 카펫, 담뱃불 자국, 알코올 냄새, 언쟁, 그리고 퀴퀴하고 우중충한 분위기가 눈에 확연히 들어오기 때문이다.

모든 술집이 그렇다고? 물론 그렇진 않다. 하지만 술집은 사람들이 술이라는 마약을 마음껏 마실 수 있도록 하는 곳이라는 사실을 인식해야 한다. 나는 지금도 술집이나 와인바, 클럽에 간다. 그곳에서 내가 즐길 수 있다면 더할 나위 없다. 하지만 만약 즐길 수 없다면 그것은 술을 마시지 않아서가 아니라 그날 분위기가 좋지 않거나 나의 기분이 저조해서 그런 것이다. 나는 술의 유혹을 전혀 느끼지 않는다. 내가 그런 곳에 가는 것은 사람들과 어울리며 즐기기 위해서다.

술을 끊은 것이지 삶을 끊은 것은 아니라는 사실을 기억하라. 몸과 마음에서 독소가 완전히 제거되면 새해든 생일이든 휴일이든 술 없이 얼마든 즐길 수 있다. 어떤 경우든 술이 당기지 않기 때문이다. 좋은 사람들과 불꽃놀이, 친구들, 웃음 속에서 술 없이도 술을 마시던 과거와 똑같이 즐길 수 있다. 술을 마실 때와 다른 점은 파티나 모임, 축제가 처음부터 끝까지 전부 다 기억나고 다음 날 아침 개운하고 생생하게 일어날 수 있다는 사실이다. 덤으로 직접 운전해서 귀가할 수 있다는 사실도 축복이다.

술과 관련된 또 다른 큰 문제가 있다. 우리는 '축하'나 '기념'이라고 하면 자동으로 술을 떠올리도록 세뇌당했다. 우리는 사람들이 모든 행사나 기념일, 명절을 술로 축하하는 모습을 지켜보며 자랐다. 생일이든 복권 당첨이든 음주자들은 축하할 구실을 찾는다. 그들에겐 술을 마시는 것이 축하다. 스포츠는 언제나 술 마시기 좋은 구실이다. 자신이 응원하는 팀이 이겨도, 져도 술을 마신다. 이겼을 때는 축하하기 위해서, 졌을 때는 슬픔을 달래기 위해서 마신다. 영국에서 복권에 당첨되면 주최측이 가장 먼저 하는 일이 뭔가? 당첨자에게 샴페인 한 병을 건넨다. 그처럼 우리는 술과 축하를 직접 연결하도록 사회적으로 완전히 길들여졌다. 앞에서 언급한 잉글랜드 축구선수는 한 경기에서 MVP에 선정되었을 때 샴페인 한 병을 부상으로 받았다. 그 전에 이미 자신이 '알코올릭'이라 술을 마시면 안 된다고 전 세계에 밝혔는데도 그렇다. 사람 약 올리는 것 아닌가?

내가 진행하던 금연 프로그램에 한 여성이 참가했다. 프로그램이 끝나자 모두 담배를 끊게 되었다며 기뻐했지만 그 여성 혼자만 기분이 좋지 않아 보였다. 특이한 일이었다. 나는 그녀에게 비흡연자가 되는 게 기쁘지 않느냐고 물었다. 그 답이 충격적이었다.

"나도 기뻤는데 당신이 이제 나가서 축하하라고 말하는 것을 듣는 순간 기분을 망쳤어요."

나는 다시 물었다.

"나가서 축하하라고 했는데 뭐가 문제인가요? 왜 축하하고 싶지 않은가요?”

그녀는 이렇게 답했다.

“나는 회복 중인 알코홀릭인데 방금 당신은 나에게 나가서 한 잔 하라고 했어요. 그런 말이 어땠어요? 이제 나는 진정으로 축하할 수 없어요.”

아니, 이게 환청일까? 나는 한번도 그 여성에서 나가서 술을 마시며 축하하라고 말한 적이 없었다. 그냥 “축하하라”고만 했다. 나는 거의 모든 사람이 ‘축하’라는 단어를 ‘술’과 연결시킨다는 사실을 까마득히 잊고 있었다.

가수 에릭 클랩튼(Eric Clapton)은 알코올이나 다른 약물의 중독에서 벗어난 사람들만을 초대하는 연례 새해 전야 파티를 열었다. 그는 ‘정상적인 사람’들과는 새해를 축하할 수 없다고 느끼고 자신과 비슷한 처지에 있는 사람들을 위해 파티를 연 것이다. 왜 그는 술을 마시는 사람들과 함께 새해를 축하할 수 없었을까? 무엇이 그를 저지했을까? 단 한가지, 그의 믿음이었다. 그는 자신이 술을 마시지 않아서 ‘비정상’이며 술을 마시는 사람은 ‘정상’이라 믿었다. 그래서 언제나 자신이 취약하다고 느꼈다. 그는 술이 아니라 자신에게 문제가 있다고 믿었다. 그처럼 거의 모든 사람에게 ‘축하’는 ‘술’과 동의어다.

나도 이전에는 그렇게 믿었지만 지금은 아니다. 지금의 나는 내가 이 속임수에 걸려들기 이전의 나와 같은 위치에 있다. 나는 좋은 사람들에게 둘러싸여 좋은 음악과 웃음으로 축하한다. 그날이

나 그 상황을 기분 좋게 즐긴다. 앞에서 말한 그 여성은 술을 끊은 지 3년이 지났지만 여전히 '회복' 과정에 있다고 믿었다. 서글픈 일이다. 그녀는 하루가 끝나면 그날 술을 마시지 않고 지냈다는 사실이 축하할 만한 유일한 일이라 믿었다. 하지만 축하할 수 없었다. 그녀에게 축하는 곧바로 음주를 의미하기 때문이었다. 이얼마나 슬픈 일인가? 그 여성만이 아니라 거의 모두가 그렇게 믿는다. 나는 여러분이 사람들을 만나 축하하고 즐기는 어떤 상황도 피하지 않기를 바란다. 이것이 완전한 금주에 성공하는 비결이다.

새 차를 운전하면 가끔씩 방향지시등을 켰는데 와이퍼가 작동한다는 사실을 인식하기 시작할 것이다. 술에서 해방된 새 사람으로 살아가면 처음엔 그와 비슷한 상황에 직면한다. 하지만 동시에 그 과정을 통해 현실을 직시할 수 있는 정신적 근육을 발달시킴으로써 우리를 아주 교묘한 속임수의 피해자로 만든 집단적 알코올세뇌를 역전시키고 있다는 사실도 이해하게 된다. 명심하라. 금주의 고통은 허구다. 심리적 현상일 뿐이다. 또 금주는 결코 어렵지 않다.

과거 술을 끊으려 했거나 줄이려 했을 때 끝없는 '회복' 과정이라는 허구를 만들어낸 것은 박탈감이었다. 아울러 술의 혜택을 놓치고 있다는 느낌이 사람들과 함께 하는 상황을 피하도록 만들었다. 이제 여러분은 그 상황을 피할 필요가 없을 뿐 아니라 더 많이 더 자주 즐길 수 있다. 술이라는 마약의 노예가 더는 아니며, 자신이 선택하는 삶을 충실히 살아갈 수 있는 진정한 자유를 누리고 있다는 사실을 아는 기쁨이 넘치기 때문이다.

회식이나 파티에 참석해 술이 필요하지 않은 즐거움을 누려보라. 결코 잊을 수 없는 멋진 느낌일 것이다. 자신을 스스로 제어할 수 있는 상황을 즐기고 자유로움을 기뻐하라. 어떤 상황이라도 술의 유혹이 따를 수 있다 해서 피하지 마라. 피하면 그 멋진 자유를 잃게 된다. 자신을 스스로 제어할 수 있다는 사실을 분명히 인식하고 모든 상황에 참여해 순간순간을 즐겨라.

사람들이 나에게 자주 하는 다른 질문은 이것이다.

"술 대신 뭘 마셔야 하고 음주 대신 뭘 해야 하나요?"

논리적인 질문이다. 하지만 술과 음주를 대체할 무엇은 필요 없으며 찾아서도 안 된다는 게 내가 제시하는 금주 비결의 또 다른 매우 중요한 부분이다.

술을 대체할 무언가가 필요할까?

금주 성공에 필수적인 원칙 중 하나가 이것이다.

술을 대체할 무언가를 찾지 마라.

사람들과 어울릴 때 반드시 알코올이 든 음료를 마실 필요가 없다. 우리가 반드시 명심해야 할 사실이다. 어떤 사람은 이렇게 말한다.

"오렌지주스도 좋지만 금방 질린다."

하지만 그들이 술을 두고서는 그런 이야기를 하지 않는 게 희한하지 않는가?

알코올 중독은 질병이다. 술이라는 마약을 끊는 순간 그 질병은 끝난다. 만약 여러분이 계속 악화되기만 하는 진행성 질병에 걸렸는데 완치 방법을 찾았다면 완치 후에 그 질병을 대체할 무엇을 찾겠는가 아니면 그 질병에서 벗어나 다행이라며 안도의 한숨을 내쉬겠는가? 나는 내가 어떻게 할지 안다. 자주 그렇게 하기 때문이다. 나는 정신적으로나 신체적으로 더는 고통당하지 않게 된 것을 기뻐하며 안도의 한숨을 내쉰다.

어느 누가 하나의 질병을 대체할 그 비슷한 무엇을 원하겠는가? 말이 안 되는 이야기다. 사람들은 진정한 즐거움을 빼앗겼다고 생각할 때만이 그 즐거움을 대체할 다른 무언가를 원한다. 박탈감 때문이다. 예를 들어 운전을 해야 한다면 어쩔 수 없이 알코올을 피해야 한다. 그런 사람들은 진짜 술 대신 무알코올 맥주나 무알코올 와인을 마신다.

마시지 않거나 주스 같은 다른 음료를 마시면 되는데 왜 굳이 무알코올 맥주나 무알코올 와인을 찾을까? 자신이 큰 희생을 한다고 느끼기 때문이다. 나는 예전에 3개월 동안 술을 끊었을 때 무알코올 맥주와 무알코올 와인을 엄청 마셨다. 하지만 도저히 적응할 수 없었다. 왜 적응되지 않았을까? 알코올이 들어 있지 않다는 사실 외에 다른 이유는 없었다.

특히 적응 기간에 무알코올 맥주나 무알코올 와인을 마신다면 자신이 큰 희생을 한다고 무의식적으로 마음에 새길 위험이 있다. 작은 물방울이 계속 떨어져 돌을 뚫는 것처럼 자신이 무언가 좋은 것을 놓치고 있다고 더욱 확신하게 된다. 무알코올 맥주나 와인을 마시는 것은 헤로인 중독자가 헤로인을 끊으면서 헤로인과 가격도 같고 모양도 같으며 느낌도 같지만 헤로인이 들어 있지 않은 약물을 자신에게 계속 주사하는 것과 다를 바 없다. 그 방법이 헤로인에서 자유로워지는데 도움이 될까 아니면 그를 미치게 만들까? 당연히 그를 미치게 만들 것이다. 애초에 대체 약물을 찾는 이유가 박탈감이다. 박탈감은 중독에서 벗어나는 데 가장 큰 장애물이다.

"오렌지주스도 좋지만 금방 질린다"는 말이 맞다면 알코올이

들어 있지 않은 맛 좋은 다른 음료가 수없이 많다는 사실을 기억하라. 나는 외출했을 때나 집에 있을 때나 그러한 음료를 많이 마신다. 무언가를 마시는 것은 생존 메커니즘의 일부이지만 우리는 목이 마를 때만 마신다. 과거에 내가 술을 그처럼 많이 마실 수 있었던 것은 술의 탈수 효과가 너무 심해 늘 갈증을 느꼈기 때문이었다. 몸의 탈수를 막으면 물도 계속 마실 필요가 없다. 물 두 잔 정도면 밤새 갈증을 느끼지 않는다.

소위 '전문가'들은 술을 끊으면 음주를 다른 무엇으로 대체할 필요가 있다고 말한다. 어떤 활동을 말하는 걸까? 매주 금주자들의 모임에 참석하는 것? 그럴 필요 없다. 시간이 좀 지나면 자연히 새로운 관심이 생긴다. 그때의 새로운 관심은 음주를 대체하는 게 아니다. 술을 끊으면 삶이 확장되고 지평선이 넓혀져 저절로 새로운 흥미가 생긴다. 술을 마실 필요가 없으면 시간도 많아지고 예전보다 훨씬 많은 것을 하고 싶어진다. 술을 대체하려는 게 아니라 삶 자체가 그렇게 변한다.

오렌지주스는 애들이나 마시는 음료라며 무알코올 맥주나 무알코올 와인을 좋아한다면 바로 그것이 어른답지 못한 생각이다. 맨 처음 우리를 술의 덫으로 유인한 것이 바로 그런 생각이었다. 청량음료를 마시는 모습이 '쿨'하지 않다고 생각한다면 벌건 얼굴로 언쟁을 벌이거나 폭력을 휘두르거나 넘어지거나 혀 꼬부라진 소리를 하거나 토하는 모습이 '쿨'한가? 따져보면 빤하듯 그 전부는 술 광고가 우리 머리에 주입한 환상이다.

오렌지주스 500cc나 맥주 500cc가 똑같은 가격인데 하필 주스를 택할 이유가 없다고 생각하는 사람이 있을지도 모른다. 이유가 없다고? 분명히 있다. 마약 중독에서 벗어나 자유를 누릴 수 있다는 것이 그 이유다. 비용을 따져도 알코올 중독자로서 쏟아붓는 돈의 반에 반도 들지 않는다. 여러 번 강조했듯 알코올은 몸의 탈수 현상을 불러 더 많이 마시게 만든다. 또 술의 마약 효과를 원해서 술을 마시는 사람에게 돈은 아무런 소용이 없다. 술의 노예라면 이 세상의 모든 부를 거머쥔들 무슨 의미가 있겠는가?

여러분도 이미 알고 있거나 곧 깨닫게 되겠지만 술을 마신다는 사실 자체가 무언가를 다른 무엇으로 대체하는 것이다. 무엇을 무엇으로 바꾸는 걸까? 진정한 용기, 진정한 자신감, 진정한 휴식, 진정한 자신을 가짜 용기, 가짜 자신감, 가짜 휴식, 가짜 자신으로 대체한다. 완전한 금주의 기쁨 중 하나는 더는 그처럼 진정한 것을 거짓된 것으로 바꿀 필요가 없다는 사실이다.

이제 여러분은 술에서 진정한 즐거움을 얻을 수 없다는 사실을 깨달았다. 술은 불안감과 스트레스를 초래하고, 용기를 꺾으며, 자신감을 무너뜨리고, 진정한 휴식을 제공할 수 없다는 사실도 알게 되었다. 또 그동안 계속 악화되기만 하는 진행성 질병에 시달렸다는 것도 확실히 인식한다. 이 책을 펼치기 전에는 몰랐겠지만 여러분은 그동안 술의 덫에 걸려 있었다. 따라서 이제는 그 노예 상태에서 벗어나 삶의 모든 면을 무너뜨리던 질병으로부터 완전한 자유를 얻어야 할 때다.

우리를 애초에 그 덫으로 유인한 것은 인류 사상 최대 규모의 집난적 사기극이었다. 이제는 그 사실을 올바로 파악했기 때문에 술을 마실 필요가 없다는 사실을 분명히 깨닫고 술이 없는 자유와 즐거움을 누려야 한다. 이제 마지막 잔을 들고 음주에 완전히 종지부를 찍어야 할 시점을 결정할 때가 되었다.

생애 마지막 잔

마지막이라고 하니 모든 것이 끝나는 느낌 아닌가? 음주자들에게는 '마지막 잔'이 즐거움을 잃게 되는 희생을 의미하겠지만 여러분에게는 새로운 시작과 희망을 뜻한다. 지금 이 순간 두려움도 있겠지만 짜릿한 흥분도 함께 어우러질 것이다. 여러 차례 강조했듯 두려워할 것은 전혀 없다. 두려움은 애초에 가짜였다. 이 사기극의 가장 큰 요소가 두려움이다. 술이 없으면 불안과 두려움을 느끼도록 만들어 중독에서 벗어나지 못하게 하는 것이 알코올의 음흉한 본색이다.

다시 반복하겠다. 여러분에게 마지막 잔은 끝이 아니라 새로운 시작이다. 지금 여러분은 자신이 원하는 바를 성취하고 있다. 거의 모든 음주자가 본심으로 간절히 바라는 것도 똑같다. 그들도 술을 마시지 않고 삶을 즐기며 스트레스에 대체할 수 있는 자유를 바란다. 따라서 우리 모두는 신체적으로, 그리고 정신적으로 마약 중독에서 영원히 자유롭게 되기를 원한다. 더는 술에 의존하지 않게 되면 어떤 기분일지 한번 상상해보라.

우리는 술에서 진정으로 자유로워지기는 불가능하다고 믿도록 세뇌당하고 사회적으로 길들여졌다. 그들은 우리에게 '알코올리즘'이라는 수수께끼의 질병이 있으며 그 질병에는 알려진 완치 방법이 없다고 믿도록 가르쳤다. 또 술을 끊는다고 만족스러운 삶의 방식을 실제로 누릴 수 있는 것은 아니며 겨우 기대만 할 수 있다고도 가르쳤다. 알코올 중독자에게는 금주가 절친한 친구를 잃는 상황과 같다는 게 그 이유였다. 만약 술은 필요할 때 항상 거기에 있으며 삶의 스트레스와 괴로움에 대처하는 데 늘 도움을 준다고 생각한다면 술과 헤어지는 것은 진정한 친구를 잃는 것과 다를 바 없다. 그러나 이 소위 '회복' 과정이라는 말도 안 되는 개념은 술과의 결별로 인해 마음이 상한 상태에 불과하다. 사람들은 그런 상심을 치유할 방법이 없다고 말하지만 전혀 그렇지 않다.

절친한 친구나 친척이 세상을 떠나면 우리는 애도 과정을 거친다. 신체적 고통은 없지만 상당한 정신적 트라우마가 따른다. 심하면 극복하는데 수년이 걸린다. 그후에도 허전함은 평생 지속될 수 있다. 음주자들이 술을 끊을 때도 대개는 그런 과정을 겪도록 자신을 강요한다. 상심을 치유할 방법이 없다고 믿고 그 마지막 잔을 그토록 두려워하는 이유도 거기에 있다. 오랜 친구와 헤어져 영영 볼 수 없다고 느낀다. 그들로서는 실제 상황이다. 그래서 술을 끊은 지 수년이 지나도 여전히 허전함을 느끼며, 어떤 면에서는 실제 친한 친구를 잃은 사람보다 더 힘들어 한다.

친구가 세상을 떠나면 적어도 공식적으로 애도 과정을 시작할 수 있고 어느 정도 시간이 지나면 그 친구가 더는 곁에 없다는 현실을 뇌가 받아들인다. 그러나 가련한 음주자들은 술이라는 옛 친구가 여전히 어디엔가 있지만 그 친구를 너무 심하게 남용했기 때문에 더는 친구가 될 수 없다고 생각한다. 더구나 다른 사람은 모두 그 친구의 혜택을 즐길 수 있지만 자신은 그럴 수 없다는 사실이 더욱 괴롭힌다. 술을 남용하면 대가를 치러야 한다고 사회가 세뇌시켰기 때문이다.

술을 남용한다고? 누가 누구를 남용한다는 말인가? 애초에 남용을 강요한 것은 음주자가 아니라 술이었다. 알코올 중독자는 술을 끊으면 세상 전체가 암울해진다고 느끼며 그 느낌은 평생 지속될 수 있다. 그러나 잘 생각해보라. 술을 끊는 것은 친구를 잃는 게 아니라 삶의 질에 평생 악영향을 끼치는 질병을 제거하는 행위다. 금주함으로써 술의 덫에서 풀려나 대다수 음주자들이 마음속 깊이 간절히 바라던 바를 성취하게 된다. 새로 얻은 자유를 누리며, 그 질병을 굶겨 죽이는 일을 마음껏 즐기기 바란다.

언젠가 보상 콜클러프(Beauchamp Colclough)가 쓴 〈효과적인 술 끊는 방법〉(The Effective Way to Stop Drinking)이라는 책을 읽었다. 암울함으로 가득한 책이었다. 저자를 직접 비난할 생각은 없다. 자신이 영구히 '회복' 과정에 머물러야 하는 '알코홀릭'이라 확신하는 그가 안타까울 따름이다. 그는 그렇게 믿기 때문에 실제로 그런 상태에 있다. 그는 책에서 이렇게 말한다.

"알코홀리즘은 중단시키지 않으면 치명적인 질병이다. '중단시키다'라는 단어를 사용한 것은 완치 방법이 없기 때문이다. 일정 기간 술을 마시지 않으면 문제가 사라져 다시 술을 마실 수 있게 된다고 생각하는 사람이 많다. 하지만 그렇지 않다. 음주 문제가 있는 사람이 술을 끊으면 음주 문제가 중단된다. 하지만 그가 다시 술을 마시면 그 문제가 다시 시작된다. 사라지는 게 아니다."

사라지지 않는다는 게 무슨 뜻일까? 알코올 중독이라는 질병은 술을 마시지 않으면 사라진다. 어떤 마약이든 화학적 중독은 마약이 주입되는 한 계속 악화되는 진행성 질병이다. 그 질병의 원인이 되는 마약을 체내에 주입하지 않으면 그 질병은 사라진다. 완치된다는 뜻이다. 질병을 치유하려면 그 질병에 걸렸다는 사실을 반드시 알아야 한다. 하지만 완치되었을 때 자신이 다 나았다는 사실을 아는 것 역시 매우 중요하다. 현실을 직시하자면 콜클러프는 완치된 상태가 아니다. 그의 몸에 알코올 흔적은 남아 있지 않지만 여전히 그는 자신이 큰 희생을 하고 있다고 믿는다. 하지 않아야 한다고 생각하는 것을 꼭 하고야 말려는 욕구와 여전히 싸우기 때문이다.

그런 사람들에게는 마지막 잔이 친한 친구의 죽음과 같으며, 평생 매일 싸워야 하는 전투의 시작을 의미한다. 그러니 술을 끊기가 그처럼 두려울 수밖에 없다. 그러니 술을 끊으면 그처럼 기운이 빠지고 우울할 수밖에 없다. 나는 술을 완전히 끊었을 때 마지막 잔을 비우기도 전에 삶이 아주 달라진다는 사실을 알았다. 그 순간 나는 현실을 명확히 볼 수 있었다. 질병의 종말이요 자유의 시작이라는 엄연한 현실 말이다. 나는 그 마지막 잔을 기대했다. 술 때문이 아니라 그것이 나의 진짜 마지막 음주라는 사실을 100% 확신했기 때문이다. 그처럼 멋진 기분은 시간이 흘러도 사라지지 않았다.

그렇다면 마지막 잔은 언제 마셔야 할까? 어느 시점이 가장 적합할까? 마지막 잔을 혼자 마셔야 할까 아니면 친구들과 함께 마셔야 할까? 집에서 마셔야 할까 아니면 술집에서 마셔야 할까? 그 선택은 여러분 몫이다. 원하는 곳에서 원하는 사람들과 마시면 된다. 다만 그게 마지막이라는 사실을 명심해야 한다. 이미 마지막 잔을 마셨다면 모든 게 끝났다. 더는 돌아볼 것도, 미련을 가질 것도 없다.

축하한다. 이제 당신은 자유다. 그렇다고 이 책을 덮지 말고 끝까지 읽기 바란다. 그래야 할 이유가 있다. 아직 마지막 잔을 들지 않았다면 마음에 드는 적절한 시점을 선택하라. 하지만 미뤄서는 안 된다. 이 책의 내용을 이해하고 확실히 안다면 그 시점을 한순간도 미루고 싶지 않을 것이다. 약간 불안하다 해서 걱정할 필요는 없다. 불안을 느끼는 게 정상이다. 그 불안은 당신을 술의 덫에서 벗어나지 못하게 했던 가짜 두려움의 마지막 잔여물이다. 적응 기간을 설명할 때 말했듯 그런 불안과 마지막 남은 두려움은 쉽사리 사라진다.

이 책을 읽기 전에 술에 관해 어떤 견해를 가졌든 지금은 그 견해를 영구히 내다버릴 때다. 대신 이러한 사실을 마음에 새겨라.

과거는 미래와 같지 않다.

오늘 무엇을 하느냐가 중요하다. 실패의 경험을 평생 마음에 담아두는 사람이 너무 많다. 그런 실패의 경험은 어제의 일 때문에 오늘도 성공할 수 없다는 두려움을 일으켜 그들을 억누른다. 아무 짝에도 쓸데없는 경험이다. 여러분은 반드시 성공한다. 어렵지 않다. 금주 성공에 필요한 모든 지침을 간략하게 정리해서 보여주겠다. 절대 어렵지 않다. 그대로만 하면 자유는 여러분의 것이다. 얼마나 오랫동안 마셨는지, 음주량이 어느 정도였는지, 또는 몇 번이나 끊으려 했다가 실패했는지는 신경 쓸 필요 없다. 누구라도 술 끊기가 쉽고도 즐겁다는 사실을 깨달을 것이다. 다만 이 점만 명심하라.

술의 덫을 올바로 이해하고 자유를 얻기 위한 지침을 따르라.

궁극적 성공을 보장하는 마지막 요소는 행동이다. 행동 없는 지식은 아무런 쓸모없다. 무엇을 해야 하고 어떻게 할 수 있는지 잘 알면서도 실행에 옮기지 못하는 사람이 너무나 많다. 무엇을 아느냐보다 그 지식으로 무엇을 하느냐가 중요하다. 실행하지 않고 무엇을 해야 하는지 알기만 한다면 의미가 없다. 왜 행동하기를 주저하는가? 전혀 해롭지 않고 이로울 뿐이다. 무슨 다른 대안이 있는가? 오래전 생애 첫 잔을 들었을 때 평생 술을 마실 것이라고 믿었었는가? 술에 의존하게 될 것이라고 생각했었는가? 앞으로 언젠가 술을 끊을 생각만 해도 두려움에 떨게 될지 모른다고 예상했었는가? 그동안 여러분의 상태가 더 좋아졌는가 아니면 더 나빠졌는가? 이 질병을 중지시키지 않는다면 평생 술에 절어 지내는 상황을 어떻게 피할 수 있겠는가?

금주에 성공하기 위해 따라야 할 지침은 지금까지 다 말했다. 하지만 일목요연하게 다시 정리하겠다.

진정한 자유로 나아가는 단계

1. 결단하라

마지막 잔을 든 다음에는 다시는 술을 입에 대지 않겠다고 다짐하라. 이미 설명했듯 진정한 결심의 힘은 실로 대단하다. 모든 다른 가능성을 차단하고 어떤 의심도 완전히 제거하는 확실성을 가져다준다. 여러분도 그 단계에 쉽게 도달할 수 있다. 자신에게 술을 마시게 하거나 마시지 않게 할 수 있는 사람은 오로지 여러분 자신뿐이다. 따라서 마시지 않겠다는 결단만 내리면 된다.

2. 금주로 포기할 게 전혀 없다는 사실을 직시하라

술을 끊으면 무언가를 포기해야 한다고 생각하지 마라. 포기할게 전혀 없다. 진정한 즐거움이나 위안이 되는 무언가를 포기해야 한다고 생각하면 술을 끊기 어렵다. 하지만 포기할 게 없다는 사실을 깨달으면 금주는 전혀 어렵지 않다. 술의 단점이 장점보다 많다는 것이 아니라 장점이 아예 없다는 뜻이다. 장점처럼 보이는 것은 허상이다. 그냥 그렇게 보일 뿐이다. 술이 용기와 자신감, 긴장 완화, 즐거움 등을 가져다준다는 것은 술이 우리의 자연적 두려움을 제거하면서 생긴 환상이다. 술의 장점은 처음부터 없었다. 술을 끊은 뒤 술을 갈망하는 것은 마치 실존하지 않는 산타

클로스나 요정을 찾는 것처럼 어리석은 일이다. 술은 앞으로도 오래 존재하겠지만 술이 우리를 위해 해주는 좋은 일이라는 것은 존재하지 않는 허상일 뿐이다. 우리는 사회적 길들이기와 세뇌를 통해 그런 환상을 갖게 되었다. 따라서 금주로 인해 포기할 것도, 희생할 것도 없다는 사실을 기억하라. 진실은 이렇다. 엄청난 희생은 금주자가 아니라 음주자가 해야 한다.

3. "난 이제 술을 마시면 안 돼"라는 말은 절대 하지 마라

금주한 사람의 '회복' 과정이라는 것은 끊임없는 고문을 뜻한다. 매일매일 어렵사리 버텨야 하는 회복 과정에 평생 머물고 싶은가 아니면 완전한 자유를 만끽하며 하루하루 즐겁게 살고 싶은가? 술은 원하면 언제든 마실 수 있다. 그 누구도, 그 무엇도 음주를 막지 않는다. 따라서 "난 술을 끊었으니 다시는 마실 수 없어"라고 말하지 마라. 헤로인도 누구든 할 수 있지만 대다수는 그러고 싶어하지 않기 때문에 거들떠보지 않는다. 이제 여러분은 더는 술의 노예가 되고 싶어하지 않는다. 따라서 "난 이제 마실 수 없어"라는 말로 자신을 고문해서는 안 된다. 부정적 마음을 긍정적으로 바꾸면 스스로 가하는 고문이 즉시 사라지고 끊임없는 행복이 찾아온다.

4. 술 생각을 하라

술 생각을 하지 않으려 애쓸 필요도 없고, 술 생각이 많이 난다고 걱정할 필요도 없다. 무엇을 생각하지 않으려는 노력은 애초에 허사다. 아예 불가능한 일이다. 따라서 관점을 바꾸는 게 중요하다. 오늘이든 내일이든 다음 주든 평생 동안이든 술이 떠오를 때 "난 이제 술이 필요 없어. 완전 자유야. 얼마나 좋아? 난 비음주자야!"라고 생각하라. 그러면 늘 술 생각을 해도 행복할 수 있다. 중요한 것은 어떻게 생각하느냐다.

5. (우리 사회가 일컫는) '알코홀릭'이란 없다는 점을 명심하라

스스로 자신을 '알코홀릭'이라 생각하든 그렇지 않든 상식적으로 따져보면 그런 것은 없다는 사실을 깨달을 수 있다. 여러분은 전 세계 수십억 명과 마찬가지로 아주 교묘한 사기극에 넘어간 정상적 사람이다. 하지만 아직도 이러한 심리적 덫에 빠져 있는 수많은 사람들과 달리 여러분은 그 덫에서 벗어나고 있다. 술의 노예 상태에서 탈출하기로 결단을 내렸다면 그 결단을 의심함으로써 자신을 고문해서는 안 된다. 알코올 중독이라는 질병은 술이 필요한 사람에게만 존재한다.

6. 우울해 하거나 낙담하지 말고 새로 얻은 자유를 만끽하라

술을 끊었다고 처량하게, 비참하게, 울적하게 느낄 필요 없다. 행복한 마음 상태로 새로운 여정에 나서라. 마지막 잔을 비우는 순간 음주는 완전히 끝난다. 시작부터 기뻐하라. 마지막 잔을 내려놓는 순간부터 자유다. 술을 못 마셔 우울하다는 넋두리를 늘어놓는 금주자가 되지 마라. 그보다 더 나쁜 상황은 없다. 슬퍼할 것은 전혀 없고 기뻐할 것뿐이다.

7. 술을 끊은 일수를 세지 마라

술을 마시지 않은 날짜를 세는 게 무슨 의미가 있는가? 평생 그렇게 할 건가? 얼마나 한심한 일인가? AA 모임에서는 매년 케이크로 자신의 금주를 축하한다. 얼마나 가련한 모습인가? 케이크에 꽂힌 초가 많을수록 더 오래 어려움을 견디며 금주를 지속했다는 뜻이다. 평생 그렇게 힘들게 견디는 것은 매우 심한 고문이다. 그냥 끊고 자유로운 삶을 살면 된다. 과거엔 술 없이는 살지 못했지만 이젠 술이 필요 없는 사람이 되었다는 사실을 기뻐하며 자축하라.

8. 술의 유혹이 두렵다 하여 사람들과 어울리는 자리를 피해선 안 된다

여러분은 술을 끊은 것이지 삶을 중단한 게 아니다. 회식이나 파티, 축하 행사 등 사람들을 만나는 자리에 참석해서 처음부터 즐겨라. 멀쩡한 정신에서 본연의 자신으로 다른 사람들을 대할 때 즐거움이 훨씬 커진다.

9. "딱 한 잔만!"은 금물이라는 점을 명심하라

음주는 마약 중독이다. 중독은 연쇄반응을 일으킨다. 술의 본색을 정확히 파악하라. 술은 알코올 중독을 일으키고, 주류업계는 거대한 규모의 광고를 통해 막대한 수익을 올린다. 만약 여러분이 '딱 한 잔'에 진정한 즐거움이 있다고 생각한다면 100만 잔에도 진정한 즐거움이 있다고 생각할 것이다. 현실을 직시하라. 듣기 싫겠지만 여러분은 질병을 갖고 있다. 모래 속에 머리를 파묻어도 그 병은 사라지지 않는다. 이 질병은 평생 지속될 뿐 아니라 갈수록 더 나빠진다. 가장 쉽게 치료할 수 있는 때가 바로 지금이다.

10. 술을 다른 무엇으로 대체할 생각을 버려라

술을 끊은 뒤 무알코올 맥주나 무알코올 와인을 찾지 마라. 그러한 대안의 술은 알코올만 없을 뿐 자신이 엄청난 희생을 하고 있다는 환상을 굳힌다.

11. 음주자들을 부러워하지 말고 가엾게 여겨라

술 마시는 사람들을 부러워하지 마라. 부러워할 게 전혀 없다. 그들은 부러움이 아니라 측은함의 대상이다. 그들 대다수는 자신이 덫에 걸려 있다는 현실을 인식하지 못한다. 그들은 알코올 중독이라는 진행성 질병을 앓으며 술이라는 마약에 의존하지만 대다수는 그 사실조차 모른다. 그게 부러워할 일인가? 진실을 깨달으면 그들이 여러분을 부러워할 것이다.

12. 이 방법이 항시적 안전망은 아니다

'술의 덫에 다시 빠진다 해도 이렇게 쉬운 방법이 있으니 또 별 문제 없이 벗어날 수 있겠지'라는 생각은 절대 하지 마라. 이 책이 제시하는 지침은 두 번째, 세 번째의 추락도 거뜬히 막아주는 그런 항시적 안전망이 결코 아니다. 책의 끝부분인 '마지막 주의사항'에서 이 문제에 관해 자세히 설명하겠다.

마지막으로 이 단계별 지침을 전부 다 따르는 게 중요하다. 이 지침 목록은 여러분의 자유를 보장하는 '12단계'다. 여러분이 내가 말한 모든 사항을 이해하고 술의 덫이 실제로는 얼마나 간단하며 별것 아닌지 정확히 파악한다면, 또 이 단계별 지침을 잘 따른다면, 여러분은 곧바로 이 세상에서 가장 큰 기쁨과 행복을 누릴 수 있다.

세상에서 가장 신나는 일

술을 더는 마실 필요가 없을 때 우리는 신바람이 절로 나며 의기양양해진다. 원할 때마다 누릴 수 있는 진정한 정신적·신체적 행복이다. 그런 기쁨과 행복이 이제 생길 것이다. 어쩌면 '적응' 기간에 이미 생겼을 수 있다. 나는 마지막 잔을 비우기도 전부터 기쁨과 자유를 느꼈다. 하지만 의기양양함은 그보다 나중에 찾아왔다. 술을 끊은 뒤 첫 몇 주 동안 모든 것이 명확해졌다. 술이 나에게 해준 게 전혀 없다는 사실을 추호의 의심 없이 확인한 것도 그때였다.

나는 외출해서 사람들과 어울리며 재미있게 지내면서도 술 생각을 하지 않았다. 술 생각을 했을 때도 다시는 마실 필요가 없다는 사실을 알았기 때문에 날이 갈수록 더 행복해졌다. 마지막 잔을 마시기 전에도 그런 사실을 어느 정도 알 수 있었지만 내가 의기양양함을 처음 느낀 것은 금주한 뒤 첫 2주 동안이었다. 그 기분은 지금도 계속 나를 행복하게 해준다.

나도 술을 끊었을 때 약간의 신체적 고통이 있었다. 하지만 흔히 생각하는 그런 고통이 아니었다. 현실을 올바로 보지 못한 데 대한 자책감에서 나 스스로 내 발을 걸어차 그만 멍이 들고 말았다. 나로서는 그게 가장 가슴 아픈 일이었다. 하지만 그것은 루빅

큐브와 같다. 잘못된 방식으로는 아무리 용을 써도 각 면을 같은 색으로 맞출 수 없다. 그래서 처음엔 거의 불가능해 보인다. 그러나 올바른 방법만 찾으면 아주 쉽게 맞출 수 있다. 내가 상심한 것은 수년 동안 감옥에 갇혀 있었는데 감방 열쇠가 언제나 내 호주머니에 있었다는 사실을 이제야 갑자기 깨달았기 때문이었다.

마침내 나 자신을 내가 가뒀다는 사실을 알고 가슴을 쳤다. 술에는 진정한 혜택이 있으며, 술은 마약이 아니라고 믿음으로써 나 스스로를 덫에 빠뜨린 것이었다. 내가 나 자신을 가두었기 때문에 술 끊기를 어렵게 만든 사람도 결국 나였다. 여러분도 그 사실을 올바로 인식하기 바란다. 열쇠는 여러분의 마음 안에 있다. 이 책의 목적은 여러분이 술을 알기 이전의 세계로 시계를 거꾸로 돌리는 방법을 보여주는 것이다.

의기양양한 순간은 술을 끊은 뒤 첫 몇 주 동안에 찾아온다(물론 그 전에도 느낄 수 있다). 시간이 걸리는 것은 알코올이 몸에서 빠져 나가는 것과는 아무 상관이 없다. 다만 적응이 필요해서 그럴 뿐이다. 무슨 일이 일어날지 모른다고 생각하며 가만히 앉아 기다리지 말고 활기차게 생활하며 몸과 마음에서 질병이 제거된 것을 즐겨라.

솔직히 말해 모르는 사람에게 이 자유로움이 얼마나 신나고 즐거운지 묘사하기는 아주 어렵다. 나는 술에 관해 그토록 오랫동안 믿어온 것이 전부 다 틀렸다는 사실을 세계의 모든 사람에게 보여주고 싶다. 그 믿음은 하나의 거대한 환상이었다. 나는 알코올에 중독된 모든 사람이 자신의 상황을 올바로 알기를 바란다. 또 술은 허구의 용기를 안겨주는 한편 불안정한 상태를 일으킨다는 사실을 이 세상 모든 사람이 올바로 알기를 바란다. 아울러 모든 음주자가 세뇌를 통해 기만당했다는 사실을 올바로 알기를 바란다.

술을 마시지 않으면 회식이나 모임, 행사, 생일, 휴가, 명절, 심지어 식사도 예전 같지 않을 것이라 생각하는가? 옳은 생각이다. 분명히 다르다. 다만 예전보다 나쁜 게 아니라…

예전보다 훨씬 낫다!

나는 다시 활기차고, 다시 깨어나고, 다시 정신이 맑아짐을 느꼈다. 생일파티에서 노는 아이가 어떤 기분일까? 신나고 즐겁고 재미있다고 느낄 것이다. 지금 내가 사람들과 어울리며 느끼는 기분이 바로 그렇다. 나는 사람들과 친밀하고 싶고 함께 춤추며 즐기고 싶다. 내가 술에 의존했을 때는 무엇보다 술이 내 곁에 있는 것이 가장 중요하다고 생각했다. 다른 모든 일은 부차적이었다. 심지어 어떤 술이 얼마나 나오는지를 기준으로 파티를 평가하기도 했다. 그러나 지금은 친구들에게 "이봐 잠깐만 기다려. 한 잔하고 난 뒤에 이야기하자고"라고 말하지 않는다.

나는 그동안 술 끊기가 왜 어렵다고만 생각했을까? 열린 마음과 몇 가지 지침만 잘 따르면 아주 쉬운데 말이다. 그렇다면 이제부터는 모든 대인관계가 즐겁기만 하고 좌절하거나 낙담할 때는 없다는 뜻인가? 그건 아니다. 이 책은 상식과 현실을 다룬다. 술을 마시던 시절을 돌이켜보라. 사람들과 어울리는 게 전부 다 좋았는가? 그렇지 않았다. 괴롭거나 우울한 적이 없었는가? 물론 있었다. 내가 말하고자 하는 바는 앞으로는 우울하거나 좌절할 일이 없다는 것이 아니다. 다만 술을 마시던 시절보다 신체적으로나 정신적으로 훨씬 강해지기 때문에 좋을 때는 훨씬 더 좋고, 가끔씩 찾아오는 어려움도 이전처럼 견디기 힘든 정도가 아닐 것이라는 뜻이다.

따라서 희망을 갖고 신나게 즐기기 바란다. 지금 여러분은 자유를 되찾아 자유로워지고 있는 중이다. 내가 처음 술을 끊었을 때는 금주 사실을 숨겼다. 술을 마시지 않는다는 사실이 오명인 듯 다른 사람들에게 운전을 해야 한다거나 몸이 좋지 않다거나 약을 먹는다고 둘러댔다. 그러나 이제는 세상의 모든 사람들에게 "나는 비음주자다!"라고 거리낌 없이 말한다. 여러분도 그래야 한다. 더는 술을 마시고 싶지 않다거나 마실 필요를 느끼지 않는다는 사실이 왜 당혹스러워야 하는가? 마약인 술을 원치 않는다는 사실을 정당화해야 하는 우리 사회가 정말 희한하지 않은가?

술 마시는 행위를 자신과 주변의 모든 사람에게 늘 정당화해야 하는 쪽은 음주자들이라는 사실을 기억하라. 술을 끊은 사람이 왜 금주를 정당화해야 하는가? 그래야 할 하등의 이유가 없다.

저녁에 사람들을 만날 때마다 나는 술을 마시지 않아도 된다는 생각에 뿌듯함을 느낀다. '더는 술을 마실 필요가 없어서 얼마나 다행이고 좋은가?'라는 생각이 든다. 여러분도 반드시 그렇게 된다. 한편으로는 음주자들을 애처롭게 생각하면서 다른 한편으로는 성취감과 자긍심, 희열 그리고 진정한 자유를 느낄 것이다.

어떤 사람들은 지금까지 느껴본 최고의 기분이라 말한다. 여러분도 똑같이 느끼게 될 것이다. 그런 일이 일어나기를 기다리지 마라. 그 마지막 잔을 비우는 순간 술을 끊게 된다. 그러면…

바로 그 순간부터 완전히 자유로워진다.

왜 좀 더 기다렸다가 자축하려 하는가? 우리의 목표가 '더는 술을 마실 필요가 없으니 이 얼마나 좋은가?'라고 말하는 것이라면 시작부터 그렇게 선언하라. 존 매카시(John McCarthy: 레바논에서 테러단에 납치되었다가 5년 만에 풀려났다)나 넬슨 만델라도 자유의 몸이 된 순간 자축하기를 미루지 않았다. 여러분도 미룰 필요가 없다. 나는 운전면허시험에 합격했을 때 바로 내가 아는 모두에게 그 사실을 알렸다. 혹시나 그 다음 주에도 운전하지 못할까봐 합격 사실을 숨기는 그런 일은 하지 않았다. 다음 주가 되면 오늘보다 더 나은 운전자가 된다는 사실을 알았기 때문이다.

사람들이 여러분에게 왜 술을 마시지 않느냐고 물으면 처음부터 떳떳이 진실을 밝혀라. "이제는 술을 원치 않아요", 또 더 중요하게는 "이제는 술을 마실 필요가 없어요"라고 말하라. 그렇게 한다면 이 세상의 모든 음주자들에게 알코올 중독의 실상을 정확히 알리는 일생의 소명을 다하는 데 큰 도움이 될 것이다. 그러면 마침내 우리는 술이 불러온 이 광기를 완전히 끝낼 수 있다.

이제 이 광기를 완전히 끝내자

작은 섬나라인 영국에서만 향후 15~20분 동안(그리고 그후 매 15~20분마다) 2건의 음주운전 사고와 2건의 응급실 내원(1건은 정신병으로, 1건은 음주에 의한 치명적 사고로)이 발생할 것이다. 2010년 9월 이 책을 마지막으로 수정했을 때 영국 신문 〈데일리메일〉은 '음주로 매일 1500명 입원'이라는 머리기사를 실었다. 리버풀 존무어스대학이 발표한 연구 결과를 바탕으로 작성된 기사였다. 보고서에 따르면 2008~2009년 60만 6799명이 음주 관련 문제로 입원했다. 그중 일부는 한 번 이상 입원해 전체 입원 건수는 94만 5469건이었다. 여기에는 음주 관련 사망은 포함되지 않았다. 포함하면 100만 건은 훌쩍 넘어섰을 터이다. 2006~2008년 영국 남성 1만 1000명 이상이 간 질환으로 사망했다. 간경변 환자는 이 책의 초판이 발행된 이래 10배로 증가했고, 2009~2010년 음주와 관련된 범죄는 50만 건에 육박했다.

또 보고서는 음주와 관련된 사망자의 공식 통계는 연간 약 1만 5000명이지만 실제 수치는 그 이상일 것으로 예측했다. 보고서 작성에 참여한 마크 벨리스(Mark Bellis) 교수는 이렇게 말했다.

"영국이 국민의 알코올 남용 실태를 묵과하는데 따르는 대가는 실로 엄청나며, 그 대가의 상당 부분은 최빈곤층이 감당한다. 대다수가 책임 있는 음주자이고 일부만 문제를 일으키는 상황이 아니라 음주자 거의 전부가 문제가 있다는 사실을 명확히 인식해야 한다."

흔히 알코올을 남용하는 사람이 문제가 있다고 말한다. 그러나 사람이 알코올을 남용하는 게 아니라 알코올이 직·간접적 피해자들을 남용한다. 마약은 어떤 형태든 신체적으로나 정신적으로 그 피해자를 남용한다. 그 반대가 아니다.

술은 매년 세계 전체에서 100만 명 이상의 목숨을 앗아간다. 하지만 집계하기 어렵기 때문에 정확한 수는 아무도 모른다. 술은 아주 다양한 방식으로 매일 수백만 명의 삶을 파괴한다. 매년 술로 인해 사망하는 영국인이 9000명에 이르고 수백만 명의 삶의 질이 유린되는 상황에서 2009년 영국 정부가 주세로 올린 수입은 87억 파운드 이상이었다. 영국에서 술 광고에 지출되는 비용은 매년 2억 파운드가 넘는다.

술은 다른 어떤 마약보다 더 많은 자살, 살인, 성폭행, 구타, 신체적·언어적 폭력, 성적 학대, 이혼, 개인 파산을 일으키며 중독자 자신과 가족 또는 친지의 삶의 질을 더 크게 떨어뜨리고 수명을 더 단축시킨다. 더구나 술은 마약인데도 합법적이다. 지금 이 순간에도 우리 자녀들의 삶이 간접음주로 피해를 입고 있다.

술은 사회 전체에 많은 피해를 끼치지만 그 진상은 잘 알려지지 않는다. 이처럼 인류 전체를 대상으로 하는 최대 규모의 사기극이 끊임없이 진행되고 있다. 더는 묵과할 수 없다. 이제는 누구든 나

서서 술의 실체를 반드시 밝히고 그 속임수를 중단시켜야 한다.

여러분은 이제 술에서 자유로워짐으로써 그 노력에 동참할 수 있다. 지금 여러분은 술에 대한 사회의 인식에서 일어나는 거대한 변화의 출발선에 있다. 여러분은 술의 실체를 꿰뚫어 볼 수 있는 소수의 엘리트 중 한 명이다. 여러분은 술에 대한 '새로운' 광고와 선전의 상징이다. 우리는 세계에서 가장 널리 사용되고 용인되는 마약인 술에 대한 사회의 인식과 태도를 이제 막 변화시키기 시작했다. 사람들이 술의 덫을 정확히 이해하고 자유로워지도록 도움을 주려는 나의 소명을 여러분이 도울 수 있다. 미래 세대가 술에 의존하게 되는 상황을 도저히 용납할 수 없다. 음주가 '정상적 행위'로 통해서는 절대 안 된다.

여러분은 음주로부터의 자유를 쟁취함으로써 흡연에서 일어난 변화처럼 음주에서도 사회적 인식과 태도의 변화를 일으키는데 도움을 줄 수 있다. 흡연도 과거엔 '쿨'한 행위로 여겨졌다. 담배를 피우면 사람들과 어울리는데 도움이 되며, 어른답게 보일 수 있었다. 그러던 인식이 그 사이에 완전히 달라졌다. 한때는 영국 인구의 60% 이상이 흡연을 했다. 지금은 30%에도 못 미치며 계속 줄어드는 추세다. 술도 담배와 같은 길을 걸어야 한다.

간접음주가 간접흡연보다 더 많은 삶을 파괴한다. 술은 사람을 정신적으로나 신체적으로 망치는 일만 한다. 백해무익이라는 말 그대로다. 나는 자유를 찾은 정상적인 사람 중 한 명일 뿐이지만 내가 이 문제와 관련해서는 세계에서 가장 열정적인 사람이라 믿는다. 나는 최대한 많은 사람이 술의 노예 굴레에서 벗어날 수 있도록 돕기 위해 내가 할 수 있는 모든 일을 다할 것이다. 나의 소명은 세계를 이 질병에서 구하는 것이다.

그 노력에 여러분이 기여할 수 있는 최선의 방법은 무엇일까? 본연의 자신이 되는 것이다. 늘 하듯이 사람들을 만나고, 늘 하듯이 식사를 즐기고, 늘 했듯이 모든 일을 하면 된다. 자유롭게 되는 것이 가능하며 어렵지 않다는 사실을 다른 사람들이 보게 되면, 여러분이 술 없이 인생을 즐길 수 있으며 술이 필요하지 않다는 사실을 다른 사람들이 알게 되면, 그런 여러분이 더 멋지고 활력 있는 모습을 다른 사람들이 보게 되면 그때는 그들도 진실을 깨달을 것이다. 여러분이 자신감과 용기가 넘치고 더 느긋하며 모든 면에서 삶이 개선되는 것을 그들이 목격한다면 그들도 그런 변화의 일부가 되고 싶어할 것이다.

술을 끊었다고 음주자들을 비웃고 고결한 체해서는 안 된다. 그보다 더 나쁜 것은 없다. 여러분도 얼마 전까지 바로 그들과 같은 처지였다. 그런 사실을 기억하고 절대 성급하게 판단하지 말아야 한다. 술에 취하는 사람은 자신의 선택과 의사로 술을 마시는 게 아니라 마실 수밖에 없는 처지다. 그들이 자신의 선택으로 술을 마신다고 '믿는다' 해서 현실이 달라지지는 않는다. 그것은 잘못된 믿음이다. 중독자는 자신의 선택과 의사로 술을 마시는 게 아니다.

따라서 금주법은 과거에도 효과가 없었고 앞으로도 그럴 수밖에 없다. 술을 금지한다고 알코올 문제가 해결되지는 않는다. 술의 속임수에 넘어가면 불안감이 생긴다. 그러면 중독자는 술 없이는 인생을 즐길 수도 없고 삶의 스트레스에 대처할 수도 없다고 믿는다. 거기에는 자신의 선택과 의사가 끼어들 여지가 없다. 그래서 술을 계속 마시려는 사람에게 "술을 그만 마시지 않으면 내가 나갈 거야. 술과 나 둘 중 하나를 선택해"라는 최후통첩은 통하지 않는다. 중독자는 당연히 술을 택한다. 그것은 자의에 의한 선택이 아니다. 술을 마실 수밖에 없어 그쪽을 택할 뿐이다. 그들은 술이 없는 것보다는 당신이 없는 게 덜 고통스러울 것으로 생각한다. 술을 금지하면 음주자는 술을 더 원한다. 금단의 열매처럼 탐스러워 보이기 때문이다. 사실은 '상한' 열매인데도 말이다.

술을 끊으면 주변의 대다수 음주자들이 은밀하게 여러분을 부러워한다는 사실을 기억하라. 자유를 즐기는 행복한 모습을 보면 더욱 그럴 것이다. 물론 여러분이 술을 못 마셔 짜증을 내거나 침울해 하거나 넋두리를 하리라고 예상하는 사람도 있다. 그러다가 여러분이 두문불출하는 게 아니라 예전처럼 사람들과 잘 어울리며 즐겁게 지내는 모습을 보면 여러분이 아주 특별한 사람이거나 초인인 듯 감탄할 것이다. 무엇보다 여러분도 스스로 그렇게 느끼게 된다는 점이 가장 중요하다.

여러분 주변의 음주자들도 마음 깊은 곳에서는 그렇게 되기를 원한다. 나는 늘 내 주변에서 변화가 일어나고 있다고 생각한다. 이전엔 금주를 고려조차 하지 않았던 사람들이 지금은 술을 끊었거나 적어도 자신의 음주에 관해 예전과 달리 의문을 갖는다. 그들은 실패할지 모른다는 두려움에서 술에서 자유롭고 싶다고 공개적으로 밝히지는 않을 수 있다. 그러나 여러분이 그들에게 미치는 영향은 아주 크며 전염성이 강하다. 머지않아 모두가 여러분의 성공 비결을 알고 싶어할 것이다. 그때는 여러분도 독자적인 사회 혁명을 시작할 수 있다.

물론 사회가 태도 변화를 이루려면 시간이 걸린다. 하지만 머지않아 술을 보는 시각이 완전히 달라질 것이라고 확신한다. 그때는 여러분이 그 과정에 일조했다는 사실을 알고 보람을 느낄 것이다. 여러분은 술이 필요하다는 믿음이 허구라는 사실을 사람들이 깨닫도록 도움을 줌으로써 그들을 술의 덫에서 벗어나게 할 수 있다. 그러나 금주를 강제할 수는 없다.

나의 가족 중에도 아직 술을 마시는 사람이 있다(그들은 심지어 이 책도 아직 읽지 않았다!). 가라앉는 배를 타고 인생의 진정한 재미를 놓치고 있는 그들의 모습을 보는 게 너무나 괴롭다. 하지만 내가 그들에게 구명조끼를 던져주면 분명히 그 조끼를 나에게 되던질 것이다. 그들이 비협조적이고 까다로워서가 아니라 술이라는 마약이 만들어낸 두려움과 불안감이 그렇게 만든다.

사람들이 이 책을 읽거나 나에게 상담을 받으러 오려면 그런 두려움과 불안감을 먼저 억눌러야 하기 때문에 상당한 용기가 필요하다. 나는 여러분이 그런 두려움을 극복하고 이 책을 끝까지 읽으면서 여생을 술의 노예 굴레에서 벗어나기로 결단을 내렸다는 사실에 진심으로 경의를 표한다.

　이제 여러분은 술 끊기가 어려워야 할 이유가 없다는 사실을 깨달았다. 모든 세뇌와 환상이 제거되면 금주는 아주 쉬운 일이다. 그러나 아직 다른 사람들은 그런 사실을 이해하지 못한다는 점을 기억하기 바란다. 그들에게 무조건 술을 끊으라고 압박하는 방법은 도움이 되지 않는다. 그냥 여러분이 자유를 만끽하며 진정으로 삶을 즐기는 모습을 보여주면 된다. 그러면 그들도 곧 이 책을 읽고 여러분처럼 자신의 삶을 스스로 제어하면서 생기 넘치는 보람차고 즐거운 삶을 누리게 될 것이다.

생명력을 되찾아라

두려움 없이 신나게 살아라

자유로움이 주는 큰 기쁨 중 하나는 우리에게 필요한 모든 것이 이미 우리 안에 있다는 사실을 갑자기 깨닫는 것이다. 우리는 모든 도전에 맞설 능력을 갖고 있다. 어떤 두려움도 극복할 수 있는 용기, 즉시 기쁨과 행복을 느낄 수 있는 역량을 갖고 있다. 우리는 지상 최고의 약을 가장 순수한 형태로 우리 안에 갖고 있다. 그 약은 완전히 공짜다. 무슨 약이냐고? '생명력'으로 불리는 약이다. 살아있고 매일 성장하며 새로운 기회를 포용하는 데서 얻는 활력과 보람을 가리킨다.

술은 그 생명력을 여러분 안에서 서서히 고사시킨다. 생명은 성장하지 않으면 죽어간다. 그 중간 상태는 없다. 술이 음주자들의 삶을 지배하면서 생명력을 고사시키지만 그들은 그런 사실을 인식하지 못한다. 그들은 주위를 둘러보며 자신이 다른 모든 사람과 거의 같다고 생각한다. 거의 모든 사람이 술을 마시기 때문이다. 그게 문제다. 인구의 대다수와 밋밋하게 똑같아지길 원하기보다는 남들과 달리 특별하고 생기 넘치기를 원해야 한다. 핑크 플로이드의 노래 제목처럼 '벽을 쌓는 또 다른 벽돌'이 되기를 원하면 미래가 없다. 대다수 사람들은 삶의 생명력을 놓치고 있다. 그들은 생존하지만 진정으로 살아있는 게 아니다. 스트레스만 많고 도전은 없다. 알코올에 중독되었기 때문이다.

스트레스 자체는 원래 나쁜 게 아니다. 오히려 우리를 강하게 만들어준다. 그러나 스트레스를 적절히 다룰 만큼 강하지 않으면 그 스트레스는 그 사람의 몸과 마음에 독으로 작용한다. 음주자는 정신적으로나 신체적으로 적절히 다룰 수 없는 심한 스트레스를 받는다. 따라서 다음과 같은 혜택을 주는 상품이 있다면 더할 나위 없을 것이다.

- 즉시 스트레스를 해소해준다.
- 즉시 용기를 준다.
- 즉시 자신감을 만들어낸다.
- 즉시 우리를 행복하고 즐겁게 해준다.
- 즉시 긴장을 완화시켜준다.
- 즉시 사교 기술을 향상시켜준다.

음주자들은 술이 이 모든 것 이상을 해줄 수 있다고 믿는다. 끊임없는 세뇌와 사회적 길들이기 탓이다. 그러나 술은 위에서 열거한 혜택을 전혀 주지 않으며 오히려 정반대로 작용한다.

좋은 소식은 이 모든 혜택을 즉시 제공할 수 있는 무엇이 있다는 것이다. 그건 '마음'이다. 우리가 어떻게 생각하느냐가 모든 감정을 만들어낸다. 우리 모두는 어떤 감정이든 즉시 활용할 수 있는 능력을 갖고 있다. 어린이는 스트레스를 받아도 술이 필요하지 않다. 하지만 인생에서 스트레스가 아주 많은 시기 중 하나가 어린 시절이다. 불행하게도 간접음주의 피해를 입는 어린이가 많다. 그에 따라 어느 시점이 되면 그들도 자연적으로 음주를 통해 자신만의 현실도피를 추구하게 된다. 술이라는 마약이 만들어낸 환상은 술이 그들에게 필요한 것을 제공한다고 확신하게 만든다. 그들의 진정한 용기와 자신감은 초기에 파괴된다. 그 과정은 아주 서서히 진행되어 그들은 알아채지 못한다. 내면에서 서서히 죽어가면서도 술이 용기와 자신감을 준다고 믿는다.

도전이나 자연적 두려움이 없으면 용기가 필요 없다. 용기가 없으면 성장도 배움도 없다. 자연적 두려움이 없으면 내면에서 서서히 시들어간다. 술은 용기를 빼앗아간다. 자연적 두려움도 없애고 그 대신 있어서는 안 될 허구적 두려움과 불안감을 만들어낸다. 술은 사람들을 신체적으로 서서히 죽이지만 더 중요한 점은 정서적으로도 매일 조금씩 죽인다는 사실이다.

도전이나 스트레스는 우리를 강하게 만들고 우리 자신을 형성하는데 도움을 주는 아주 유용한 도구다. 우리는 계속 성장하면서 도전과 스트레스에 더 잘 대처하게 된다. 스트레스도 하나의 감정이다. 스트레스가 없으면 성장도 불가능하다. 우리는 감정을 타고난다. 그래서 행복과 사랑, 기쁨과 보람은 우리가 원하기만 하면 바로 우리 것이 된다. 반면 음주자는 그런 감정을 얻기 위해 술에 의존한다. 하지만 술은 그 정반대로 작용한다.

술을 끊은 뒤 다른 마약으로 갈아타는 사람들도 있다. 하나의 마약을 다른 마약으로 대체하는 것만큼 안타까운 일은 없다. 금주를 하면서 술 대신 다른 마약이 필요하다고 느낀다면 이 책의 의도를 잘못 이해하고 요점을 완전히 놓친 것이다. 다른 마약은 필요 없다. 보람과 기쁨, 행복을 얻기 위해 필요한 모든 것은 바로 여기 우리 내면에 있다. 내면의 자원을 활용하기만 하면 행복과 기쁨을 원할 때 언제든 얻을 수 있다.

> 보람과 기쁨, 행복을 얻기 위해 필요한 모든 것은
> 바로 여기 우리 내면에 있다.

인생은 100년에 이르는 긴 휴가가 될 수 있다. 때때로 사람들은 인생이라는 휴가 여행 상품을 구입했다가 계약한 여행사가 파산해서 끔찍한 휴가를 보내게 되었다며 가슴 치며 후회한다. 그들이 깨닫지 못하는 것은 우리가 우리 자신의 여행사라는 사실이다. 꿈의 휴가를 우리 스스로 설계할 수 있다. 매일 자신의 삶을 자신이 알아서 챙기면 된다.

우리는 내일을 위해 일하느라 너무 바쁜 나머지 우리 삶의 오늘, 이 순간, 매 초를 충분히 느끼며 즐기지 못할 때가 많다. 많은 사람은 언제나 '이러한 상황이 되면 행복할 거야'라는 게임을 한다. '돈을 이만큼 벌면 행복할 거야', '새 차를 사면 행복할 거야', '정상에 오르면 행복할 거야.' 그처럼 늘 미래에서 살면서 현재를 잃는다. 나도 '이러한 때가 되면 행복할 거야'라는 게임을 한다. 하지만 나는 그 규칙을 약간 바꿔 이렇게 말한다. '나는 내가 원할 때면 언제든 행복할 거야.'

이제 여러분은 술의 덫에서 해방되어 완전한 자유를 얻었다. 따라서 앞으로는 언제든 정신적으로나 신체적으로 더 활기차게 느낄 것이다. 그러면 술을 마시던 시절엔 자신의 내면에 존재했었다는 사실조차 잊어버렸던 삶의 질을 되찾아 인생을 보람차게 살아갈 수 있다. 술은 사람을 아래로 끌어내려 형편없는 삶을 살아가도록 강요한다. 그들은 그런 사실조차 모르고 열등한 삶의 질을 그대로 받아들인다.

나는 예전의 음주자 시절엔 술이 내 삶의 모든 분야를 망가뜨린다는 사실을 인식하지 못했다. 그 과정이 너무 점진적으로 진행되었을 뿐 아니라 나 자신을 주변의 다른 음주자들과 비교하면서 모두 다를 바 없다고 생각했기 때문이었다. 그러나 이제는 지금의 나를 과거 음주자 시절의 나와 비교한다. 지금의 나는 과거의 나보다 돈도 더 많고, 건강도 더 좋고, 마음도 더 평온하고, 자존감도 더 높고, 용기와 자신감도 더 강하고, 신체적이고 정신적인 에너지도 훨씬 더 충만하다. 그뿐 아니라 진정한 자유도 되찾았다. 나는 이제 본연의 나로 돌아왔다. 세상에서 이보다 더 좋은 일은 없다.

여러분도 자유를 즐기며 다시는 마약 중독으로 되돌아가지 않도록 유의하라. 아무리 술을 오래 끊었다 해도 술에 관한 사실은 절대 바뀌지 않는다. 술 없이 좋은 시절을 즐겨라. 또 힘든 시절이 닥치면 거기서 교훈을 얻도록 노력하라.

평생 금주 성공을 보장하기 위해 이제 마지막으로 여러분에게 전할 메시지가 있다.

마지막 주의사항

어떤 책이든 처음 읽을 때와 두 번째 읽을 때는 사뭇 다르다. 이 책의 아주 중요한 부분이기 때문에 다시 한번 반복한다.

> 어떤 책이든 읽을 때마다 똑같아야 한다는 법은 없다.

책은 읽을 때마다 다르게 느껴진다는 사실, 두 번째 읽으면 처음의 효과가 그대로 나지 않는다는 사실을 정확히 이해한다면 술을 끊은 뒤 그 상태를 유지하기 쉽다. 여러 번 반복해서 강조할 만큼 중요한 사실이다. 나는 여러분이 이 책에 제시된 단계적 지침을 그대로 따르면 영원히 자유의 몸이 될 수 있다고 말했다. 무엇보다 이 점을 잘 알아야 한다.

술을 끊기는 쉽지만 음주를 제어하려 애쓰는 것은 정신적·신체적 고문이다. 술은 마약이고 마약의 속성은 갈수록 더 많이 사용하도록 하는 것이기 때문이다. 음주를 제어하고 싶다고 생각했다면 요점을 놓친 것이다. '알코올'이라는 짐승의 본색을 완전히 이해하지 못했다는 뜻이다. 여러분이 술을 끊은 이유가 뭔가? 더는 음주 문제에서 제어력을 동원해야 하는 상황을 원치 않는다는 것 아니었던가?

이 책이 가진 유일한 위험은 술 끊기를 너무 쉽게 만들어준다는 것이다. 그것이 어떻게 위험이 될 수 있을까? 술 끊기가 쉽다는 사실을 아는 사람은 음주를 다시 시작하기도 쉽기 때문이다. 여러분이 결코 원치 않는 일이다. 음주를 재개했다가 다시 끊으려고 이 책을 두 번째로 읽는다면 처음의 효과가 나지 않는다. 어떤 책이든 읽을 때마다 상당히 다르게 느껴지기 때문이다.

혹시 여러분 중에서 호기심이 발동해 '딱 한 잔은 괜찮겠지'라고 생각하는 사람이 있을지 모른다.

'이 책 덕분에 술 끊기가 그토록 쉬웠으니 다시 좀 마셔도 문제없겠지. 이 책만 다시 읽으면 되니까 말이야.'

노, 노, 노, 노, 노, 노, 노, 노, 노, 노!

이 책에 담긴 정보는 지금 이 순간에는 여러분에게 새로울 것이다. 여러분의 뇌가 '와, 지금까지 나는 이렇게 생각해본 적이 없어. 아주 기가 막힌데…'라고 받아들이도록 내가 이 책을 썼기 때문이다. 이 책은 순전히 상식과 단순성을 바탕으로 여러분에게 영감과 자극을 주기 위해 고안되었다. 만약 술의 덫에 다시 빠져 벗어나고자 이 책을 두 번째로 읽는다면 그 정보와 메시지 전달 방식이 더는 새롭지 않을 것이다. 결국 중간 중간 건너뛰어 대충 읽으면서 '이건 다 아는 내용이야'라고 생각할 가능성이 크다. 그러다가 책을 덮으며 더는 효과가 없다고 말할지 모른다. 책은 그대로다. 그러나 두 번째로 읽으면 내용을 인식하는 방식이 달라진다. 그렇다고 두 번 읽는 것이 전혀 효과가 없다는 게 아니다. 다만 그런 위험을 감수하지 말라는 뜻이다.

두 번째로 읽을 때는 뇌가 처음과 같은 식으로 읽지 않기 때문에 인식이 달라질 수밖에 없다. 하지만 이 책을 왜 다시 읽고 싶겠는가? 다시 술을 마시게 될 때만 이 책을 다시 펼쳐들 것이다. 하지만 누가 그렇게 되길 원하는가?

이 책은 술의 덫에 몇 번이나 빠지더라도 늘 구조해줄 수 있는 항시적 안전망이 결코 아니다. 따라서 그 용도로 사용할 생각을 해서는 안 된다. 핵심 지침은 이것이다. '만에 하나라도' 항시적 안전망이 필요하다고 느낀다면 성공은 물 건너간다. 다시 마시는 '딱 한 잔'이 억대에 이르는 비용을 초래하고 평생 술의 노예로 만들 것이다. 신체적으로나 정신적으로 파괴하고 삶의 질 전체를 영구히 끌어내릴 것이다. 현실을 직시하라. 실상을 바로 알면 어느 누가 노예 상태로 비참하고 피폐한 삶을 살고 싶어하겠는가?

여러분이 이 책을 읽은 것은 의식적이든 잠재의식적이든 술의 덫이라는 감옥에서 탈출하고 싶었기 때문이었다. 탈출에 필요한 열쇠를 찾았다면 곧바로 사용하라. 그 덕분에 자유의 몸이 되었다면 다시 예전 상태로 돌아가는 것은 터무니없다. 특히 술이 백해무익하다는 사실과, 술의 덫에서 쉽고 즐겁게 탈출할 수 있는 두 번째 기회는 거의 없다는 사실을 안다면 더 말할 필요도 없다. 그러니 찾은 열쇠로 감옥의 문을 따고 나와 밖에서 문을 다시 걸어 잠근 뒤 그 열쇠를 찾지 못할 곳으로 던져버려라.

알코올 중독은 아주 정교하게 연출되는 기발한 사기극이다. 지적 수준이 높은 사람도 쉽게 속아 넘어간다. 하지만 똑같은 속임수에 두 번 당하는 사람이 어디 있겠는가? 특히 자신의 목숨이 걸려 있다는 사실을 확실히 안다면 그 누구도 다시는 속지 않을 것이다. '딱 한 잔만'에 솔깃해지는 사람에게는 이 책이 두 번 다시 효과가 없을 것이다.

그렇다고 이 책을 내다버리라는 말은 아니다. 아무쪼록 잘 간직하기 바란다. 세뇌에 따른 잘못된 믿음이 다시 고개를 들기 시작하면 이 책이 그 믿음을 제거하는데 좋은 도구가 될 수 있다. 그러나 '딱 한 잔만'에 넘어간다면 더는 소용이 없다.

내가 이 책을 쓴 것은 술이 그 피해자들과 사회 전반에 초래하는 불필요한 고통의 끝을 보고 싶은 마음이 너무나 간절하기 때문이었다. 나는 우리 세계의 모든 사람이 단 몇 주가 아니라 영원히 술에서 자유로워지도록 도와주고 싶다.

나는 술이라는 마약에 대한 우리 사회의 인식이 반드시 바뀌리라 확신한다. 하지만 이처럼 뿌리 깊은 믿음을 바꾸는 데는 시간이 걸리게 마련이다. 여러분이 그 변화의 특명 대사가 될 수 있다. 아직은 시작 단계이지만 나는 여러분의 친구로서 여러분이 언제나 자유를 누리면서 술의 덫에서 벗어난 것이 얼마나 다행인지 기억하기를 바란다.

술을 끊은 지 아무리 오래되었다 해도 술을 마시는 주변의 다른 사람들보다 상황이 더 나은 건 결코 아니라는 사실을 명심해야 다시는 술의 덫으로 되돌아가지 않는다. 여러분은 이 책을 읽었기 때문에 현실을 정확히 알 것이다. 장밋빛 안경을 쓰고 뒤를 돌아보지 마라. 술에 관한 팩트는 변함이 없다. 마약은 언제나 똑같은 마약이다. 사용을 중단한 지 오래 되었다 해서 마약이 달라지지 않는다. 술은 마약이다. 따라서 '딱 한 잔만'은 여러분만이 아니라 어느 누구에게도 도움이 되지 않는다.

스트레스 받는 일이 생겼을 때 누군가 술을 권한다면 이미 스트레스가 심한 상황인데 왜 술로서 자신을 더 괴롭혀야 하는지 잘 따져보라. 술은 스트레스를 가중시킬 뿐이지 결코 해소책이 될 수 없다.

여러분은 얼마 전까지 정신적 감옥에 갇혀 있었다. 이제 그 지긋지긋한 곳에서 풀려나 자유인이 되었다면 그곳에 무언가를 남겨뒀다고 생각해선 안 된다. 아쉬움 때문에 다시 돌아간다면 먼지뿐이라는 사실을 깨닫게 될 것이다. 하지만 그때는 이미 늦다. 다시 나가려고 돌아서면 문이 저절로 철컥 잠겨 갇히게 된다. 평생 금주에 성공하는 비결은 내부가 훤히 보이는 투명 유리벽으로 만들어진 감옥을 상상하는 것이다. 그 안에 아무것도 없다는 사실을 눈으로 쉽게 확인하면 '딱 한 잔만'을 위해 되돌아가고 싶은 생각이 나지 않을 것이다. 투명 유리벽을 통해 감옥 내부를 보라. 왜 술을 끊고 싶었는지, 왜 그곳에서 탈출하고 싶었는지, 자유가 얼마나 소중한지 다시 한번 상기할 수 있을 것이다.

술에서 자유로워지면 많은 이점이 따른다. 여러분 자신이 그 혜택을 직접 찾아 누려야 한다. 가장 큰 장점을 꼽는다면 이렇게 말할 수 있다.

여러분은 자신이 주변의 모든 사람들과는 다르다 생각하고 이 책을 읽기 시작했다('알코홀릭'은 사회의 별종이며 비정상적 인간이라고 세뇌당한 결과였다). 이제 여러분은 자신이 주변의 모든 사람들과는 다르다는 사실을 분명히 알고 이 책 읽기를 마치고 있다(술의 덫에 갇힌 주변의 모든 사람들과 달리 여러분은 자유를 얻었기 때문이다). 이 얼마나 신나는 일인가?

사람들은 아주 침울한 상태에서 나에게 상담하러 온다. 그들을 '알코홀릭'이라는 별종으로 규정하는 사회 규칙 때문이다. 물론 그들은 인구의 대다수와 똑같은 기만을 당했기 때문에 수치스러워 해야 마땅하다. 처음 상담을 하러 올 때는 자신이 맨 밑바닥으로 추락해 절망적 상태라 생각하고 수치스럽게 느낀다. 하지만 그들이 모르는 사실이 있다. 그들이 다른 모든 사람들보다 자유의 문턱에 훨씬 가까이 있다는 것이다. 덫에 빠졌다는 사실을 이미 알고, 선택권이 주어지면 언제든 탈출하겠다는 생각을 갖고 있다.
나는 그들이 그 선택권을 갖도록 도움을 준다. 그들은 주변의 모든 사람들처럼 술이라는 마약에 중독되었다는 사실을 정확히 인식한다. 상담이 끝나면 이제 중독에서 벗어났음을 확신하고 다른 모든 사람들과 다르다는 사실을 깨닫는다. 그 깨달음만큼 신나고 기분 좋은 일은 없다.

지금까지 나와 함께 해준 여러분께 감사한다. 여러분은 이 책을 끝까지 읽는 용기를 가졌고, 아주 쉽게 자유를 향해 도약했다. 지금 여러분은 정말 놀라운 일을 이루고 있다. 나는 누군가 술의 덫에서 벗어나 자유의 몸이 되었다는 이야기를 들으면 더할 나위 없는 보람을 느낀다. 그 이야기를 여러분에게서도 듣고 싶다. 여러분이 얻은 자유와 그 과정에 관해 들을 수 있게 되기를 기대한다.

여러분 모두의 행운을 빈다.

제이슨 베일

술의 배신

초판 1쇄 발행 | 2024년 9월 9일
초판 2쇄 발행 | 2024년 9월 30일

지은이 | 제이슨 베일
옮긴이 | 이원기
발행인 | 김태진, 승영란
편집주간 | 김태정
마케팅 | 함송이
경영지원 | 이보혜
디자인 | 여상우
출력 | 블루엔
인쇄 | 다라니인쇄
제본 | 경문제책사
펴낸 곳 | 에디터
주소 | 서울특별시 마포구 만리재로 80 예담빌딩 6층
전화 | 02-753-2700, 2778 팩스 | 02-753-2779
출판등록 | 1991년 6월 18일 제1991-000074호

값 19,000원
ISBN 978-89-6744-280-4 03330